U0359651

高职高专"十一五"规划教材

# 中外服饰史

张朝阳　郑　军◎主　编
赵晓玲　袁　颖◎副主编

ZHONGWAI
FUSHISHI

化学工业出版社

·北京·

本书介绍了远古到现代的各种服饰种类和服饰制度，介绍了中国和外国的服饰特点及分类，对于提高学生的服装认知和鉴赏能力，把握服装流行规律起到了抛砖引玉的作用。本书在编写的过程中，既注意保证理论的系统性、科学性、完整性，又注重专业性、实用性和可操作性，使理论与实践、技术与艺术有机地结合，符合高职院校学生的特点。

　　本书既适用于高职院校服装设计及相关专业的课程教材，也可作为一本服饰欣赏类图书供服装爱好者参阅。

**图书在版编目（CIP）数据**

中外服饰史/张朝阳，郑军主编．—北京：化学工业出版社，2009.8（2020.2重印）
高职高专"十一五"规划教材
ISBN 978-7-122-05355-8

Ⅰ．中… Ⅱ．①张… ②郑… Ⅲ．服饰-历史-世界-高等学校：技术学院-教材 Ⅳ．K891.23

中国版本图书馆CIP数据核字（2009）第118450号

| | |
| --- | --- |
| 责任编辑：蔡洪伟　陈有华 | 文字编辑：李锦侠 |
| 责任校对：战河红 | 装帧设计：尹琳琳 |

出版发行：化学工业出版社（北京市东城区青年湖南街13号　邮政编码100011）
印　　装：北京虎彩文化传播有限公司
787mm×1092mm　1/16　印张17¼　彩插8　字数511千字　2020年2月北京第1版第5次印刷
购书咨询：010-64518888　　　　　　　　　　售后服务：010-64518899
网　　址：http://www.cip.com.cn
凡购买本书，如有缺损质量问题，本社销售中心负责调换。

定　价：45.00元

# 前　言

　　本书的主要内容是以史为主线，介绍了从远古到现代的各种服饰种类和服饰制度，介绍了中国和外国的服饰特点及分类，对于提高学生的服装认知和鉴赏能力，把握服装流行规律起到了抛砖引玉的作用。

　　服装是一门综合性的学科，服装史是其中独立的一部分，本书在编写过程中，既注意保证理论的系统性、科学性、完整性，又注重专业的技术性、实用性和可操作性，使理论与实践、技术与艺术有机地结合，符合高职层次教育的特点。

　　本书既适用于高职院校服装设计专业及相关专业的课程教学，同时也可以作为一本服饰欣赏类图书供服装爱好者参阅。

　　本书中国部分的第一章、外国部分的第六章由平顶山工业职业技术学院窦俊霞编写；第二章、第三章由平顶山工业职业技术学院张朝阳编写；中国部分的第四章、第五章、第六章由开封大学的袁颖编写；中国部分的第七章、第八章、第九章由山东科技职业学院智绪燕编写；中国部分的第十章和外国部分的第二章和第三章由山东服装职业学院的郑军编写；外国部分的第一章由山东服装职业学院的崔献海编写；外国部分的第四章、第五章由山东英才学院的郝莹编写；外国部分的第七章和第八章由晋城职业技术学院的赵晓玲编写。全书由平顶山工业职业技术学院的张朝阳统稿。

　　由于编者水平有限，加上时间仓促，书中纰漏，敬请广大读者批评指正。

编者

# 目 录

# 目　录

# 目  录

# 目　录

# 目 录

# 目　录

## 第二篇　外国部分

### 第十一章　古代服装

### 第十二章　中世纪服装

# 目 录

# 目 录

# 目 录

参考文献

# 第一篇　中国部分

## 第一章　史前人类服饰

### 学习目标

　　了解服饰起源的诸种理论及演变过程，掌握原始人类典型服饰特征以及纺织工具对服饰变化的影响。

# 第一节 服饰的起源

## 一、服饰的起源

从旧石器时代开始，随着生产力的提高，人类的穿着可以按其所需而自由制作，这时的服饰已经脱离了萌芽状态。随着时光的流逝，当人类进入新石器时代后，母系氏族公社的繁荣带来了包括服饰在内的各类文化形式的飞速发展。原始纺织品已具雏形，这就标志着中华民族服饰文化已从被动选择走向了主动创造的阶段。

## 二、服饰起源的诸种理论

几乎是从服饰起源的那天起，人们就已将其生活习俗、审美情趣、色彩爱好，以及种种文化心态、宗教观念，都积淀于服饰之中，构筑成了服饰文化精神内涵。

### 1. 保护说

在服装的种种起源动机中，有一种是"身体保护说"，认为服装起源于人类由爬行进化为直立的那一瞬间，因为那时，对于男性来说，其生殖器官由原先位于身体的末端而"移"到了身体的中央，由原先位于下身的隐蔽位置而"移"到了显著的位置，这样在狩猎等剧烈活动中就容易受伤，且极为不便，因而需要将此部位包裹起来。有可能是在这种包裹中感到了某种便利，于是这种包裹便扩展至全身。

《释名·释衣服》称："衣，依也，人所以避寒暑也。"美国服装史论专家玛里琳·霍恩也认为："最早的衣物也许是从抵御严寒的需要中发展而来的。"这种推想是合乎逻辑的。因为，原始居民面临着生产力低下、生存环境恶劣等一系列情况，在战胜自然的能力相对较弱的情况下，本能的适应自然的能力就显得突出一些，欧洲的先民尼安德特人、克罗马农人为了对付冰河期的寒冷而安身洞穴，生火取暖，并开始使用毛皮衣物。

### 2. 遮羞说

有关遮羞说的论述，在西方通常会以《圣经》中亚当和夏娃的故事来解释服装的起源。《圣经》中讲述：人类的始祖亚当和夏娃原本是裸露的，但是偷吃伊甸园的禁果后，方知羞耻，便拿无花果树叶遮体，也因此产生了服装。"羞涩"在心理上的动机始于自我和他人的相互依存性，是在一切合乎"礼"的行为条件下所形成的自我心理。产生羞涩感不仅仅是以"讨厌"来影响我们自身的行为，同时也会对"衣冠不整"产生排斥。不过，以羞耻学说作为人类服装的起源学说这一观点，却也常常遭到批判，因为一些原始部落中，脱去衣服才是尊严和礼教的表征。

### 3. 装饰说

装饰的目的是为了表现穿着者的力量、勇气和技能。原始人用兽皮等饰体象征自己的英武；原始部落的人用野兽的牙齿、骨骼和刀痕等，向人们显示他在狩猎中的业绩；装饰具有恐吓敌人、求得胜利的目的。所以许多原始部落会借助在身上涂抹图案，或戴上特制的恐怖面具以达到威吓敌人的目的。在一些原始部落里，为了求得群族的认同以及表达对种族信仰的坚定，也会在身上涂抹或穿戴象征该种族图腾的符号，以博取该种族间的尊重和互相信任，这也是信仰的一种寄托（见图1-1）。

▲ 图1-1 身上涂抹或穿戴象征该种族图腾的符号进行装饰（见彩图1）

# 第二节　典型服饰形象及特征

## 一、原始服装

### 1. 腰带

人类最古老的服装是腰带，用以挂上武器等必需物件。

### 2. 裙

装饰在腰带上的兽皮、树叶以及编织物，就形成了早期的裙，也是最常见的服装款式。

### 3. 贯头衣

贯头衣是遮挡住前胸后背的坎肩式长衣，下摆过臀。贯头衣和披风式服装已成为原始典型的衣着，在相当长的时期、极广阔的地域和较多的民族中普遍应用，基本上替代了旧石器时代的衣着，成为人类服装的祖型。其具体形象在我国甘肃黑山岩画、内蒙古狼山地区岩画、甘肃吴家川岩画，以及云南沧源岩画上均有反映。

## 二、原始冠帽

新石器时代除有笼统式服装外，还从一些陶塑遗物中发现有冠、靴、头饰、佩饰。彩陶盆上画的人面鱼纹，多数带有尖顶高冠，冠缘及左右侧饰有装饰物，左右底侧对称外展并向上弯翘的两枝冠翅，使冠帽呈现庄严感，显现出空间气势。人面的上额和下颌均涂饰纹彩，是当时纹面习俗的反映。下颌从嘴角往外画着两条鱼纹，则是祈望渔猎丰收和人口繁衍的象征（见图1-2）。

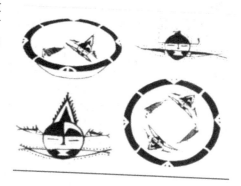

图1-2　彩陶人面鱼纹盆 ▶

# 第三节　服饰材料、色彩和装饰纹样

## 一、原始的服饰材料与纺织技术

### （一）服饰材料

从以往的考古中所发现的纺轮可以证实，人们在4000多年前就已经懂得纺线织布。也说明在4000多年前的人类就已经开始懂得用纺织的衣物来"打扮"自己，而不仅仅穿着用树皮、兽皮制成的简单衣物遮羞护体。

### 1. 葛

葛为一种野生植物，也就是今天南方常见的葛藤，它生长于山间野岭，长达数米至数十米不等，表皮坚韧，但放入沸水中煮过之后，就会变软，并可从中抽出白而细的纤维来，这种白色纤维正是古代人们用来编织衣服的材料。江苏吴县唯亭镇的草鞋山古文化遗址中曾出土了我国已知最早的纺织品实物残片，经科学鉴定，其纤维原料为野生葛，这种葛布残片被考古工作者确认为6000年前新石器时代的遗物。

**2. 麻**

到了4000年前，纺织技术又有了很大的发展，服装的制作原料也出现了新的变化。1958年在浙江吴兴钱山漾遗址中发现了4700多年前的苎麻织物残片，说明除葛以外，麻也是古代常用的制作服装的材料。

麻，包括苎麻和大麻。从钱山漾出土的苎麻织物残片来看，当时的纺织技艺已经相当高明，甚至与今日的"粗布"相差无几。据专家认定，出土的苎麻织物残片每平方厘米的经纬线通常为24根，也有部分是经31根、纬20根，每根麻线的直径不及半毫米。在那样遥远的时代，我们的祖先就具备了如此先进的纺织技术，足以使今天的人们惊叹不已。

**3. 丝**

1926年春，考古工作者在山西夏县西阴村的新石器时代遗址中，曾发现一个用某种工具切割开来的蚕茧，它的样子很像半个花生壳。1958年，在远离西阴村几千里之遥的浙江吴兴钱三漾新石器时代遗址中，考古工作者竟发掘到一些丝织品，其中有绢片、丝带、丝线等。是中国目前所知最早的丝织实物，其中有未炭化而略显黄褐色的绢片，残长2.4厘米，宽1厘米，还有已炭化但仍有一定韧性的丝带、丝线等。经测定原料为家蚕丝，绢片是平纹组织，经纬密度为每平方厘米52根和每平方厘米48根，证明中国的缫丝和织绢技术当时就拥有了相当的水平。

## （二）纺织技术

在原始社会，人类为了抵御寒冷，直接用草叶和兽皮蔽体，慢慢地学会了采集野生的葛、麻、蚕丝等，并利用猎获的鸟兽的毛羽，进行撮、绩、编、织成粗陋的衣服，由此发展了编织、裁切、缝缀的技术。人们根据撮绳的经验，创造出绩和纺的技术。绩是先将植物茎皮劈成极细长的纤维，然后逐根拈接。这是高度技巧的手艺，所以后来人们把工作的成就叫做"成绩"。缀草叶要用绳子，缝缀兽皮起初先用锥子钻孔，再穿入细绳，后来就演化出针线缝合的技术。骨针是最原始的织具，随着骨针的使用，古代的中国人开始制作缝纫线（见图1-3）。使用骨针引线是纺织工艺的一项重要进展，它把纬线穿于针孔之中，一次性地将纬线穿过经线，省去了逐根穿引的烦琐，大大提高了功效，骨针引线的发明，开创了腰机织造的先河，织机复原图如图1-4所示。

织造技术是从制作渔猎用的编网和装物用的编筐、编席演变而来的。《易·系辞》中记载了传说中的伏羲氏"作结绳，而为网罟，以佃以渔"。目前所知最早的编织实物是河姆渡遗址出土的具今7000年的芦苇残片，纹样为席纹，西安半坡遗址出土陶器底部的纺织印痕有蓝纹、叶脉纹、方格纹和回纹等。

▲ **图1-3 骨针引线**

## 二、服饰纹样与色彩

原始社会各氏族部落的服饰纹样，风格与同时期同类型的彩陶纹饰格调一致（见图1-5）。

在古代原始部落，都有文身的习惯，当创造了配套的衣裳以后，原来画在肉体上的文身图样被衣裳所掩盖，从而出现了"画缋"工艺和服饰纹样。

红色在原始人意识中是血液的象征，失去血液便失去生命，使用红色有祈求再生之意，说明原始人的色彩观念是和原始宗教观念交织在一起的。

## 三、佩饰

　　佩饰最普遍的是项饰，其次是头饰和臀腹部垂饰，以及簪发椎髻用的骨、石、玉笄等，并对服饰制度的形成产生了重大影响。原始人对石器工具的使用有极大的发展，石器造型已根据使用效率来加工，促进了渔猎采集的进步，使获取食物更为容易，因此他们能有闲暇时间制造各种装饰品来装扮自己。如在辽宁海城小孤山遗址曾出土穿孔的兽牙和穿孔的蚌饰。河北原阳虎头梁遗址曾出土有穿

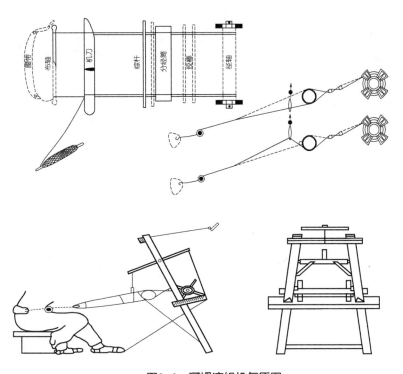

▲　图1-4　河姆渡织机复原图

▲　图1-5　彩陶纹饰（见彩图2）

（1973年甘肃秦安大地湾新石器遗址出土。罐口仅开一个小孔，人形披发，头部非常写实，身上衣纹画了3层斜线三角纹弧线纹）

▲　图1-6　头戴额箍、双耳有耳穿、可戴耳饰的陶塑人头（新石器时代）

孔的贝壳、钻孔石珠、鸵鸟蛋壳和鸟骨制作的扁珠，若干扁珠的内孔和外缘相当光滑，说明曾长期佩戴过。山西朔县峙峪曾出土用墨石制成的椭圆形扁平光滑有孔的装饰品，用水晶石制成的斧形的小石刀。山西下川文化遗址中有玛瑙、玉髓、黑曜石等矽质石料的佩饰。从20世纪80年代开始陆续发掘的辽宁红山文化遗址中的玉器，有鱼形耳饰、龟、鸟等，其中最精彩的是玉质龙形佩饰。

它们基本上勾勒出了原始人佩饰的大体形象。除此之外，还有南京北阴阳营出土的玉璜，北京门头沟东胡林村新石器时代早期墓葬中用小螺壳制成的项链，用牛肋骨制成的骨镯。山西峙峪村遗址中则发现了一件用石墨磨制的钻孔装饰品等，这些都为我们探寻人类早期佩饰提供了有力的历史依据。

## 四、发式与化妆

### 1. 发式

发式是人类最重要的装饰形式之一，发式与服饰的协调，能构成人物外表的整体美。史前发饰多以披发为主，发式较为简单，饰物不多。新石器时代开始出现结发、辫发。从那时起，人们已开始由披发到梳理造型了（见图1-6）。

### 2. 化妆

在原始人时期，人类习惯于在身体皮肤上涂抹动物脂肪、油类、黏土和黄土，用以避寒防暑和防止昆虫叮咬。当时，人类生活于莽莽的原始森林中，每当人们举行祭奠仪式时，必须化妆眼睛和面部。

# 第四节　史前纺织工具专用名词图释

### 1. 骨针

原始缝缀工具。1930年在北京郊区房山县周口店龙骨山，发现山顶洞人的居住遗址，出土的骨针，针身保存完好，仅针孔残缺，刮磨得很光滑（见图1-7）。山顶洞人的骨针的发现在染织史上具有重大意义，它表明五万年以前我们的祖先已能够自己缝缀简单的衣着。

### 2. 纺轮

纺轮（见图1-8）分为陶制的和铜制的，是早期的纺织工具，由缚盘和缚杆组成，陶制纺轮中的圆孔是插缚杆用的，当人手用力使纺盘转动时，缚自身的重力使一堆乱麻似的纤维牵伸拉细，缚盘旋转时产生的力使拉细的纤维拈成麻花状。在纺缚不断旋转中，纤维牵伸和加拈的力也就不断沿着与缚盘垂直的方向（即缚杆的方向）向上传递，纤维不断被牵伸加拈，当缚盘停止转动时，将加拈过的纱缠绕在缚杆上即"纺纱"。

1955年陕西西安半坡遗址出土。纺轮直径6厘米，中间有一个圆孔，是陶制品。它是我国古代发明的最早的捻线工具，即在纺轮中间的小孔插一个杆，利用纺轮的旋转把纤维拧在一起，并用同样的方法把单股的纤维合成多股的更结实的"线"。在半坡以后的其他一些文化遗址，也出土了形式多样的陶质纺轮，可见当时这种捻线工具已被人们广泛使用。

▲ 图1-7　山顶洞人的骨针　　　　▲ 图1-8　半坡遗址出土的纺轮

# 第五节　史前典型服装裁剪方法与缝制工艺简介

贯口衫是原始人常用的服装款式，至于其服装式样，可从甘肃辛店彩陶上见到剪影式人物形象。及膝长衫，腰间束带，远观酷似今日的连衣裙。其形制，可从印第安人的服装中找到依据，即很可能是织出相当于两个身长的一块衣料，对等相折，中间挖一圆洞或切一口，穿时可将头从中伸出，前后两片，以带系束成贯口衫，也称贯头衫（见图1-9、图1-10）。

图1-9 ▶

贯口衫结构示意图

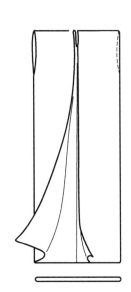
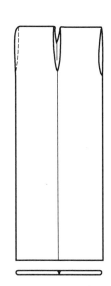

◀　图1-10

贯口衫复原想象图

### 思考题

1. 你认为人类早期服饰究竟是什么样子的？

2. 参考书中的图例，分别绘制史前男、女服饰各一款，黑白线描，绘于A4纸上。

3. 参考书中的图例，制作一款贯头衣，并用现代装饰手法进行装饰。

# 第二章 夏商周服饰

## 学习目标

　　了解夏商周时期社会背景对服饰变化的影响，掌握夏商周服饰的特点。了解胡服的基本形制及胡服骑射的由来，掌握深衣的基本形制及特征，并会绘制。熟记冕服及十二章纹的内容和象征意义。

# 第一节　社会背景与服饰制度

## 一、社会背景

公元前21世纪中国进入奴隶社会，出现了历史上第一个王位世袭的夏王朝。夏朝从夏禹算起，到夏桀灭亡传了14代，有四百多年的历史。成汤灭夏之后，建立商朝，直至公元前1027年，商纣王被周武王推翻，约有六百年的历史。周朝从公元前11世纪中期到公元前256年，约800年共传30代37王。分为西周和东周两个时期，东周又分为春秋和战国。春秋的称谓是因为鲁国史书《春秋》记载了从公元前8世纪到公元前5世纪的历史，后人习惯称此段为"春秋时期"。通过长期兼并的历史，使中国具备了建立封建社会的基本条件，再经过瓜分、取代等残酷的斗争形式，约从公元前475年形成了秦、齐、楚、燕、韩、赵、魏七国称雄的形势，史称"战国"，直至公元前221年才由秦始皇统一了中国。

## 二、服饰制度

春秋战国时期，礼崩乐坏，七国崛起，各自独立。动荡的社会局面和活跃的思想状态以及当时兴起的百家争鸣之风，使服饰得到了广泛的交流和快速的发展。出现了一种新式服装，叫做深衣。《礼记·深衣》中记载"深衣衣裳相连，被体深邃，故谓深衣"它是一种连体服饰。深衣的出现，改变了过去单一的服饰样式，故此深受人们的喜爱，不仅用作礼服，且被用作祭服。在战国时期，胡服的诞生打破了服饰的旧样式。胡服的短衣、长裤和革靴设计，善于骑射，便于活动，在军队里广为盛行。皮带开始流行，皮带的两端分别用带钩和环相连接，叫做蹀躞带（见图2-1）。皮带上可以悬挂或佩带刀剑、弓箭、印玺、荷包等各种物件。春秋战国时期，齐鲁等地由于农业和纺织原料、染料、及纺织手工业的迅速发展，纺织原料、染料和纺织品的流通领域不断扩大，同时还出现了丝、绢、缣、绮、绣等高级服装用料。由于征战频繁，军人服饰进行了改革，废除了上衣下裳，将传统的套裤改成前后有裆，裤管连为一体的裤子。此种式样也融入到了劳动人民之中，而社会上层人物依然保持宽衣的服饰风格。当时对于服饰特征总的来说，是上流社会的宽博、下层社会的窄小，已趋迥然。

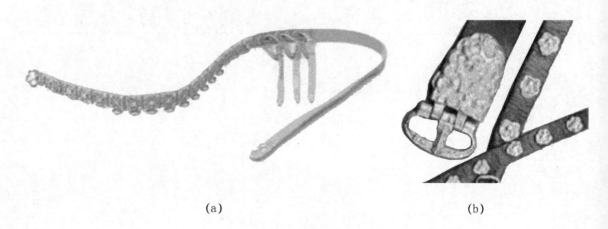

(a)　　　　　　　　　　　　(b)

▲　图2-1　蹀躞带

# 第二节 典型服饰形象及特征

 **夏商周时期服饰**

在商周时期，中国的冠服制度初步建立。其本质是体现当时社会礼仪和政治权威，衣服的基本形制是上衣下裳。《说文解字》说："上曰衣，下曰裳。"下身穿的裳实际上是裙，衣领开向右边，在腰部束着一条宽边的腰带，腹部再加一条像斧子形状的布，用来遮蔽下体，叫做"蔽膝"（见图2-2）。

 **（一）男子服饰**

### 1. 礼服

（1）冕服

中国古代的帝王在祭祀等重要场合要穿礼服——冕服。它由冕冠和礼服组成。以最典型的冕服而言，冕服包括冕冠、礼服、腰带、蔽膝、赤舄（红色的鞋子）。其中，礼服又是由上衣和下裳（裙子）组成的。上衣采用黑色，象征天；下裳用赤色，象征地。上衣画有六种不同的纹样，而下裳则绣有六种不同的纹样，这些纹样合称十二章纹。

① 冕冠 如图2-3所示，中国的皇帝，又称"天子"，代表天的旨意。冕冠就是这种君权神授的象征。它是在一个圆筒式的帽卷上面，覆盖一块木制的冕板。前圆后方象征天圆地方；戴在头上，后面略高，大致为一寸左右，这样就使冕冠略向前倾斜，象征着帝王，要向臣民俯就，惦记臣民，尊重臣民，这也是"冕"字的本意。冕板上面涂黑色，下面涂纁色。冠的前后，还有成串的垂珠，象征岁月流转，前后一般各十二串叫作旒（liú）。根据礼仪的轻重，等级的差异，垂珠的串数也不同，有九串、七串、五串、三串之别。每一串垂珠，都用五彩玉珠和丝线穿成九颗或十二颗。戴冕冠时，要用簪子固定，耳上方还要垂下两个小珠，叫做充耳，用以提醒君王，不要轻信逸言。

② 冕服 冕服是上玄衣下纁裳（见图2-4）。上是象征未明之天，下是表示黄昏之地，然后施之以十二章纹。古代帝王服饰的十二章纹是指日、月、星辰、山、龙、华虫、火、宗彝、藻、粉米、黼、黻十二种图案。这十二种图案各有寓意："日、月、星辰"代表光辉，"山"代表稳重，"龙"代表变化，"华虫（雉鸡）"代表文采，"火"代表热量，"粉米"代表滋养，"藻"代表纯净，"宗彝"代表智勇双全，"黼"代表决断，"黻"代表去恶存善。

③ 腰带 如图2-5所示，带下佩蔽膝。蔽膝用在冕服中一般称为芾（音福），用在其他服装上则叫韦韐（音毕）。多为上广一尺，下展二尺，长三尺。天子用纯朱色，诸侯用黄朱色，大夫用赤色。

④ 赤舄（音系） 舄用丝绸作面，木为底。屦（音巨）为单底，夏用葛麻，冬用兽皮，适于平时穿用，也可配上特定鞠衣供王后嫔妃在祭先蚕仪式上专用，

▲ 图2-2 商周服饰

▲ 图2-3 冕冠（见彩图3）

(a) 外观图　　　　　　　　　(b) 玄纁色系示意图（见彩图4）

▲ 图2-4　冕服

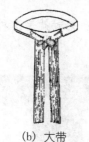

(a) 黄带

(b) 大带

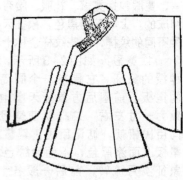

▲ 图2-5　腰带　　　　　▲ 图2-6　赤舄（见彩图5）　　　　　▲ 图2-7　弁服

屦色往往与裳色相同（见图2-6）。

帝王在举行各种祭祀活动时，要根据典礼的轻重，分别穿六种不同格式的冕服，总称六冕。

（2）弁服

如图2-7所示，其隆重性仅次于冕服，衣裳的形式与冕服相似，最大的不同是不加章。弁服可分为爵弁、韦弁、冠弁等几种，它们主要的区别在于所戴的冠和衣裳的颜色。

（3）玄端

如图2-8所示，玄端为古代的一种黑色礼服，天子的常服，诸侯及其臣的朝服。

玄端为夏商周时通用的朝服及士礼服，是华夏礼服"衣裳制度（上衣下裳）"的体现。后深衣（上下连制的服制）流行后玄端逐渐废止。玄端服为上衣下裳制，玄衣用布十五升，每片布长二尺二寸，因为古代的布幅窄，只有二尺二寸，所以每幅布都是正方形，端直方正，故称端。又因玄端服无章彩纹饰，也暗合了正直端方的内涵，所以这种服制称为"玄端"。所谓衣裳之制，玄端主之。可以临祭，可以燕居，上自天子，下及士夫。

**2. 常服（一般服装）**

（1）深衣

如图2-9所示，古代凡是礼服都是上衣下裳不相连，唯此种衣裳是上下相连，分开裁但是上下缝合，称为"深衣"。不论贵贱、男女、文武都穿深衣，贵族以冕服为礼服、深衣为常服，平民以深衣为

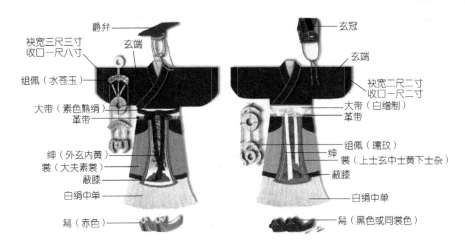

爵弁
玄端
袂宽三尺三寸
收口一尺八寸
组佩（水苍玉）
大带（素色熟绢）
革带
绅（外玄内黄）
裳（大夫素裳）
蔽膝
白绢中单
舃（赤色）

玄冠
玄端
袂宽二尺二寸
收口一尺二寸
大带（白缯制）
革带
组佩（瑌玟）
绅
裳（上士玄中士黄下士杂）
蔽膝
白绢中单
舃（黑色或同裳色）

▲ 图2-8 玄端的图解（见彩图6）

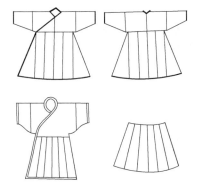

▲ 图2-9 深衣的形制

（a）花草纹绣浅黄绢面棉袍
（战国楚墓出土）

（b）穿袍的贵族女子壁画

▲ 图2-10 袍

吉服、短褐为常服。深衣的材料多为白色麻布，祭祀时则用黑色的绸，也有加彩色边缘的，还有的在边缘上绣花或绘上花纹。深衣不同于过去不相连属的上衣下裳，而是上下连在一起的服装。

（2）袍

如图2-10所示，袍是直腰身、过膝的中式外衣，一般有衬里，是中国传统服装的重要品种，男女皆可穿用。中国《诗经》、《国语》中已出现了袍的名称。在东周时期的墓葬品中，袍为直襟直统式，交领，右衽，长袖施缘，下摆长大，束腰带，与深衣有相似之处。

襦是比袍短一些的夹衣，褐是一般百姓穿的粗布襦衣（见图2-11）。

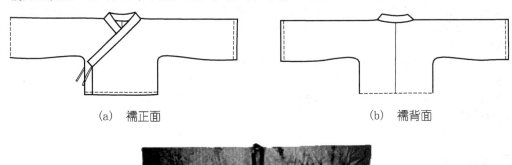

（a）襦正面

（b）襦背面

（c）外观图

▲ 图2-11 襦的形制

男子袍较为宽松，袖子有宽、窄两式。这个时期因为还没出现纽扣，所以一般在腰部系带，并在带子上悬挂玉制的饰物（见图2-12）。

▲ **图2-12 系腰带的贵族男子袍**

当时的腰带主要有两种：一种以丝织物制成，叫"大带"或叫"绅带"；另一种腰带以皮革制成，叫"革带"。在穿着者的腹部，还常常佩戴一片上边窄下边宽的斧形装饰布，它原本是用来遮羞的，后来则演化成表示着衣人"决断"的象征物。

（3）禅（音单）衣

禅衣（见图2-13）是单层没有里子的薄衣，衣身、袖子和下摆都是平平直直的样子，没有弧度。

▲ **图2-13 一凤一龙相蟠纹绣紫红绢禅衣**（楚墓出土）

（4）裘

裘是皮衣，也是主要的冬衣。天子穿黑羔皮，贵族穿狐裘，裘衣毛朝外穿然后在裘外披罩衣，天子的罩衣用锦，诸侯、卿大夫上朝时要在裘外穿朝服。

**3. 胡服**

战国时期的服饰有较明显的变化，比较重要的是胡服的流行。所谓胡服（见图2-14），实际上是西北地区少数民族的服装，它与中原地区宽衣博带式汉族服装有较大差异，一般为短衣、长裤和革靴，衣身瘦窄，便于活动。短衣齐膝是胡服的一大特征，这种服装最初用于军中，后来传入民间，成为一种较普遍的装束。

## （二）女子服饰

**1. 礼服**

周代王后的礼服与国王的礼服相配衬，也和国王冕服那样分成6种规格。

① 祎衣 为王后祭先王的祭服。周礼中祎衣为玄色，彩绘翟文（彩绢刻成雉鸡之形，加以彩绘

▲ 图2-14 胡服

（从河南洛阳金村出土的战国胡人银像，可以看出当时胡人的装扮）

的纹饰），所用衣料为黑色纱縠，为了衬托出衣上的纹彩，特地在衣内缀一层白色夹里，即《周礼》所谓的"素纱"（见图2-15）。

② 揄翟　为王后祭先公和侯伯夫人的祭服，服色用青色。

③ 阙翟　为王后祭宗庙的祭服，服色用赤色。

④ 鞠衣　为王后率领命妇祭蚕神的礼服，也是诸侯之妻祭宗庙的祭服，服色用黄色。

⑤ 展衣　王后礼见王及宾客的礼服，也是卿大夫之妻祭宗庙的祭服，服色用白色。

⑥ 禄衣　为王后燕居时的常服，也为士之妻祭宗庙的祭服，服色为黑色。

其中前三种为祭服，这六种衣服都用素纱内衣为配。女性的礼服采用上衣与下裳不分的袍式，表示妇女高贵情感专一，这六种礼服的头饰也是不同的。

⑦ 纯衣　为贵族之女的嫁衣。

### 2. 常服

（1）深衣（见图2-16）

曲裾深衣改变了过去服装多在下摆开衩的裁制方法，将左边衣襟的前后片缝合，并将后片衣襟加长，加长后的衣襟形成三角，穿时绕至背后，再用腰带系扎（见图2-17）。

（2）襦裙

中国古代流行时间最长的妇女服装款式是襦裙（见图2-18），从战国时期开始就有襦裙，其特征为上衣下裳，就是短小的上衣配长裙。襦裙作为中国古代常服，非常普及，贵族和平民都穿着，主要的区别是制作襦裙的面料和工艺不同。

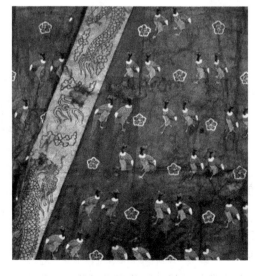

▲ 图2-15　袆衣中的彩绘翟文（见彩图7）　　　　▲ 图2-16　深衣

▲ 图2-17 曲裾深衣      ▲ 图2-18 襦裙

## 二、冠帽鞋履

### （一）冠帽

古代的冠帽（见图2-19）大多可以盖住头部，但冠只能盖住发髻，所以戴冠必须用双笄从左右两侧插进发髻加以固定。固定冠帽的笄称为"衡笄"。冠巾出现于商，有束发器、帽箍、帽等形制。女子的帽，更引人注目，精致的用薄如蝉翼的轻纱，贵重的用黄金珠玉；形状有的如覆杯上耸。

▲ 图2-19 冠帽的类型

### （二）鞋履

到商周时，建立了礼制，已有各种鞋履，材质皮、棉、布、草俱全。据《实录》中说：夏商舄履皆以皮为之。古代的鞋主要有屦、舄、屐等。男女的鞋子是一样的，周朝政府设"屦人"来管理王和后的鞋子。诸履之中，以舄为贵。

## 三、军服

如图2-20所示，在中国的神话传说中，认为甲是由被后世称为"战神"的蚩尤发明的（距今约

5000年前）。那个年代正是中国从部落联盟到国家创建的时期，社会动荡，战争频繁，甲胄的出现当然是战争的产物。在氏族社会时期，为了抵御石箭木斧的攻击，利用藤木皮革制作保护身体的防护工具，是完全有可能的。

▲ 图2-20 军戎服饰

　　早期盔甲只遮住头、胸等人体的要害部位，后来的铠甲则主要由甲身、甲袖、甲裙组成。根据出土实物来看，殷商时已有铜盔；周代时已有青铜盔和胸甲，胸甲是遮护前胸的，用犀牛皮或水牛皮做成。从文字记载中可以看到，周代已有专门负责甲胄的官，周代时的铜铠甲多以正圆形的甲片为主，且七片为一组，甲上加漆，以使之呈现出白、红、黑等各种颜色。穿铠甲出征时，一般要罩上精美的绣袍以示军威军仪，在战场上厮杀时才解下罩袍。剑，是当时的新兵器，贵族为示勇武兼用自卫，又必佩带一把镶金嵌玉的宝剑。

　　商周时期的军队已用铜盔和革甲等作为防身的装备，目前考古发现的有商代铜盔、周代青铜盔和青铜胸甲（见图2-21）。盔帽最先以皮革缝制。青铜冶炼技术兴起以后，出现了铜盔和由铜片串接或铜环扣接的铜铠甲。在甲里再垫一层丝绵的称为练甲，穿甲的战士称甲士。此外，商周时期的铜盔顶端往往留有插羽毛的孔管，古时往往插鹖鸟的羽毛来象征勇猛。因鹖鸟凶猛好斗，至死不怯。

（a）商代铜盔（北京故宫博物院藏）　　　　（b）辽宁出土的春秋时期的青铜盔

▲ 图2-21 古代头盔

　　以铁片制成鱼鳞或柳叶形状的甲片，经过穿组连缀而成，而且出现了铁头盔。

# 第三节 服饰材料、色彩和装饰纹样

## 一、服饰材料与织绣技术

### （一）服饰材料

中国历代服装最大的特征是强调"装饰"，不仅在款式设计上注意裁剪分割，还强调服装的面料、色彩、图案、配饰等的变化，以表现完整的服饰品貌。服饰是随着社会、工艺技术、审美等方面的提高而变化的。夏商周时期时没有棉花，所谓"布衣"是指用麻布裁制的衣服。夏天穿的细麻布叫葛，冬装有袍和裘。袍是穿在里面的夹衣，内实丝绵，短袍叫襦，也就是后来所说的袄。质地粗劣的襦叫褐。商代衣服的材料主要是皮、革、丝、麻。由于纺织技术的进展，丝麻织物已占重要地位。商代人已能精细织造极薄的绸子，提花几何纹锦、绮和绞织机的罗纱，衣料用色厚重。春秋战国时期是中华服饰文化变革的第一个浪潮。主要表现在服饰用料的发展，纺织原料、染料和纺织品的流通领域不断扩大；服装色彩观念改变，稳重、华贵的紫色被视为权贵和富贵的象征，取代朱色成为正色；工艺技术取得了长足进展，人们普遍采用丝织品代替细麻布。麻织物和葛织物是广大劳动人民的衣着用料。

众所周知，丝是中国独特的发明，在相当长的一段时间内，中国是世界上唯一出产和使用丝的国家。在中国的神话传说中，中华民族的祖先轩辕黄帝的元妃"嫘祖"，是公认的养蚕取丝的始祖。她提倡养蚕、育蚕种，亲自采桑治丝。古代皇帝供奉她为"蚕神"。据考古资料，中国利用蚕丝的时代比传说中嫘祖生活的年代更早。

中国服饰文化是中华各民族共同创造的，衣料也是如此。毛织物和棉布，最早就是少数民族做出的贡献。迄今可知的中国境内最早的毛织品，是1960年在青海省兰诺木洪出土的四千年前的毛布和毛毯残片。华夏民族经历过渔猎生活，早就懂得利用兽皮作衣料。古代的裘，是连皮带毛一起处理制作的，而且毛是向外的。

### （二）织绣技术

夏商周时期，已出现罗、绮、锦、绣等品种。这个时期的织物颜色，以暖色为多，尤其以黄色及红色为主，还有棕色和褐色为辅，也少量用蓝、绿等冷色。经现代科技分析，商周时期的染织方法往往染绘并用，尤其是红、黄等正色，常在织物织好之后，再用画笔添绘。

## 二、服饰纹样与色彩

### （一）商代服饰纹样与色彩

我国的服饰图案经历了千百年的发展历程，有着悠久的历史。服饰图案据最初考察表明，有文字记载是商代。那时，奴隶主身着的是带有雷龟纹的服装。图案的装饰主要表现在服装的领口、袖口、前襟、下摆、裤角等边缘处及腰带上；表现形式主要是规则的回龟纹、菱形纹、云雷纹，而且是以二方连续构图形式来表现的。这表明，那时我国的原始先民不但设计制作了带有图案的较合体的服装，而且也能够运用设计技巧在服饰上进行装饰表现。

## （二）西周服饰纹样与色彩图案有变

到了周代，随着社会的变革，生产力的发展，纺织业也应运而生，于是出现了华美的暗花绸和多彩的刺绣品。人们用它制作服装，于是出现了冕服。十二章纹用画与绣的方法施于冕服上，说明当时的服饰图案已很有特点了。十二章纹是寓意纹，是仰视天地间万物之象而用之于服饰上的图案的源泉。就此我们看到，这一时期的服饰纹样在设计上注意了艺术的表现，作为一种文化表现来看，表明人们的审美意识有了很大的提高。

这一时期的服饰纹样以龙凤、动物、几何纹等为主，具有一定的象征意义。在这些图案当中，常常用写实与变体相结合的穿枝花草、藤蔓纹等穿插其中，使整体纹样生动灵巧，繁而不乱。纹样多以刺绣工艺完成。

## 三、首饰与佩饰

首饰和佩饰是服装中最具光彩的组成部分，从服饰艺术的历史来看，首饰和佩饰比衣服渊源更早。古人佩玉，尊卑有度，并赋以人格象征。影响所及，上层人士不论男女，都须佩戴几件或成组的美丽雕玉。

## （一）耳饰

玦是古代从新石器时代流传下来的一种耳饰，1983年在河南光山县宝相寺春秋早期黄君孟墓出土了一双龙纹玉玦（见图2-22）。

## （二）颈饰

如图2-23所示。

## （三）臂饰

玉瑗是我国从新石器时代流传下来的一种臂饰，扁圆而有大孔，即扁圆环形（见图2-24）。

## （四）指环

如图2-25所示。

▲ 图2-22 玉玦

▲ 图2-23 颈饰

▲ 图2-24 新石器时代的玉瑗

▲ 图2-25 指环

## （五）腰饰带钩

带钩是装在革带的顶端、用来束腰的钩子（见图2-26）。这一时期的贵族非常喜欢把带钩作为一种装饰，这种风气使得带钩的形式更加多样，制作也日趋精美。除了束腰和装饰功能以外，带钩还可以装在腰侧，用以悬挂宝剑、镜子、印章或其他物件。带钩做工精致，已成为战国时期新兴的工艺美术品种之一。战国时期的带钩，材质高贵，工艺精美，制作十分考究。形式有多种变化，但钩体都作S形，下面有柱。

▲ 图2-26 腰饰带钩

## （六）佩玉

统治阶级都有佩玉，佩有全佩、组佩，及礼制以外的装饰性玉佩。全佩由珩、璜、琚、瑀、冲牙等组成。组佩是将数件佩玉用彩组串联悬挂于革带上。

装饰性玉佩包括生肖形玉佩，如人纹佩、龙纹佩、鸟纹佩、兽纹佩等，这类玉佩比商周时期细腻精美，逐渐演变为佩璜和系璧。更为精巧绝伦的则是镂空活环套扣的玉佩。

# 第四节 夏商周服饰专用名词图释

### 1. 笄

笄是我国在新石器时代就有的，骨笄、蚌笄、玉笄、铜笄等用来固定发髻。周代男女都用笄，笄的用途除固定发髻外，也用来固定冠帽。固定冠帽的笄称为"衡笄"，衡笄插进冠帽固定于发髻之后，还要从左右两笄端用丝带拉到领下拴住。从周代起，女子年满十五岁便算成人，可以许嫁，谓之及笄。如果没有许嫁，到二十岁时也要举行笄礼，由一个妇人给及龄女子梳一个发髻，插上一支笄，礼后再取下（见图2-27）。

### 2. 裈

将两裆缝合的满裆裤，古代称为裈（音坤）（见图2-28）。用3尺布（约合现在70厘米）裁成不需缝合的短裤，称为犊鼻裈。合裆裤能够保护大腿和臀部肌肉皮肤在骑马时少受摩擦，而且不用再在裤外加裳，即可外出，在功能上是极大的改进。裈——满裆裤，分为两种形制："犊鼻裈"和今天的短裤相似，主要在南方穿着；北方的"裈"与今天的灯笼裤相似，裤脚用绳带系扎。

### 3. 蔽膝

周代的男子服装较为宽松，袖子有宽、窄两式，领子呈矩形。这个时期因为还没出现纽扣，所以一般在腰部系带，并在带子上悬挂玉制的饰物。在穿着者的腹部，还常常佩戴一片上边窄下边宽的斧形装饰布，它原本是用来遮盖的，后来则演化成表示着衣人"决断"的象征物。古人下身除着"裳"外，还附一块上广下狭、形如斧形的佩饰，即"芾"。又写作"韨"或"韠"，也叫"蔽膝"。多以熟

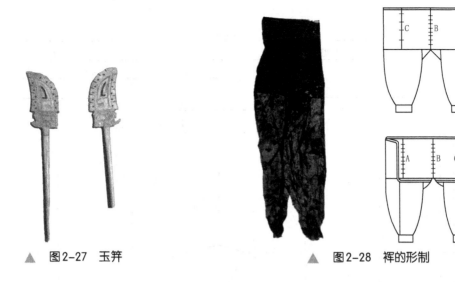

▲ 图2-27　玉笄　　　　　　　　　　▲ 图2-28　裈的形制

皮为之，外表涂漆，并绘图纹。这种服饰在商周礼服上广泛出现，冕服所用者称"芾"，其他所用服装称"韨"。后出现布帛的质料。另外，"芾"上章纹的多少，亦有规定。

# 第五节　夏商周典型服装裁剪方法与缝制工艺简介

以下介绍深衣制作过程（图文解说）。

如图2-29所示，根据《礼记集解》、《礼记集说》、《深衣考》等文献，过程大致如下。

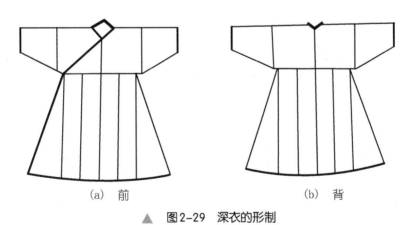

（a）前　　　　　　　　　　（b）背

▲ 图2-29　深衣的形制

## 1. 确定各部位尺寸

领口宽20厘米左右；袖通长，即袖展开两袖口之间距离236厘米；袖口宽23厘米，袖宽46厘米；腰宽69厘米，腰围即138厘米；下摆通长为腰围的2倍，即276厘米；裳长96厘米。

袖口宽：袖宽：腰宽 = 1：2：3，上衣（长48厘米）：下裳（长96厘米）= 1：2。

## 2. 购布

深衣主体用布料7米。纯（或缘）及腰带用布料2米（布料宽皆在120厘米以上）。

## 3. 剪裁

如图2-30所示。

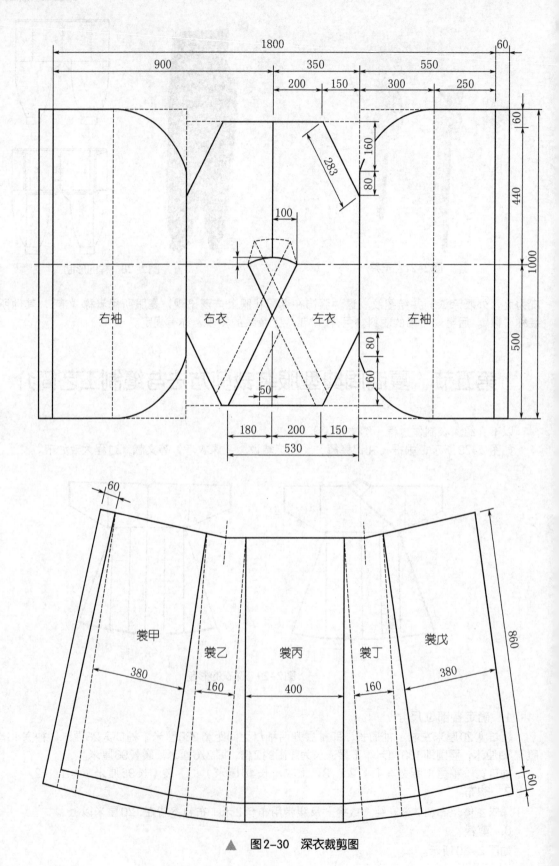

▲ 图 2-30 深衣裁剪图

上衣：依照江永《深衣考》之深衣图及以上尺寸裁成。

两袖：依照以上尺寸裁成。袖口下缘至腰为弧形，须中规，即为圆形之一段。

下裳：（96+2）厘米×（17+4）厘米，共8块。（96+2）厘米×（17+4）厘米，两块，每块皆沿对角线裁开，得勾为21厘米、股为98厘米、直角三角形之布料4块。下裳共12块，合一年之十二月。"+"后面之数字为衣缝用布。

缘、纯、腰带：领缘宽6厘米，袖缘宽6厘米，下裳缘宽5厘米，腰带宽5厘米。

注意：若父母、祖父母皆健在，缘用彩色。若父母全、祖父母不全，缘用青色。若父存母亡，缘用青色。若父亲亡，缘用素色。衣料颜色避免用素色。以上深衣，身高在170～175厘米可用。深衣一般用柔软的材料制成，再用挺括的锦缎材料缘边，使其既具有强烈的装饰效果，又持久耐穿。

这里介绍的深衣尺寸，上衣长48厘米，下裳长96厘米。比例为1：2，通身长144厘米。如果不是，可以按照以下方法来计算：测出自己从肩至踝部的尺寸为$L$，那么上衣长为48$L$/144厘米，下裳长为96$L$/144厘米，其他尺寸依次类推。具体剪裁过程如图2-31所示。按规矩在裁剪时仍把上衣与下裳分开来裁，然后又缝接成长衣，以表示尊重祖宗的法度。下裳用6幅，每幅又交解为二，共裁成12幅，以应每年有12个月的含义。这12幅有的是斜角对裁的，裁片一头宽、一头窄，窄的一头叫做"有杀"。在裳的右后衽上，用斜裁的裁片缝接，接出一个斜三角形，穿的时候围绕于后腰上。但具体的裁法，书上的说法也不一致。据《深衣篇》记载，深衣是君王、诸侯、文臣、武将、士大夫都能穿的，诸侯在参加夕祭时就不穿朝服而穿深衣。在儒家理论上，说深衣的袖圆似规，领方似矩，背后垂直如绳，下摆平衡似权，符合规、矩、绳、权、衡五种原理，所以深衣是比朝服次一等的服装。庶人则用它当作"吉服"来穿。

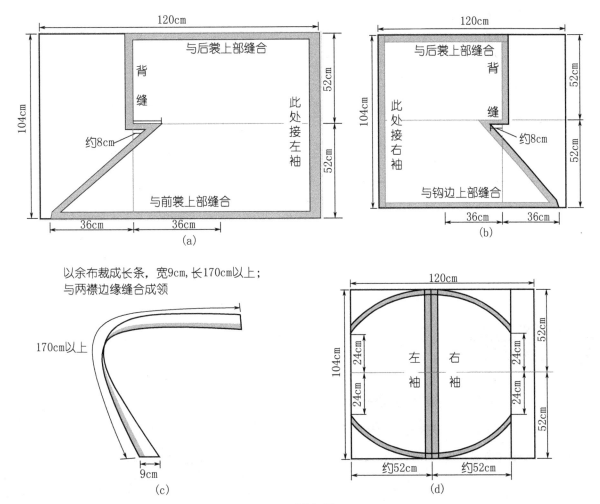

▲ 图2-31

甲与丁不缝合，成右衽；乙与丙直边缝合成左衽
左、右衽斜边分别与前、后裳缝合，其中右后衽
直边与钩边缝合

前裳、后裳裁剪完全相同，前、后裳合计8块

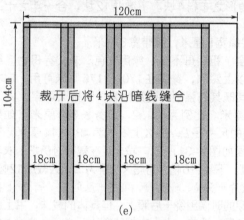

(e)

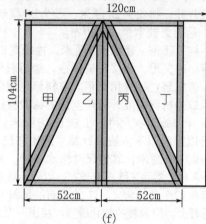

(f)

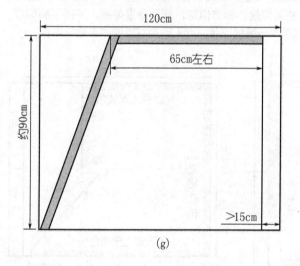

(g)

黑框之外又有黄框表示整块布料

黑线表示裁剪线

粉红线（与绿色在一起呈暗色）表示缝合线或虚线

绿色区域表示多余出来的布料，以便于缝合。绿色区域
所代表的实际宽度皆为4cm

▲ 图2-31 深衣的剪裁过程（见彩图8）

1. 十二章纹样的内容与含义是什么？

2. 试述中国古代衣裳的形制与传统文化的关系。

3. 参考着装图例，分别绘制男女服饰各一款，黑白线描，绘于A4纸上。

# 第三章　秦汉服饰

## 学习目标

　　了解秦汉时期社会背景对服饰变化的影响以及丝绸之路的意义，掌握军事服饰的特点。了解男子的袍服、冠履以及佩授制度，掌握女子服饰的基本形制及特征，并区分直裾与曲裾的不同。

# 第一节　社会背景与服饰制度

## 一、社会背景

公元前221年，秦始皇统一六国，成立了中国历史上第一个中央集权的多民族国家。秦始皇统一了文字、货币、度量衡等，实现了从分封制到郡县制的转变。他所建立的中央集权制度和所采取的措施，此后一直沿用，对国家势力和汉民族的形成及延续产生了极其深远的影响。但由于秦朝实行苛政，又因秦始皇当政不久，就在出巡路上病故，导致速亡。公元前207年秦军主力被项羽率领的义军打败。次年，刘邦攻占咸阳，于公元前206年称帝建立汉朝。

两汉时期是当时世界上一个伟大的时期，是中国历史上科技与文化非常辉煌的一个时期。在科技方面，西汉时期已经开始使用丝絮和麻造纸，到东汉时的蔡伦改进了造纸术，形成了现代意义上的纸，是中国的四大发明之一。东汉张衡制成了世界上第一台能够预报地震的候风地动仪。落下闳等人制定的《太初历》第一次将二十四节气定入历法。张仲景因《伤寒杂病论》而被尊称为中华"医圣"。而史书记载的华佗更是世界上最早采用全身麻醉的医生。公元前1世纪的《周髀算经》及东汉初年的《九章算术》则是数学领域的杰作。汉代也是中国最早发明瓷器烧造的时代。两汉时期，中国的冶炼技术也有了长足的发展和进步，铸钱技术成熟。彩绘工艺独特，如马王堆所出土的帛书彩绘。煮盐技术也不断提高，两汉出现了蒸馏酒，酿酒水平臻于完美。农业技术大幅度提高，东汉早期出现了水排等新式灌溉工具。汉朝也是中国宗教的勃兴期，佛教在汉明帝时期传入中国，白马寺是中国第一间佛寺，道教也是在东汉时期宣告形成的。

## 二、服饰制度

秦朝是中国历史上第一个幅员辽阔、民族众多的封建国家。秦始皇称帝之后，立即着手推行一系列加强中央集权的措施，其中包括衣冠服饰制度。废除了原有的六种冕服，仅留下一种黑色的玄冕供祭祀时使用。

公元前206年汉朝建立时，基本上沿用秦朝的服制。经过一段时间的休养生息以后，服饰文化随着国力的增强而逐渐丰富。西汉时男女服装，仍沿袭战国深衣形式。不论单、棉多是上衣和下裳分裁合缝连为一体，里面都有中衣及内衣，其领袖缘一并显露在外，成为定型化套装。下着紧口大裤，保持"褒衣大裙"风格。足下为歧头履，腰间束带。汉代染织工艺、刺绣工艺和金属工艺发展较快，推动了服饰的发展。在"罢黜百家，独尊儒术"的思想指导下，汉朝依据儒家学说建立起了等级分明的服饰制度，中国完整的服饰制度在东汉明帝永平二年正式确立。史书中记载皇帝与群臣的礼服、朝服、常服等有20余种。服饰上的等级差别已十分明显，主要是通过冠帽及佩绶制度来体现的。汉武帝时，派张骞通使西域，开辟了"丝绸之路"。这一时期，由于各民族各国之间交流活跃，导致人们对服饰的要求愈来愈高，衣冠服饰也日趋华丽，穿着打扮日趋规范。丝绸之路将中国制造的丝绸、瓷器等种种中国特产传到世界各地，也把西方文明带到东方，促进了中国文化的发展。朴质生动的汉代服饰为后世服饰文化的发展奠定了坚实的基础。

# 第二节　典型服饰形象及特征

秦汉时期的服装，依穿着场合主要可分为：礼服、朝服、常服三类，每类又可分为几种，原则是地位愈高的人，得以穿着的种类愈多，可以用的颜色愈多。

# 一、男子服饰

## （一）礼服

秦始皇规定的礼服是上衣下裳，为黑色祭服，并规定衣色以黑为最上。汉朝的祭祀礼服承袭了秦代的形制。其中最尊贵的祭祀礼服是玄冕冠服（见图3-1）。

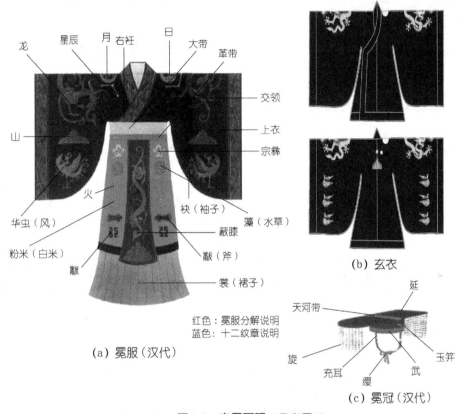

（a）冕服（汉代）

红色：冕服分解说明
蓝色：十二纹章说明

（b）玄衣

（c）冕冠（汉代）

▲　图3-1　玄冕冠服（见彩图9）

## （二）朝服

自秦朝开始朝服采用深衣制，基本式样是长袍。汉朝的朝服制度包括冠冕、袍、鞋履、佩绶等，各有等序，它的重点和特色在于冠冕，是区分官职的重要标志。官员上朝头戴冠，身穿宽袍大袖，腰配书刀，手执笏板（上朝用的记事工具），耳簪白笔（上朝时用于记事）。三品以上的官员着绿袍，一般平民着白袍（见图3-2）。

汉代从皇帝至小吏都以袍作为朝服，袍服采用交领，多大袖，内穿肥裆大裤，长度一般处于膝盖以下，衣袖由宽大的袖身袂（音媚）和往上收的袖口祛（音驱）组成。衣领和袖口都饰有花边，领子以袒领为主。一般裁成鸡心式，穿时露出里面的黑色禅衣。此外，还有大襟斜领，衣襟开得较低，领袖用花边装饰，袍服下面常打一排密裙，有时还裁成弯月式样，主要以衣料质地和色彩来区别等级。汉代的朝服（见图3-3），一年四季按五时着服，即春季用青色；夏季用红色；季夏用黄色；秋季用白色；冬季用黑色。

27

▲ 图3-2 戴长冠、穿袍服的官员 ▲ 图3-3 汉官吏袍服

（湖南长沙马王堆汉墓出土著衣木俑）

## （三）常服

汉代的常服也是以袍为主，多指过臀的长衣。主要有几个特点：一是有里有面或絮棉麻，称为夹袍或棉袍；二是多为小袖；三是多为大襟斜领，衣襟开得较低，领口露出内衣；四是领口、袖口处绣方格纹等纹样。袍服的长短也不一，有的长到踝骨，一般多为文官或长者穿；有的仅至膝下或膝上，多为武将或重体力劳动者穿。

## 二、女子服饰

### （一）礼服

秦汉时期祭服延用古制，遵从古礼。皇太后、太后、公卿夫人等的祭服（谒庙服）、亲蚕服、朝见服和婚礼服的形式都采用深衣制。《后汉书》记：贵妇入庙助蚕之服"皆深衣制"。

秦汉妇女以深衣为尚，深衣也是男女通用的服装。普通妇女的礼服为曲裾深衣和直裾深衣两种。曲裾深衣分为窄袖和宽袖，袖口大多镶边。衣领部分很有特色，通常用交领，领口很低，以便露出内衣。曲裾深衣衣襟绕转层数比战国时的深衣有所增多，下摆部也有所增大。如穿几件衣服，每层领子必露于外，最多的达三层以上，时称"三重衣"。凡是穿深衣的妇女，腰身都裹得很紧，用绸带系扎在腰间。衣上还绘有精美华丽的纹样，衣裾边装饰锦缎，随曲裾盘旋缠裹在身上，成为一种流动的装饰，具有含蓄、儒雅的特征（见图3-4）。

### （二）常服

汉代女装的式样与男装差别不大，汉代的妇女日常上穿短襦，下穿长裙，连体的深衣既是贵族的常服，也是百姓的礼服。裙子的样式也多起来，最有名的是"留仙裙"。相传赵飞燕在汉宫表演歌舞，正当歌舞酣畅时，大风骤起，赵飞燕凭借风势扬袖举袂尽情欢舞，汉成帝怕她被风吹走，急命人拉住赵飞燕的裙角，裙子上被弄出了不少褶皱。赵飞燕趁势对汉成帝娇嗔道："要不是你命人拉住我，我岂不成了仙女了！"自此以后，宫中佳丽都以将裙子弄皱为时髦，名为"留仙裙"，引领了汉代服饰风潮（见图3-5）。

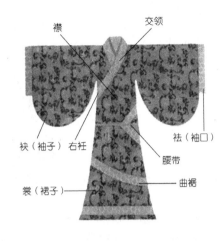

襟　交领
袂（袖子）　右衽
祛（袖口）
腰带
曲裾
裳（裙子）

（a）直裾窄袖　　　　　　　　　　（b）曲裾大袖

▲　图3-4　汉代贵族妇女直裾窄袖和曲裾大袖深衣

▲　图3-5　留仙裙

# 三、冠帽鞋履

## （一）冠帽

汉代冠和先秦的不同之处，是先秦男子直接把冠罩在发髻上。汉代官员戴冠，要先以巾帻包头，而后加冠，并根据品级或职务不同有所区别。帻是包发巾的一种，秦汉时不分贵贱均可戴用。戴冠者衬冠下，庶民则可独戴着，其形似便帽，多平顶的，称"平巾帻"（见图3-6）。有屋顶状的，叫"介帻"。戴冠衬帻时，冠与帻不能随便配合，文官的进贤冠（见图3-7）要配介帻，而武官戴的武弁大冠则要佩平巾帻（见图3-8）。"卑贱执事"们只能戴帻而不能戴冠。

## （二）鞋履

秦汉时期的鞋履制度为祭服穿舄、朝服穿履、燕居穿屦、出门穿屐。单底的叫履，双底的叫舄，鞋面涂黑漆或红漆，形式有方头、圆头、尖头等。北方少数民族穿的高筒皮靴，当时叫"络鞮"，除胡人外，汉人士兵及北方人也穿用。女子鞋履与男子的大同小异，一般多施纹绣。妇女出嫁，穿木

▲ 图3-6 平巾帻

▲ 图3-7 影视作品中的进贤冠

▲ 图3-8 汉代石刻上的武弁大冠

展，在展上画上彩画，系上五彩的带子。

鞋袜的材质至秦汉时已非常丰富，有皮、木、草、麻、丝等多种质地的鞋履。上层阶级在皮制的鞋上包绸缎的鞋面，在鞋口沿系上丝带，制成极为美观精致的革履，百姓多穿草鞋或赤足。

## 四、军服

### （一）款式

秦始皇陵兵马俑的发掘使秦代成为中国有史以来军服资料最全面、最准确、最详细的朝代。秦代出土的兵俑可分将领和士兵两大类，将军俑，身穿双重长襦，外披彩色铠甲，下着长裤，足蹬方口齐头翘尖履，头戴顶部列双鹖的深紫色鹖冠，橘色冠带系于颌下，打八字结，肋下佩剑。步兵俑，身穿长襦，外披铠甲，下穿短裤，足穿浅履或短靴，头顶右侧绾圆形发髻。他们的铠甲服饰装束表现出森严的等级制度。秦军铠甲是依兵种作战时运动的实用性能而配备的，并用冠饰形式和甲衣色彩区分官兵地位。汉代军服在整体上与秦代相似，军队中不分尊卑都穿禅衣，下穿裤。

秦代士兵的铠甲是由正方形或长方形的甲片编缀而成的，胸部的甲片都是上片压下片，腹部的甲片，都是下片压上片，以便于活动（见图3-9）。从胸腹正中的中线来看，所有甲片都由中间向两侧叠压，肩部甲片的组合与腹部相同。在肩部、腹部和颈下周围的甲片都用连甲带连接，所有甲片上都有甲钉。甲衣的长度，前后相等。其下摆一般多呈圆形，周围不另施边缘。铠甲里面要衬以战袍，防止擦伤身体。铠甲的样式根据兵种的不同而有所区别，一般步兵的铠甲衣身较长，骑兵的铠甲衣身较

▲ 图3-9 秦代兵士铠甲展示图

短，而御手的甲衣则在结构上更加复杂。士兵的铠甲属于贯头型，穿的时候从上套下，再用带钩扣住固定。

### （二）材质与色彩

从秦始皇兵马俑的铠甲上，可以看出当时秦代将领铠甲以整片皮革或织棉材料制成，上面再嵌上金属或犀牛皮、野牛皮甲片。高级将领的铠甲除制作精细以外，还绘有美观的纹样。从陪葬坑的文物资料看，秦代的铁质铠甲已占相当比例，但同时也使用着大量皮甲，说明秦代正处于战国至汉代铠甲材质发展转变的过渡阶段，这也是中国古代铠甲发展史上承上启下的关键时期。铠甲质地由皮革到铁质的改变，主要原于战国至汉代进攻性武器由青铜转变为更锋利的铁兵器，迫使作为防护兵器的铠甲随之逐步由皮质转变为铁质。

到两汉时期，铁甲逐渐替代皮甲成为主要防护装备。当时的铁甲又称为"玄甲"，因铁是黑色而得名（见图3-10）。

秦代军服的颜色色彩鲜明，秦俑出土时，色彩保持较好，褐色铠甲，配朱红扣袢，下露朱红、玫红、粉红、紫红或石绿、宝蓝等色战袍。领子色彩也有石绿、紫红、朱红、粉紫、宝蓝、玫红、粉白等，领的色彩大多与袖口的色彩相对应，袖口是用这些颜色的丝带镶边的。汉代军服的颜色以红色为主。

▲ 图3-10　汉代玄甲复原图

# 第三节　服饰材料、色彩和装饰纹样

## 一　服饰材料与织绣技术

秦汉时期，丝、麻纤维的纺织和印染工艺技术已很发达，纺织品有纱、绡、绢、锦、布、帛等。印染工艺有凸纹版印墨线再以毛笔敷彩，凸纹版胶剂金银粉印花，凸纹版涂料彩色印花、蜡染等。服装用料大大丰富。自汉以来，庶民阶层所用衣料一直受到法规限制，稍有僭越，就会受到严厉处罚。

秦汉服饰材料以湖南长沙马王堆一号汉墓出土的服饰实物最为集中和完整，出土的纺织品除少数麻布外，绝大多数为丝织品，品种有平纹丝织的绢、纱，素色提花的绮和罗。绮是平纹地起斜纹花的丝织品，罗是4经相绞的绞纱组织，多数织有复合菱纹或杯纹（见图3-11）。有彩色提花的经锦，起绒提花的绒圈锦，以及经过印花彩绘和刺绣加工的丝织品和装饰衣物用的窄带绦等。绢的颜色有绛

▲ 图3-11　"信期绣"绢手套（湖南长沙马王堆一号汉墓出土实物）
及菱纹"阳"字锦袜（新疆民丰东汉墓出土实物）

紫、烟色、金黄色、酱色、香色、红青色、驼色、深棕色、棕色、藕色、褐色、深红、绛色、朱红色、墨绿、白色等10余种。印花方法有印花敷彩和金银粉印花。汉代根据绢的粗细不同，而有缟、素、缣、纨等名称。纨、缟是指细薄的绢，缣是丝织致密的绢。经纬稀疏得可以看出方孔的，称之为纱。

## 二、服饰纹样与色彩

秦汉时期的服饰纹样题材多变，充满浓郁的神话色彩。在图案的追求上更加趋于大气、明快、简练、多变。纹样多以流动起伏的弧线构成骨骼，重叠缠绕、上下穿插、四面延展的构图强调动势和力量，不拘一格地进行变形（见图3-12）。动物、植物、云朵、山川等主题分布其中，朴质生动；各种吉祥语铭文，如"万寿如意"、"长乐明光"等加饰在纹样空隙之处，寄托着人们长生不老、子孙众多等希望。从图案的造型可看出，当时的龙、凤已经具有很高的艺术表现力。而且在设计上也更加追求艺术造型的完美性。

秦汉时期在服饰纹样的色彩运用上，以绿、红、紫、蓝四色为主要流行色。很注意上、下衣及袖口、领口的色彩对比搭配。以色彩对比为主，强调明快、醒目、艳丽，热烈，生机盎然，表现了素中见华美的特点。从长沙马王堆汉墓出土的织绣工艺实物来看，在百余件丝织品中，仅凭视觉能够识别的颜色，即有一二十种之多，如朱红、深红、绛紫、墨绿、棕、黄、青、褐、灰、白、黑等。这些都充分说明了我国织绣印染技术这时已达到了比较成熟的程度，为秦汉时期讲究服装色彩提供了一定的物质基础（见图3-13）。

▲ 图3-12 汉代服饰图案（见彩图10）

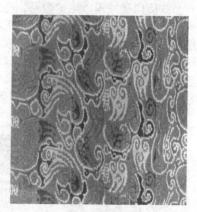

▲ 图3-13 汉代织物色彩（见彩图11）

## 三、发式与佩饰

随着秦汉时期政治、经济的繁荣发展，人们的生活水平和文化修养也日趋提高，社会风气也发生较大的变化。汉代妇女敷施粉黛也已成为风气。面上敷粉，以求白皙；颊上施朱，以求红润，还有在胸臂上敷粉的。发式妆饰都进入了一个崭新的发展时期，宫廷妇女的发式妆饰则更是奢华。

## （一）发型与发饰

### 1. 发型

已发现的文物史料中表明，秦代日常生活中大多流行平髻，髻上不加饰物，从发顶向左右平分。汉代妇女的发型通常以高髻为美，挽髻为主。一般是从头顶中央分清头路，再将两股头发编成一束，由下朝上反搭，或是堆在头顶或是抛到脑后，挽成各种式样。贵族女子流行高髻，秦有望仙髻、凌云髻、垂云髻等；汉有坠马髻、倭堕髻、盘桓髻、分髾髻、百合髻、同心髻等。

### 2. 发饰

秦汉贵妇发型以高大为美，插入数枝笄簪将它固定，也有用假发做成假髻直接戴在头上，再以笄簪固定的。与此同时，与发型相配套的各种发饰也开始流行开来，步摇就是其中的一种（见图3-14）。

▲ 图3-14　步摇

## （二）首饰与佩饰

秦汉劳动妇女头上一般只以巾子裹扎，不戴或戴少量首饰。秦汉贵妇首饰材质以金玉、宝石、珍珠等珍贵材料制成。品种多样，有耳饰、颈饰、臂饰、指环等（见图3-15）。贵族男子配饰主要是带钩和佩玉，材质珍贵，工艺更趋精巧（见图3-16）。

▲ 图3-15　秦汉时期女子佩饰

▲ 图3-16　秦汉时期男子佩饰

# 第四节 秦汉服饰专用名词图释

## 1. 冠

汉代的冠是区分等级地位的标志，主要有冕冠（见图3-17）、长冠、委貌冠、爵弁、通天冠、远游冠、高山冠、进贤冠、法冠、武冠、建华冠、方山冠、术士冠、却非冠、却敌冠、樊哙冠等。

## 2. 佩绶

佩绶制度，是用来区分地位尊卑的标志，为汉代服饰的一大特点。贵族阶层除佩挂刀剑，还有佩挂组绶的礼俗。《后汉书·舆服志》有："古者君臣佩玉，尊卑有度；上有韨，贵贱有殊。佩，所以章德，服之衷也。韨，所以执事，礼之共也……韨佩既废，秦乃以采组联结于璲，光明章表，转相结受，故谓之绶。"

▲ 图3-17 冕冠

组绶由朝廷统一发放，为汉朝官员权力的象征。汉朝制度规定：官员平时在外，须将官印封装在腰间的鞶囊里，并将绶带垂于外，故称印绶。皇帝和各级官员所挂的佩绶，在尺寸、颜色及织法上有明显的区别。

所谓大佩，就是由各种玉质配件组成的饰物，一般都在祭祀朝会等重要场合佩戴，日常家居则不能佩戴。它将相同的两组分别配于左右两腰旁，皇帝的大佩系玉用串珠，公卿诸侯的大佩系玉用丝绳，丝绳颜色和绶是相同的。以绶的颜色标示身份的高低。

皇帝、太皇太后、皇太后、皇后佩黄赤绶，自公主封君以上皆带绶，以彩组为绳带，各如其绶色，诸侯王佩赤绶，公、后、将军佩色为紫，以下有青、黑色（见图3-18）。

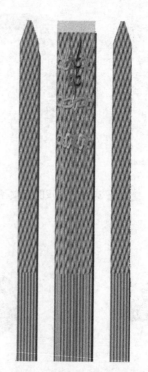
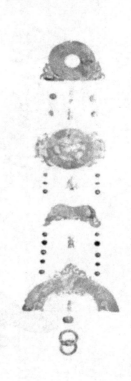

▲ 图3-18 佩绶的形制及着装复原图

# 第五节 秦汉典型服装裁剪方法与缝制工艺简介

 **一、曲裾袍的裁剪方法与缝制工艺**

曲裾袍上衣部分正裁共6片，身部两片宽各一幅，两袖各2片，内1片宽一幅，1片宽半幅，6片拼合后，将腋下缝起。领口挖成琵琶形。袖口宽28厘米，袖筒较肥大，下垂呈胡状。下裳部分斜裁共4片，各宽一幅，按背缝计，即所谓裻（音督），斜度角为25°。底边略作弧形。里襟底角为85°，穿时掩入左侧身后。外襟底角为115°，上端长出60°衽角，穿时裹于胸前，将衽角折往右侧腋后。袍领、襟、袖均用绒圈锦斜裁拼接镶缘，再在外沿镶绢条窄边（见图3-19）。

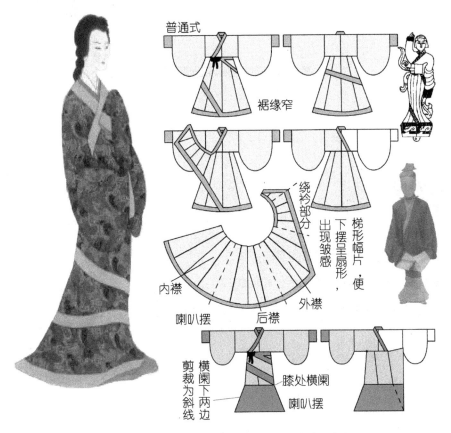

▲ **图3-19 穿曲裾袍的汉代贵妇及着装示意图**

**二、直裾袍的裁剪方法与缝制工艺**

直裾袍上衣部分正裁共4片，身部2片，两袖各1片，宽均一幅。4片拼合后，将腋下缝起。领口挖成琵琶形，领缘斜裁两片拼成，袖口宽25厘米，袖筒较肥大，下垂呈胡状。袖缘宽与袖口略等，用半幅白纱直条，斜卷成筒状，往里折为里面两层，因而袖口无缝。下裳部分正裁，后身和里外襟均用1片，宽各一幅。长与宽相仿。下部和外襟侧面镶白纱缘，斜裁，后襟底缘向外放宽成梯形，底角成85°，前襟底缘右侧偏宽（见图3-20）。

做一件曲裾棉袍用料需帛32米（汉制14丈），而做一件直裾棉袍只需用帛23米（汉制10丈）。

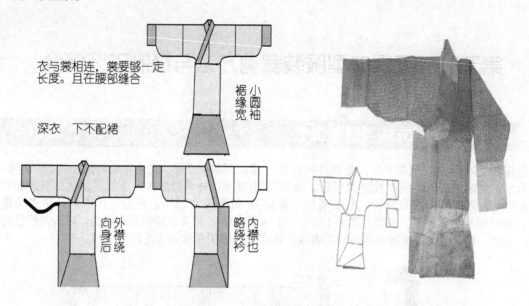

衣与裳相连，裳要够一定
长度。且在腰部缝合

深衣 下不配裙

裾缘宽

小圆袖

向身后外襟绕

略绕衿内襟也

▲ 图3-20 直裾袍的平面图及着装示意图

1. 试述丝绸之路对汉代服饰的深远影响。

2. 简述秦汉军服的两种基本类型和作用。

3. 汉代冠帽有诸多式样，列举三种冠式并简述其功用。

# 第四章　魏晋南北朝服饰

- 第一节　社会背景与服饰制度
- 第二节　魏晋南北朝时期典型服饰形象及特征
- 第三节　服饰材料、色彩和装饰纹样

### 学习目标

　　了解魏晋南北朝时期社会背景对服饰变化的影响以及北魏孝文帝服饰改革的意义，掌握军事服饰的特点。了解男子的袍服、冠履的基本形制以及胡服的特征。掌握女子服饰的基本形制及特征。

# 第一节 社会背景与服饰制度

## 一 社会背景

魏晋南北朝是多个朝代名称的复合词。魏指的是三国里的曹魏，晋主要指的是司马氏所建立的西晋与东晋，南北朝则指当时南北对峙的几个朝代，南方包括宋、齐、梁、陈四朝，北方则有北魏、东魏、西魏、北齐、北周及最后统一全国的隋朝。

由于魏晋南北朝时期贵族生活优越，产生了许多优秀的艺术家。绘画书法等艺术走向自由探索时期，逐渐发展成为纯艺术。东晋顾恺之善绘仕女山水，务求传神，史称"画圣"。书法方面，出现很多著名书法家及书法理论。书体由隶书走向多元化，各种书体相互发展。最著名有东晋王羲之的《十七帖》、《丧乱帖》、《兰亭集序》，王献之的《鸭头丸帖》等。苦难的时代给佛教提供了传播和发展的土壤，佛教艺术勃然兴盛，遍及南北，寺院及佛像大量出现，带动了艺术创作。佛经、佛门故事的传入也拓展了艺术的想象空间。到南北朝时艺术更兴盛，南方以绘画为主，北方以雕刻塑像为主。此外，著名的中国民间传说梁山伯与祝英台的故事背景也发生在东晋时代。

## 二 服饰制度

魏晋南北朝时期，由于战乱与政权动荡，使这一时期的服饰无统一定制。但是由于北方各族陆续入主中原，促使了民族间的相互交融，使得服饰在自觉与不自觉之间有了一个相互吸收的契机。这期间的服饰出现了两个变化，一个是汉装的定式被打破了，另一个是胡服被大量地吸收融合进汉人的服饰之中。

▲ 图4-1 胡人俑的装束

民族服饰的融合，主要是指汉与鲜卑的融合，它是按两种不同的性质和方向互相转移的。最著名的是北魏孝文帝的服饰改革。他崇尚中原文化，命令全国人民都穿汉服，实行汉化，形成了"群臣皆服汉魏衣冠"的状况；禁胡服、胡语，改变度量衡，推广教育，改变姓氏并禁止归葬，提高了鲜卑人的文化水准。与此同时，北方民族许多优秀之处也被汉族人民所吸纳，例如裁剪得体的胡服，便于生活劳动，有较好的实用功能，因而对汉族民间传统服装产生了自然转移的作用。汉族男子开始穿起紧身窄袖短衣、蹀躞带和长裤皮靴的胡服，深衣在民间也逐渐消失，而胡服则成了社会上普通的装束（见图4-1）。汉族妇女的服装样式也由褒衣博带、上长下短变成紧身适体、上俭下丰的样式。魏晋南北朝时期这种胡汉杂居，北方游牧民族和西域的异质服饰文化与汉族传统服饰文化并存和互相影响的情形，构成了中国服饰文化的新篇章。

# 第二节 魏晋南北朝时期典型服饰形象及特征

魏晋南北朝时期是一个追求时髦、款式多样、奇装异服盛行的时代。宽衫大袖，褒衣博带成为上至王公贵族下至平民百姓的流行服饰。同时这个时期也是中国服饰史上男子士儒最为风雅潇洒的一个时期，男子服饰流行高冠博带，飘逸的大袖衫，袒胸露臂，力求轻松、自然、随意的感觉；女子服饰则长裙曳地，大袖翩翩，饰带层层叠叠，表现出优雅和飘逸的风格。

# 一、男子服饰

魏晋男子服装以大袖长衫为尚，以衫代替了袍。衫有单、夹两种，质地有纱、绢、丝、布等轻薄面料。颜色尚白，一反秦汉常规，甚至婚礼也服用白色。《东宫旧事》记："太子纳妃，有白縠、白纱、白绢衫、并紫结缨。"当时规定宫中朝服用红色，常服用紫色。除大袖衫以外，男子服饰主要也着袍、襦、裤等，其中最有特色的为裤褶和裲裆。

## （一）礼服

魏晋南北朝时期最重要的礼服仍继承秦汉旧制以冕服为贵，在天子祭祀时使用。各级的形式、服色大致和秦汉时相同，衣裳上的章纹，天子用十二章，三公诸侯用山龙等九章，九卿以下用华虫等七章，天子用刺绣文，公卿用织成文（见图4-2）。

▲ 图4-2 魏晋时期皇帝冕服

## （二）朝服

魏初，文帝曹丕制定九品官位制度，"以紫绯绿三色为九品之别"。这一制度此后历代相沿用，直到元明。朝服制度同于汉代，天子与百官之朝服用所戴之冠来区别，以绛色朝服为主。南朝的朝服仍是玄衣（黑衣）。服饰用料有规定，三品官以下的不得穿用杂色绮做的衣服，六品官以下者只能穿七彩绮，不可使用罗绡。北朝的服装，官宦正式场合穿着朱色单衣。穿红色袍就佩带金带，穿小袖长身袍则佩金玉带。

## （三）常服

### 1. 大袖衫

魏晋时期的文人士大夫阶层崇尚道教和玄学，祈望长生不老，喜欢服用一种名为"五石散"的丹药，据说这种药中含有硫黄等矿物质，有毒，吃下后皮肤发烧，身体发热，必须穿宽大的衣服，加之当时的人们追求"仙风道骨"的风度，所以这一时期的人们喜欢穿宽松肥大的衣服，称为"大袖衫"（见图4-3）。这种衫为各阶层男子所爱，成为一种风尚。

### 2. 裤褶

裤褶又称为广袖褶衣，是由战国时期流行的一种胡服改良而成的，是游牧民族的传统服装。魏晋南北朝时期成为上至达官显贵下至贫民，不分男女都普遍穿着的便服。

它由褶衣和缚裤两部分组成，是一种上衣下裤的形式。起初褶衣紧而窄小，长仅及膝。后来结合汉制服饰加以改造，如改左衽为右衽，加大袖口和裤口，衣襟大多采用对襟形式，对襟相掩，下摆正前方两个衣角错开呈燕尾状，常用较粗厚的布来制作。因为裤口越来越大，为了行动方便，用红色锦带截为1米左右，在膝盖处将裤管扎住，以便活动，这种大口裤被称为"缚裤"（见图4-4）。裤褶的束腰多用皮带，权贵们的带扣还用金银做装饰，脚踏长勒靴或短勒靴。

### 3. 裲裆

裲裆是这一时期的另一种代表服式，也是由西北引入中原的服饰风格。起初是由军服中的裲裆铠演变而来的，样式多是前后两片，肩上和腋下以襻扣住，也叫坎肩或背心（见图4-5）。质地有皮的、棉的、单的、夹的，尺寸可大可小，可内穿也可外穿。裲裆可保身体温度，而不使衣袖增加厚度，使手臂行动方便，是男女通用的服式。

▲ 图4-3 大袖衫及笼冠复原示意图

▲ 图4-4 裤褶展示图及穿裤褶的男子陶俑

▲ 图4-5 现代影视作品中裲裆的造型　　　　　▲ 图4-6 魏晋贵族女子着装图

## 二、女子服饰

　　魏晋南北朝时期女子服装在承继汉制并吸收少数民族服式的基础上有所发展。重视修饰，审美标准由质朴转向富丽，是这个时代重要的表现。妇女服式风格，有窄瘦与宽博之别，加上丰盛的首饰，反映出奢华糜丽之风（见图4-6）。

## 三、百姓服饰

　　劳动百姓的服装十分丰富，以适合劳作的衣裤、衫袄、裙为主，头上梳髻或裹巾，服装用料以麻、葛、绢布，自耕自织。近年在甘肃嘉峪关的戈壁滩上，发现一处魏晋时期的墓群，墓砖上绘有彩画，在绘画中的采桑、屯垦、狩猎、畜牧宴饮等现实生活中的各种场景中，留下了大量平民百姓的服饰形态，如女子的裙裳、农民的袍服、信使的巾帻、牧者的绑腿等（见图4-7）。

▲　图4-7　戴巾帻、穿袍服的信使及穿袍服、围裳的采桑妇女

（甘肃嘉峪关出土砖画）

## 四、冠帽鞋履

### （一）冠帽

　　魏晋南北朝时期冠帽很有特色。统治阶级的冠冕制度，虽然承袭了汉代遗制，但形制却有一些演变。首先是小冠非常流行，上下兼用，南北通行。在小冠上加笼巾，即成"笼冠"。笼冠是魏晋南北朝时期的主要冠饰，男女皆用。因用黑漆细纱制成，也称漆纱笼冠。其次是巾、帽的流行。

#### 1. 小冠

　　小冠也称平上帻，形制是前低后高，中空如桥，因形小而得名，不分等级皆可服用（见图4-8）。

#### 2. 漆纱笼冠

　　漆纱笼冠是魏晋南北朝时期极具特色和最为流行的主要冠式，是集巾、冠之长而形成的一种首服，当时的男子和女子都可以佩戴。冠的特点是平顶，两侧有耳垂下，下边用丝带系结，是官员的朝冠。它的制作方法是在冠上包裹经纬稀疏而轻薄的黑纱，上面涂漆水，使之高高立起，造型独特得名"漆纱笼冠"（见图4-9、图4-10）。

▲ 图4-8 戴小冠、穿大袖衫的陶俑　　▲ 图4-9 漆纱笼冠图　　▲ 图4-10 戴漆纱笼冠的女子

### 3. 幅巾

幅巾束守，即不戴冠帽，始于东汉后期。一直延续到魏晋，仍十分流行。多用于文人，形制有折角巾、菱角巾、紫纶巾、白纶巾等，大多是丝织物（见图4-11）。

## （二）鞋履

这一时期的鞋履，与秦汉时大抵相同。足穿笏头履、高齿履（一种漆画木屐），在当时流行一时。但质料更加考究，有丝、棉、皮、麻等质地。颜色也有规定：士卒、百工用绿、青、白色，奴婢侍从用红、青色（见图4-12）。

▲ 图4-11 穿裤褶、戴幅巾的北朝男子

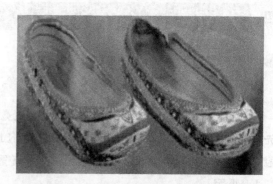

▲ 图4-12 "富且昌宜侯王夫延命长"织成履

## 五、军服

魏晋时期频繁的战争，促使了战略战术的发展，但对社会经济生产造成了巨大的破坏，因此在武器装备方面与汉代相比并没有明显的进步。到了南北朝时期，武器装备生产发展到了一个全新的阶段。在军服样式方面，融合了多民族的军服特征。在铠甲方面，不但种类多样，而且质量和制造技术也很高。而且武官制度也进一步得到了完善，官兵在服饰上有了更明显的区别。

这一时期的军服主要是铠甲和制服。冠主要有武冠、鹖冠、却敌冠、樊哙冠、帻、幅布和帽等，以平巾帻、帽最为普遍。军人一般都穿圆头靴，靴尖不起翘，铠甲和戎服外均束带（见图4-13）。

武官制服主要分为以下几种。

#### 1. 裲裆衫

裲裆衫是当时最突出、最具特点的武官制服。"裲裆"在当时有两种含义，一种是指"裲裆衫"；一种是指"裲裆铠"。两者的外形大体相同，区别在质料上。裲裆衫的材料通常用布帛，中间纳有丝绵，取其保暖。武官在裲裆衫外披上与裲裆铠形制完全相同的布制或革制裲裆，裤则为大口裤。作为公事制服，一直使用到唐代（见图4-14）。

#### 2. 裤褶服

裤褶服也叫短袖襦，也是这一时期主要使用的戎服。小袖口，前开襟，大翻领，单、棉都有。一般是大口裤，裤脚在膝下用带扎住（见图4-15）。

▲　图4-13
魏晋时期军戎服饰铁制筒袖铠复原图

▲　图4-14　穿裲裆衫的武将画像及陶俑

▲　图4-15　裤褶服

# 第三节　服饰材料、色彩和装饰纹样

## 一、服饰材料与织绣技术

魏晋南北朝丝织品仍是以经锦为主，花纹则以禽兽纹结合花卉纹为特色。在新疆吐鲁番阿斯塔那墓葬出土的北朝夔纹锦，由红、蓝、黄、绿、白五色分段织成（见图4-16）。方格兽纹锦（见图4-17），经线分区分色由红、黄、蓝、白、绿五色配合显花。每区为三色一组，在黄白地上显出蓝色块状牛文，在绿白地上显出红色线条状的狮纹，在黄白地上显出蓝色线条状的双人骑象纹，把方格纹、线条纹和块状纹结合成特殊风格的图案。

## 二、服饰纹样与色彩

魏晋南北朝时期的服饰纹样除了继续沿袭汉代以来的艺术风格外，在线条的设计上趋于粗犷，给

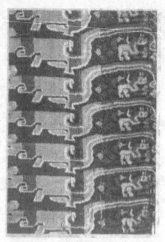

▲ 图4-16 北朝夔纹锦（见彩图12）

▲ 图4-17 方格兽纹锦（见彩图13）

（新疆吐鲁番阿斯塔那出土实物）

人一种肥厚之感。在图案上，并不是刻意地追求局部，而主要是追求图案的整体线条美、飘逸美，以此来表现服饰的美感效果（见图4-18）。

▲ 图4-18 各种题材的纹样（见彩图14）

服饰纹样是服饰面貌的标志，在魏晋南北朝时期随着佛教的盛行，服饰纹样从内容到形式都发生了空前的变化。以中亚、西亚风格的纹样最有特点，波斯图案花纹通过"丝绸之路"传入中国，外来的装饰题材大大补充了魏晋南北朝时期的服饰纹样种类，如具有古代阿拉伯国家装饰纹样特征的"圣树纹"、具有佛教色彩的"天王化生纹"、具有少数民族风格的宝相纹，还有组合的中小型几何纹样和"忍冬纹"等。这些纹样的共同特征是对称排列，动势不大，装饰性强，既古朴、秀丽，又含蓄柔和。这一点在敦煌壁画上多有反映。但这一时期的传统纹样制作技巧远不如东汉精美。

## 三、发饰与妆饰

魏晋南北朝时期的发式和佩饰大致承袭汉代，妇女仍好高髻并在发上插步摇。指环已成为普遍的饰品，其中以兽面式样最具特色。

### （一）发型与发饰

#### 1. 发型

魏晋南北朝时期妇女的发式，与前代有所不同，流行戴假髻，"蔽髻"就是当时风靡的一种假髻。这种假髻大多很高，无法竖起，只好搭在眉鬓两旁（见图4-19）。晋成公《蔽髻铭》曾作过专门叙述，其髻上镶有金饰，各有严格制度，非命妇不得使用。普通妇女除将本身头发挽成各种样式外，也有用假发作各种发式的。如灵蛇髻、飞天髻（均系在头顶梳出一些发环，使作凌空摇曳之状）、盘桓髻（以头发反复盘桓然后作髻）、十字髻（头顶作十字形髻，余发下垂过耳）等，来表现妩媚的风姿。

#### 2. 发饰

魏晋南北朝时期，因为妇女发髻形式高大，发饰除一般形式的簪钗以外，流行一种专供支承假发的钗子。如贵州平坝南朝墓出土的顶端分叉式银簪银钗，承重的意义大于装饰的意义。在江西抚州晋墓出土的金双股发钗，一股是锥形，一股是带钩。湖南资兴南朝墓出土铜双股发钗，双股均作锥形，质朴无华，是作固发实用的（见图4-20）。还有与高大的发髻相称的金步摇，也是主要的发饰。

▲ 图4-19 戴蔽髻的妇女
（江苏南京中央门外幕府山出土陶俑）

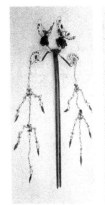
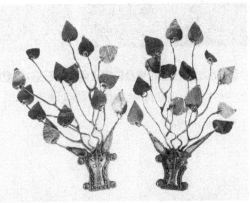

▲ 图4-20 魏晋南北朝时期的发簪

### （二）首饰与佩饰

在当时首饰突出表现为豪华富丽，质料华贵，名目繁多。这是前朝所未有的，而且强调个性和与众不同。曹植的《洛神赋》中写道："奇服旷世，骨像应图，披罗衣之璀璨兮，珥瑶碧之华琚，戴金翠之首饰，缀明珠以耀躯，践远游之文履，曳雾绡之轻裾。"女子的饰品主要是指环、耳坠、项链等种类，男子以佩玉、带具为主要配饰。

## （三）妆饰

额黄也称"贴黄"，是用黄色颜料染画于额间的一种妆饰方法。起源于南北朝时期，额黄的流行与佛教在南北朝的广泛传播有关，当时全国大兴寺院，塑金身、开石窟，蔚然成风。妇女们从涂金的佛像上受到启发，也将自己的额头染成黄色，久之便形成了染额黄的风习。

据宋朝吴曾《能改斋漫录·事始》记载："胡妇以黄物涂面如金，谓之佛妆。"看起来这种美容化妆方法起源于胡人。据文献记载，妇女额部涂黄主要有两种方法，一种为染画，一种为粘贴。染画是用毛笔蘸黄色染画在额上。其具体染画方法又分两种：一种为平涂法（额部全涂）；一种为半涂法，在额部涂一半，或上或下，然后以清水过渡，由深而浅，呈晕染之状。北周庾信《舞媚娘》诗"眉心浓黛直点，额角轻黄细安"，南梁江洪《咏歌姬》诗"薄鬓约微黄，轻细淡铅脸"，都是指这种涂法。

粘贴法较染画法容易，这种额黄是用黄色材料剪制成薄片状饰物，使用时以胶水粘贴于额上即可。由于可剪成星、月、花、鸟等形，故又称"花黄"。南朝陈徐陵《奉和咏舞》诗"举袖拂花黄"，北朝《木兰辞》"当窗理云鬓，对镜贴花黄"，（唐）崔液《踏歌词》"翡翠贴花黄"等，都指的是这种饰物（见图4-21）。

▲ 图4-21 湖南长沙晋墓出土的金箔花钿及甘肃省炳灵寺石窟169窟的女供养人妆饰
（她头梳高髻，额间有一抹涂黄）（见彩图15）

## 思考题

1. 简述裤褶的特点及发展演变。

2. 简述魏晋南北朝时期民族大迁徙和民族大融合在服饰上的具体体现。

3. 指出褒衣博带是哪一时期文人所崇尚的着装风格，并简述其形成原因。

# 第五章　隋唐五代服饰

## 学习目标

　　了解隋唐五代时期社会背景对服饰变化的影响以及盛唐时对外交流对服饰的意义。掌握幞头的形制，以及品色服的特点。了解胡服在唐朝流行的原因，掌握女装服饰配套的特点。

# 第一节　社会背景与服饰制度

## 社会背景

　　隋唐时期，我国南北统一，疆域辽阔，政治经济高度发展，文化艺术繁荣昌盛，中外交流频繁，是封建文化高度发达、灿烂辉煌的一个时代。当时的都城长安是世界上较为发达的国际性都市之一，各国的商队络绎不绝，对外来文化采取开放兼容政策，和唐朝政府有过友好往来的国家曾经有三百多个。灿烂的中国文化，通过他们传到世界各地，长安成为亚洲各民族经济文化交流的中心。

## 服饰制度

　　隋唐时期，服饰最显著的特点是双轨制。所谓双轨制就是在祭祀时，穿传统汉族服装：冠服制度是封建皇权的象征，强调衣冠制度必须遵循古法，特别是作为大礼服的祭服和朝服，不能背弃先王遗制，具有很大的保守性和封闭性。唐高祖李渊在公元624年颁布了著名的"武德令"，从服装质料、纹饰色彩、各类服装的配套方式和服用对象及服用场合，都有详细规定，对后世冠服产生了深远的影响；而平时最流行的服装是胡服，由于唐朝的开放政策，对西域、吐蕃的服饰兼收并蓄，因而"胡服"得以流行。直至安史之乱以后，才逐渐摒弃胡服，恢复宽袍大袖。这也是中国古代服饰史上的第三次重大变革。

# 第二节　典型服饰形象及特征

　　在隋唐之前，中国服饰已经趋于丰富，再经过魏晋南北朝时期的民族大融合，从而产生了一些新的服饰和穿着方式。隋唐时，中国古代服装发展到全盛时期，政治的稳定，经济的发展，农业生产和纺织技术的进步，以及对外交往的频繁等促使服饰文化空前繁荣，服饰制度越来越完备，加之民风奢华，从而在服式、服色上都呈现出多姿多彩的崭新局面。

　　唐代是我国历史上武官制度全面建成的时期，因此唐代武官的服饰比过去历代更为完备，官服有朝服和常服之分，官服用颜色区别等级。冠和腰带也是官阶的标志。武则天时利用织赐不同纹样的官服区别文武官级。

## 男子服饰

### （一）礼服

　　唐高祖在"武德令"中规定天子的服饰有14种，群臣有22种服装样式。这其中包含有礼服、具服（朝服）、从省服（公服）、婚服等样式以及穿戴场合和方式。

#### 1. 大裘冕

　　皇帝祭祀天地时穿的礼服，是最隆重典礼礼服。包括冕冠、冕服、蔽膝、佩绶、赤舄等。章纹中的日、月分别列到两肩，星辰列后背，从此，"肩挑日月，背负星辰"就成为历代帝皇冕服的既定款式。

## 2. 对襟大袖礼服

是百官祭祀典礼时穿的礼服。礼服的样式多承袭隋朝旧制，头戴介帻或笼冠，身穿对襟大袖衫，下着围裳，玉佩组绶等。有时也在大袖衫外加裲裆穿着，这也是隋唐时期官吏服饰的一个特点（见图5-1）。

▲ 图5-1 唐代官吏大袖礼服复原图及戴漆纱笼冠、穿大袖礼服的文吏

（陕西乾县李贤墓壁画《礼宾图》）

## 3. 朝服

通天冠服（24梁通天冠、大袖绛纱袍、白色中单、金玉带、黑舄白袜）是天子之最隆重的朝服。远游冠服是皇太子及亲王的最隆重的朝服。具服是百官的朝服，样式与大袖礼服基本一致，文官朝参时戴进贤冠，进贤冠以梁数多少表示品级高低，武官参朝时戴鹖冠（见图5-2）。

▲ 图5-2 戴冠、穿朝服及裲裆的文吏（河南洛阳关林出土唐三彩俑）

### 4. 公服

唐代公服和朝服相比，省去了蔽膝、佩绶佩剑等物，所以也称为"从省服"。这个时期的公服形制，采用袍制，两袖比较窄小，公服颜色共分为四等：一品至三品服紫，四品至五品服绯，六品至七品服绿，八品至九品服青。紫色之袍是唐代官吏公服中最为贵重的一种，因此后来就将达官贵人的服装泛称为"紫袍"。

## （二）常服

### 1. 圆领袍衫

圆领袍衫（见图5-3）也称团领袍衫、襕衫、缺胯衫，是隋唐时期上自皇帝下至杂役，男子最普遍穿着的常服。一般为圆领、右衽，领、袖及襟处有缘边，左右开衩，由织有暗花的料子制成。袍下施一道横襕，也是当时男子服饰的一大特点。袖有宽窄之分，可以和幞头、革带、长靿靴配套，成为唐代男子的主要服装形式。

▲ 图5-3 唐代圆领袍衫纱罗幞头展示图及裹幞头、穿圆领袍衫、穿乌皮靴的官吏
（陕西乾县李重润墓壁画）

文官的袍衫衣长及地，武官的衣长至膝，官员的袍衫以颜色来区分等级。官服按颜色区分从唐朝开始：三品以上为紫袍，佩金鱼袋；五品以上为绯袍，佩银鱼袋；六品以下为绿袍，无鱼袋。在武则天当政时，实行在不同职别官员的袍上绣有不同的图案，文官袍上绣飞禽，武官袍上绣走兽。

### 2. 胡服

胡服（见图5-4）当时泛指外族的服装，与当时中原地区宽衣博带的汉族服装有较大差异。因为中原与西域经济文化交往及胡舞的兴盛，所以胡服在唐朝非常流行，它的特征是锦绣浑脱帽，翻领窄袖袍，条纹小口裤和透空软锦鞋。凡穿胡服，腰间都系有革带，革带原来是北方民族的装饰，在魏晋时传入中原。到了唐代，曾一度定为文武官员必佩之物，上面悬挂算袋、刀子等七件物品，俗称"蹀躞七事"。

## 二、女子服饰

隋唐五代时期的女子服饰是中国服饰史中最为精彩的篇章，尤其是大唐女装，冠服丰美华丽，妆饰奇异缤纷，令人目不暇接。

▲ 图5-4 穿翻领胡服、腰束革带、脚穿革靴的男子

## （一）礼服

### 1. 皇族礼服

皇后的礼服主要有袆衣、褕翟、青衣、朱衣。其中袆衣和褕翟是最隆重的大礼服，青衣和朱衣是常礼服。袆衣和褕翟是祭祀天地时所穿着的，青衣是皇后礼见皇帝时穿着的，朱衣是皇后宴见宾客时穿着的。

### 2. 钿钗礼衣

钿钗礼衣是中晚唐时期的贵族礼服，一般多在重要场合穿着，也是嫁衣（见图5-5）。样式是宽袖对襟衫、长裙、披帛，穿着这种礼服，发上还簪有金翠花钿，所以称为"钿钗礼衣"。

（a）中晚唐宽袖对襟衫钿钗礼　　（b）敦煌莫高窟晚唐　　（c）唐李重润墓石椁线刻宫装
　　衣、长裙、披帛穿戴展示图　　　供养人服饰　　　　　妇女像复原图

▲ 图5-5 钿钗礼衣

### 3. 大袖纱罗衫裙

大袖纱罗衫裙（见图5-6）是贵族妇女的正式服装，款式是大袖纱罗衫、对襟，佩以长裙、披帛。以纱罗作女服的衣料，是唐代服饰中的一个特点，这和当时的思想开放有密切关系。尤其是不着内衣，仅以轻纱蔽体的装束，更是创举，所谓"绮罗纤缕见肌肤"，就是对这种服装的概括。我们从《簪花仕女图》中可以领略到当时的风采。

▲ 图5-6 大袖纱罗衫裙的复原图

### （二）常服

隋朝妇女的日常服饰（见图5-7）大多以襦、袄、衫、半臂、披帛、裙为主，短襦长裙是最基本的形式。它最显著的特点是裙子高腰，给人一种俏丽修长的感觉。

▲ 图5-7 隋唐短襦、半臂、长裙、披帛女服穿戴展示图

唐女装崇尚丰满、浓艳之美，讲求配套着装。每一套都是一个独具特色的整体形象。每一种搭配都个性鲜明，套装可归结为三种，一是传统的襦裙装；二是受西域文化影响而引进的胡服；三是整套男装女穿。唐朝妇女打破儒家礼仪规范，穿袒胸露臂的袒领服装吸收其他国家服饰风格穿出了异国情调，还可以穿胡服男装骑射，并享有选择配偶和离婚的自由。在这个物质基础富足和社会环境宽松的时代，使得唐代的服饰文化发展盛况空前。

### 1. 胡服

唐朝女子流行穿"胡服"，"胡服"就是北方少数民族的服装。因为丝绸之路之间的贸易往来，唐朝的胡服还吸取了印度、波斯等民族的服饰特色。它的特征是翻领、对襟、窄袖、锦边。鲜卑服是较典型的穿着形象，即为上戴浑脱帽，身着窄袖紧身圆领或翻领长袍，下着条纹卷口长裤，足登高腰透空软底锦靴。浑脱帽，羊皮制成，高顶，尖而圆。浑脱，波斯语叫"苏慕遮"，即披巾之意（见图5-8）。

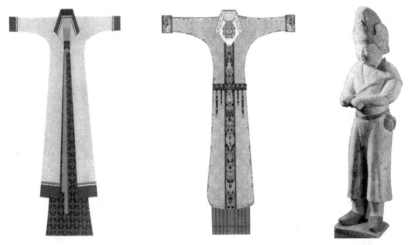

▲  图5-8  翻领对襟胡服、条纹裤、蹀躞带穿戴展示图及穿胡服、戴胡帽的陶俑

## 2.  回鹘服

回鹘是唐代西北地区的少数民族，与汉族人民经济文化交流频繁，回鹘妇女服装及回鹘舞蹈，对唐代宫廷及贵族妇女产生了较大的影响。回鹘装的特点是翻折领连衣窄袖长裙，衣身宽大，裙长曳地，腰束带。颜色以暖色调为主，尤喜用红色。材料大多用质地厚实的织锦，翻领及袖口均加纹饰，镶有较宽阔的织金锦花边，纹样多是凤衔折枝花纹。头梳椎状的回鹘髻，戴珠玉镶嵌的桃形金凤冠，两鬓一般还插有簪钗，耳近及颈项各佩有许多精美的首饰，脚穿笏头履。回鹘装的造型与现代西方大翻领宽松式连衣裙款式相似，是古代综合希腊、波斯文化与中国文化的产物。甘肃安西榆林窟第10窟甬道壁画供养人五代曹议金夫人李氏像，甘肃敦煌莫高窟第205窟入口处壁画曹议金夫人供养像，莫高窟第61窟北宋女供养人像都有这种回鹘装的具体形象（见图5-9）。

▲  图5-9  梳回鹘髻、戴金凤冠、穿回鹘装的晚唐贵妇

（甘肃安西榆林窟壁画，张大千临摹）

### 3. 西域舞服

唐代舞蹈，有文、武之分。文舞又称"软舞"，武舞又称"健舞"，两种风格截然不同，也决定了不同的服饰风格。舞蹈服装是生活服装的升华，同时又是生活服装的审美先导。前者活跃刚劲，后者飘然若仙。胡舞属于前者，而传统的汉族舞蹈则基本属于后者。唐代舞蹈服装形式众多，在唐代洞窟壁画、雕塑、陶俑和绘画中保存着丰富的形象资料。唐玄宗酷爱胡舞胡乐，杨贵妃、安禄山均为胡舞能手，白居易《长恨歌》中的"霓裳羽衣舞"即是胡舞的一种。总的看来，健舞的舞服是尖顶胡帽、小袖胡衫、宝带、锦靴；而软舞的服装则多用大袖以表现出婉转、舒展的姿态（见图5-10）。

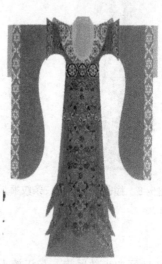

▲ **图5-10　舞服展示图及穿舞服的妇女**
（陕西西安唐墓出土陶俑）

## 三、冠帽鞋履

### （一）冠帽

#### 1. 幞头

幞头的雏形出现在南北朝时期，初期是以一幅布巾包住头部，较为低矮。到唐代时，逐渐形成衬有固定帽身骨架和展角的帽子造型，广为流行（图5-11）。

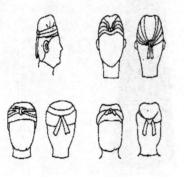

（a）早期的幞头样式　　　　（b）新疆吐鲁番阿斯塔那墓地出土的唐代帽身骨架的实物

▲ **图5-11　幞头**

## 2. 进贤冠

进贤冠前半部前高后低,在前方形成凸出的锐角的部分,称为"展筒",后面两个竖立的三角形,称为"耳",文官上朝时戴进贤冠。到了唐代,进贤冠后面的"耳",由尖角形变为圆弧形,"展筒"高度大幅降低,变成前低后高的形式,这就是唐代的"平巾帻"(图5-12)。

耳

展筒

▲ 图5-12 戴平巾帻的官吏

## 3. 鹖冠

鹖冠又称"武弁大冠",和平巾帻类似,不过武弁是武官上朝时所戴的帽子(见图5-13)。

▲ 图5-13 鹖冠

## (二)鞋履

### 1. 履

唐代时"履"主要是祭祀时穿用的,与冕服和朝服相配。宫廷贵族女子穿与襦裙相配合的鞋子,称为"高墙履"。高墙履有圆头和凤头之分,圆头履是用麻线编织的,凤头履的材质多用织锦,履上织花或绣花。鞋面颜色多用大红、墨绿、葱绿、黄、宝蓝、深紫等亮丽的色彩(见图5-14)。

### 2. 靴

乌皮靴在唐代是人们普遍穿着的鞋履,履头呈尖状微微翘起,与圆领袍衫相配。群臣的朝服、常服都穿乌皮靴,它遍及社会各个阶层,女子着男装时,也穿乌皮靴。唐代的靴造型很多,十分华美,有高勒靴、软底靴,而且首次出现了低勒靴,材质也由皮制逐渐出现麻布、织锦或毡衬的。宫中女靴最为华美,靴头呈"凤嘴"状,以红色最为流行,

▲ 图5-14 宝相花锦履

用绣花织文锦做成，所以也称为"绣花织文靴"。五代以后，靴子花样更为繁多（见图5-15）。

## 四、军服

初唐时的戎服和铠甲基本保持着南北朝以来至隋朝的样式和形制。盛唐时渐渐形成了具有唐代风格的军戎服饰。因为唐朝国力强盛，崇尚华丽奢侈，戎服和铠甲的大部分脱离了使用的功能，演变成为美观豪华，以装饰为主的礼仪服饰，不仅铠甲涂色，连内衬的战袍也要绣上凶禽猛兽，从天王像中可以看到。"安史之乱"后，重新又恢复到了那种利于作战的实用状态，五代时继续延续唐军服形制（如图5-16）。

（a）高勒靴和草鞋　　　（b）低勒靴　　　　（c）低勒靴

▲ 图5-15　乌皮靴　　　　　　　　　　　　　　　▲ 图5-16　军服

# 第三节　服饰材料、色彩和装饰纹样

## 一、服饰材料与织绣技术

### （一）服饰材料

**1. 丝织物**

唐代服饰之所以绚丽多彩，和丝织业的发展有密不可分的关系。唐朝既是中国封建社会的鼎盛时期，也是中国丝绸史上最为灿烂的一个时期。当时丝织品产地遍及全国，无论产量、质量都是前人所不能及的。

**2. 毛织物**

唐朝善于吸收外来文化，胡服以及伊朗、波斯的服饰对唐朝服饰影响颇深，而毛织物作为西北少数民族主要的服饰材料，也成为唐朝男女常用的服装面料。已知的毛织物大多出土于新疆地区，有平纹的毛褐、有通经回纬的长角形缂毛毯、花卉缂毛毯、禽纹缂毛毯、六瓣花纹缂毛毯等。

**3. 棉织物**

唐朝的棉织物是舶来品，比较典型的是蓝白提花棉布，在蓝色地上，以本色棉线为双纬织出纬线起花的美丽花纹。1959年在新疆晚唐遗址就出土了这种细密的棉布。

#### 4. 麻织物

麻织物在当时是普通百姓日常所用的服饰材料，因为唐朝国力强盛，人民相对比较富庶，丝织衣物占有绝对优势，取代了麻布的统治地位。1968年新疆吐鲁番出土了唐麻布被单，上有"河南长水县印"朱色篆文，纱线条干均匀，质地细致紧密，布纹非常清晰。

### （二）织绣技术

隋唐时期纺织品的生产分工已经明确，官府专门设立织染署，管理纺织染作坊。众所周知，无论是纬线起花，还是斜纹组织，都是出自西方的织造技术。在隋唐时期，堪称丝织品之冠的织锦不仅从平纹锦过渡到了斜纹锦，而且其显花组织也从经线显花转为纬线显花。以绫为代表的暗花类丝织品就是一个证例，所谓暗花织物，是指在本色地上显示相同颜色花纹的一种织品，由于织出的花纹不很明显，故称为暗花织物。早期的绫是平纹起花，但到了唐代之后，绫是在斜纹地上斜纹起花。绫在唐代十分盛行，禁止私人织制，并以绫为原料制作百官常服。夹缬在盛唐时期十分流行。它是用两块雕镂相同的图案花板，将布帛夹在中间，然后入染。夹缬的图案对称、均衡，在唐代常用作妇女的服饰，还作为家具的装饰品。

纬锦的出现，在中国丝绸史上具有举足轻重的意义。它由一组经线和两组以上的纬线组成，通过不同色彩的纬线交替显花，织成多彩的锦，增加了纹样的表现力，虽然纬锦织机较复杂，但操作简便，较之中国传统的经锦更利于图案的换色与花纹的细腻表现。唐代织锦大多色彩繁丽，花纹精美，走出了汉魏的"稚拙"，这与采用纬线起花的技术革新是密不可分的。

唐代流行的装饰是在绫罗上用金银两色刺绣和描花。丝织的产生和完善造就了刺绣的诞生，唐代刺绣在绣法上推陈出新，发明了"平针绣"——一种流传至今的绣法，因其针法多变，刺绣者更能自由发挥，从而带来了刺绣发展史上的崭新时代。还出现了比直针先进的"戗针"和"套针"，可以分层退晕，有表现色度推移、浓淡渐化的效果。在盛唐时出现了镂空纸花版的印染技术，这对于提高织物（特别是纱织物）的印染质量是一项重大突破。从新疆吐鲁番出土的许多唐代丝织印染物就提供了足够的证据。

通过频繁的中外文化交流，唐不断汲取西方纺织技术，不仅改进了传统技术，还改变了中国传统的图案，从而使中国服饰进入了光辉灿烂的黄金时代（见图5-17）。

▲ 图5-17 香炉狮子凤凰图

（麻布 [法] 吉美国立东方美术馆藏）

## 二　纹样与色彩

### （一）图案

唐朝的服饰图案总体来说有两个显著特点：一是图案内容的改变；二是图案排列的变化。

#### 1. 图案内容的改变

▲　图5-18　红底宝相花织锦（见彩图16）

唐朝服饰图案（见图5-18）大多体现自由、丰满、华美、圆润的华贵风格，用真实的花草鱼虫进行创作。图案多为对禽、对兽、宝相花、贵、王、吉等新的象征吉祥如意的纹样。来自西方的忍冬纹、葡萄纹等也颇为盛行。在新疆吐鲁番的墓葬里就发现了大批的联珠对禽对兽变形纹锦。尤其以宝相花最具特点，宝相花其实是一种综合了各种花卉因素的想象性图案。花中有叶，叶中有花，虚实结合、相互交叠，花团锦簇，美不胜收。如宝相花鸟锦鞋就是由大红、粉红、白、墨绿、葱绿、黄、宝蓝、墨紫八色丝线织成的彩锦。

#### 2. 图案排列的变化

在唐以前，中国传统的服饰图案惯用通幅排列和菱格骨架来表现，多见于汉锦和绫绮织物。到了隋唐时，受西方图案的影响产生了圆形骨架排列的"联珠纹"，平排连续的圆形组成作用性骨骼，圆周饰联珠作边饰，圆心饰鸟或兽纹，圆外的空间饰四向放射的宝相纹。盛唐时还出现了花草与波状的连续纹样相结合的图案，叫做"缠枝纹"。总体来说，隋唐时期图案的排列呈现对称构图、色彩鲜明、活泼自由、疏密匀称、丰满圆润、交错排列、形象清晰的特点，到五代时趋于写实细腻（见图5-19）。

（a）唐联珠骑士纹锦　　　　　　（b）忍冬纹毛织物　　　　　　（c）唐红地花鸟纹锦

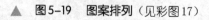

▲　图5-19　图案排列（见彩图17）

### （二）色彩

在服饰色彩方面也是秉承奢华之风，非浓艳不取，各种鲜丽的颜色争相媲美，不甘疏落寂寞，再加上金银线穿插其中，愈发显得炫人眼目（见图5-20）。

（a）穿襦裙及联珠纹锦半臂的唐代妇女
（新疆吐鲁番阿斯塔那唐墓出土泥头木身着衣俑）

（b）唐代绫地花纹刺绣残片

▲ **图5-20 服饰色彩搭配**（见彩图18）

## 三、发式与妆饰

### （一）发式

　　唐代女子发式多变，名目繁多。常见的有云髻、螺髻、半翻髻、反绾髻、三角髻、双环望仙髻、惊鹄髻、回鹘髻、乌蛮髻、闹扫妆髻及峨髻等，另外还有较低的双垂髻、垂练式丫髻以及抛家、愁来、乐游、盘桓及各种鬟式等30多种。这些发髻大多因形取名，也有的是以少数民族的族称取名，上面遍插金玉簪钗、犀角梳篦、鲜花和绢花作装饰，尽显奢华之风。唐中期时还流行一种"髻堆面赭"的装扮，"髻堆"出自西亚，即头发堆在头顶的发髻，面部涂赭红色粉妆的时尚则来自吐蕃（西藏）。这些发式都可从唐代的墓室壁画、绘画以及敦煌壁画中看到（见图5-21）。

▲ **图5-21**

▲ 图5-21 唐代各式发型

## （二）面妆

爱美是人的天性，化妆自古以来就是女性修饰容貌最常用的方式，唐朝开放而包容的风气，也使得妇女的化妆有了很多创新或突破的地方。唐代妇女都很讲究打扮，穿着奢侈华丽，妆面浓艳，变幻无穷，空前绝后。唐代中期以后，女性一度流行不施脂粉，而且以黑色的膏脂涂唇，双眉画作八字状，配以坠马髻、弓身步、龋齿笑，被称为"啼妆"或"泪妆"是一种时世妆，风行一时。

古时妇女常将原来的眉毛剃去，然后用一种以烧焦的柳条或矿石制成的青黑色颜料画上各种形状，名叫"黛眉"。唐代妇女黛眉名目甚多，从细而长的"柳叶眉"到宽而阔的"桂叶眉"，应有尽有。各种眉式流行周期很短，据说唐玄宗曾画十眉图，有鸳鸯、小山、三峰、垂珠、月棱等名称。眉宇之间，常常装饰以金、银、羽翠等制成的"花钿"。面靥就是以丹青朱砂点出圆点、月形、钱样、小鸟等，两个唇角外酒窝处也可用红色点上圆点，这些都称为妆靥。太阳穴处以胭脂抹出两道，分在双眉外侧，谓之"斜红"（见图5-22）。

▲　图5-22　着面妆的唐朝女子（见彩图19）

# 第四节　隋唐服饰专用名词图释

### 1. 幞头

唐代官员和士庶戴的各式幞头，大多以桐木、丝葛、藤草、皮革等材质制成，犹如一个假发髻，以保证裹出固定的幞头外形。常用的有平头小样、武家诸王样、英王踣样巾、官样圆头巾等样式。这些幞头式样在出土唐代陶俑和人物画中都可找到。幞头所垂两脚形状随着流行，变成圆的、阔的，还可在幞头脚里用丝弦或铜丝、铁丝作骨衬以纸绢，称为翘脚幞头，五代时，翘脚幞头广泛流行（见图5-23）。

### 2. 唐女化妆步骤图解

具体如图5-24所示。

### 3. 唐朝流行纹样

（1）忍冬纹

忍冬是一种缠绕植物，它的花又称金银花，长瓣垂须，临冬不凋，所以称为忍冬。它的花瓣垂须姿态婀娜多变，所以是常见的纹饰之一（见图5-25和图5-26）。

（2）联珠纹

以小圆圈或小圆球串连呈现，通常不是主纹饰，多为用来装饰主纹饰或是排列于周边部分（见图5-27）。

（3）云纹（见图5-28）

中国的图案中常见模仿云纹造型的图案，因为云象征仙境，有吉祥之意。

（4）宝相花

宝相花是流行于唐朝的花卉团形纹饰，不论是壁画、陶器、金银器或是纺织品，都喜欢以宝相花来装饰，它表现出唐朝气势饱满、雍容华丽的时代风格。宝相花并不是某种花的特定名称，

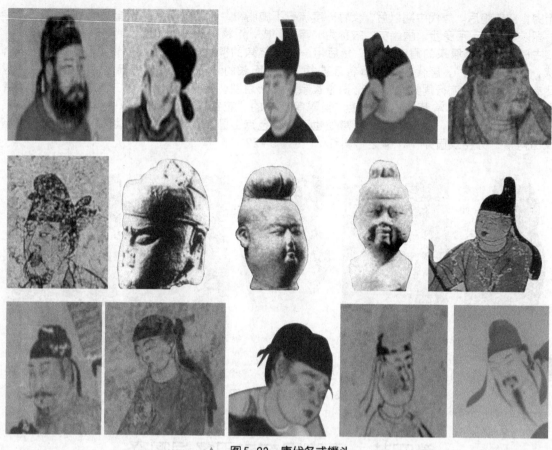

▲ 图5-23 唐代各式幞头

第一步　第二步　第三步　第四步　第五步　第六步　第七步

敷粉　涂胭脂　画黛眉　贴花钿　贴面靥　瞄斜红　涂唇红

▲ 图5-24 唐女化妆步骤图解（见彩图20）

▲ 图5-25 忍冬原型及两个相对的忍冬纹构成花瓣形状

▲　图5-26　忍冬纹饰

▲　图5-27　联珠纹

（a）绿色部分为云纹　　　（b）标示红色的云纹

▲　图5-28　云纹图案（见彩图21）

▲　图5-29　有宝相花纹饰的唐代铜镜

而是以多层次、表现俯视平面的花卉纹饰的名称，变化多样，有外层尖瓣或圆瓣，也有图案化的设计。图案主要可由中心分成四、六、八等不定等份，中心到外层的组合不一定，有时因为图案的位置只出现半朵或部分图案（见图5-29）。

## 第五节　隋唐典型服装裁剪方法与缝制工艺简介

襦裙款式如图5-30所示。

▲　图5-30　襦裙款式图

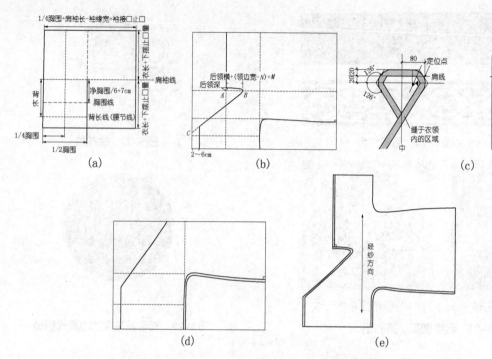

(a)　　　　　　　　　　(b)　　　　　　　　　　(c)

(d)　　　　　　　　　　(e)

▲ 图5-31　襦的结构图

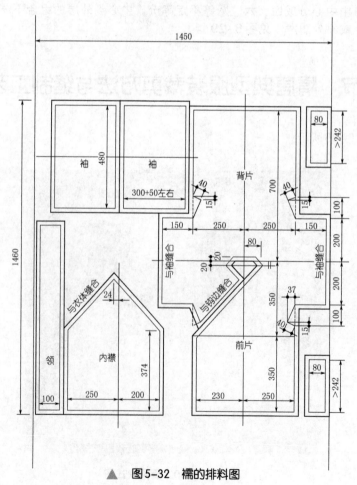

▲ 图5-32　襦的排料图

## 一、襦的裁剪方法与缝制工艺

### （一）裁剪方法

如图5-31和图5-32所示。

### （二）缝制工艺说明

如图5-33所示。

步骤一：开剪前首先要掌握以下几个数据：胸围、肩袖长、背长、衣长、袖缘宽、领边宽、袖口止口、衣服下摆止口等。

步骤二：开剪出一块方形的布料或纸样［见图5-31（a）］。如果是比较不容易变形的布料如棉、呢等，可以直接在布料上操作，如果是容易变形的布料，如雪纺真丝之类，最好先做纸样。开剪大小为：长＝1/4胸围＋肩袖长－袖缘宽＋袖口止口；宽＝（衣长＋下摆止口）×2。

步骤三：画出衣身与袖子下方的线、后中线、领口线、左前襟线［见图5-31（b）］。

步骤四：把布料（纸样）沿肩袖线对折，画出袖子下方与衣身的止口（1厘米）［见图5-31（c）］，然后把袖子下方线与衣身线剪出来（图中阴影部分的外侧线）。

步骤五：剪出衣片。把对折的布料（纸样）打开，画出后中线、领口线与左前襟线的止口（1厘米），然后沿止口线外侧剪开［见图5-31（d）］。图中箭头表示与布料边沿平行的经纱方向。

步骤六：画出第二块衣片。把图5-31（d）中的布料（纸样）反过来，覆在另一块布上，照这块衣片的形状剪出第二块衣片。

步骤七：剪出领边与袖缘。领边的长＝图5-31（b）中领口线的长度×2，领边的宽＝（做好后款式所需的宽度＋止口1cm）×2。袖缘的长＝袖口长度＋止口2cm，袖缘的宽＝（做好后款式所需的宽度＋止口1cm）×2，襦的剪裁完成。

## 二、裙的裁剪方法与缝制工艺

唐代襦裙是围合式的裙子，裙由数幅裙片拼成，上接裙腰。裙腰两侧有系带如图5-34所示。裙片的数目不固定，因为古代布幅窄，裙片的数目越多，裙围与裙摆的幅度才会越大。汉代裙式仅四幅，唐代一般为六幅。现代的布幅宽，可以增大裙片的面积而减少裙片的数目，现代围合式裙子的裙片数一般为3～4片，但从传统的继承上来说，做襦裙最好还是采用传统的裙片数，如6片、8片、10片、12片等。

步骤：开剪前先掌握以下数据：腰围（或上胸围/下胸围）、裙围、裙长。应根据穿法的不同量出上胸围、下胸围、腰围的数据。裙围＝腰围（或上胸围/下胸围）×（1.5～2）＋褶量＋裙左右侧增加的止口量（2～4cm）。其中倍数根据个人的行走习惯和布料的重量决定，走路时步伐越大，裙围的倍数就要越大，布料的垂感越好，手感越重，裙围的倍数则可略小些，但不能小于1.5倍，否则会有走光的危险。褶量大小决定裙子褶裥的数量与大小，褶裥的方法有百褶、抽褶等。但要注意褶的数量与大小要根据布料的厚薄与人的体型来决定，因为褶裥会增加裙上部的体积感，所以厚的布料不宜做太多太大的褶，体型比较丰满的人也要注意只做适量的褶裥（适量的褶裥可以起到掩饰体型的作用，不过若布料较硬并且裙下摆较大能形成较多的波浪，也可不要褶裥）。裙长由款式决定，但裙长下方须到脚踝处，若裙长过短，露出袜口或小腿都是不雅观的。

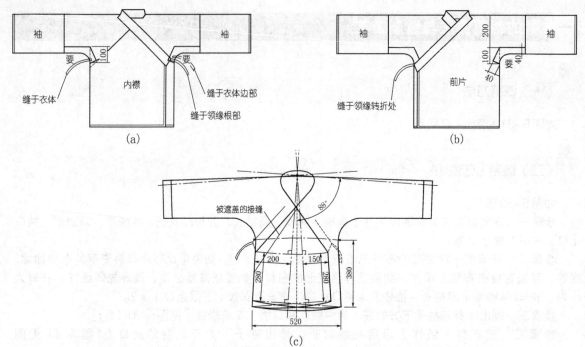

说明：
1. 量体——胸围相对紧凑，下摆放大。衣长以遮住臀部为准，袖子遮住手掌。
2. 开领——中衣横开领为8～10cm；竖开领肩峰后2cm，肩峰前4～5cm。领缘宽5cm，末端作60°倾角。
3. 襟长——内襟比较贴身，故相对减短；外襟抱外，相对加长。
4. 偏门——关键细节：袖下、袖端倾斜，前襟数据比后襟为大。
5. 系带——缘端系带于缘端；腋下系带于胸围最收处。

▲ 图5-33 襦的缝制工艺

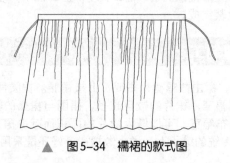

▲ 图5-34 襦裙的款式图

### 思考题

1. 你认为唐代服饰风格是怎样的？造就大唐服饰丰富多彩的因素有哪些？

2. 社会思潮在唐代服饰发展中起到什么作用？

3. 简述外来文化对唐人服饰观有哪些影响？

4. 绘图题：绘制唐朝半臂襦裙。

# 第六章　宋代服饰

### 学习目标

　　了解宋代社会背景和理学思想对服饰变化的影响。掌握褙子的形制，以及宋代官服的特点。了解花冠在宋代流行的原因，掌握服饰纹样和色彩的特征。

# 第一节  社会背景与服饰制度

## 一、社会背景

宋代是一个在经济、科技和文化上高度发达的朝代。制船、纺织和造纸水平都达到了新的高度；火药、指南针和印刷术被发明；以农业、手工业为主的封建经济都获得了较大的发展；在对外贸易上，宋人以金属、丝绸和瓷器来换取外商的香料、珠宝等商品，对中国服饰及日常习惯产生了很大影响。随着宋朝政治中心的南移，长江流域逐渐取代黄河流域成为全国的经济中心。宋代是中华文化的鼎盛期，在古文、通俗文学及戏剧说唱艺术等方面都超越了唐代，其中宋词别具一格，堪称一绝。

宋代时封建社会开始走向衰败，统治阶级为了进一步从精神上奴化人民，就从各方面灌输封建观念，自此程朱理学就应运而生。宋代理学是以儒学为核心的儒、道、佛互相渗透的思想体系，它对宋代产生了较大的影响。它宣扬"三纲五常，仁义为本"；强调要"存天理而灭人欲"。这种哲学体系很大程度上影响到当时的审美和意识形态，许多艺术形式都追求空灵、含蓄、自然、平淡的意境。如在建筑上讲究白墙黑瓦与木质本色，绘画讲究写意风格的水墨淡彩，陶瓷上突出单色釉，用梅、兰、竹、菊来借喻人的品格。提倡简练、质朴、洁净、自然，反对过分奢华的生活方式。

## 二、服饰制度

服饰自古以来就是一种身份和地位的象征，它代表个人的政治地位和社会地位，使人人恪守本分，不得僭越。因此，自古国君为政之道，服饰是很重要的一项，服饰制度得以完成，政治秩序也就完成了一部分。宋代是崇尚礼制的时代，多次颁订服制，并进行修改。宋初，服饰延续五代风格，直到宋仁宗时才重新规定了冠冕的尺寸、质料、颜色，以及冕服的章纹，同时调整百官的朝服制度；到宋徽宗时又制定了"祭服制度"，将服饰分为祭服、朝服、公服、时服、戎服以及丧服六大类。

宋代各朝皇帝多次提倡服饰"务从简朴"、"不得奢华"。特别是对妇女服饰要求尤为严格，一改唐服袒胸露背的风尚，着装打扮、一举一动必须以礼教规定为准则，形成男尊女卑的社会风气。宋代女装以襦裙为主，通常在衣服外面穿上直领、对襟的褙子，体现出清新雅致的时代特征。裤也是宋代女装的特色之一，其裤子的形式很特别，除了贴身长裤外，还外加多层套裤。宋代妇女在礼教的压迫约束和世俗偏见下，有缠足的习俗，因此裙长多不及地，以便露足。

# 第二节  典型服饰形象及特征

宋代服装的样式和色彩大多承袭晚唐五代遗制，只是宋代推崇古制，更好地恢复了中式风格；而且以平民化为主要趋势，服装朴实无华、洁净自然，体现儒雅的着装风格。

宋代服饰总体来说可分为官服与民服两大类。官服又分为朝服和公服。朝服用于朝会及祭祀等重要场合；公服是官员的常服，以圆领大袖袍衫为主，头戴直角幞头，以袍服颜色区分官员级别。

朝服中的"方心曲领"是独具宋代服饰特色的配饰。儒士、退休官员多穿一种叫"直裰"的对襟长衫，头戴"东坡巾"，具有时代特征。女子着襦裙和对襟褙子，体现修长、纤细的淡雅恬静之风。

## 一、男子服饰

### （一）官服

#### 1. 祭服

宋代的祭服是祭祀、隆重朝会等重要场合所穿的服装。其种类恢复到先秦时期的六冕之制，形制大体承袭唐代而定。大裘冕、衮冕是皇帝的祭服，鷩冕、毳冕、玄冕、绨冕是百官的祭服。

#### 2. 朝服

（1）皇族朝服

皇帝的朝服是通天冠服（见图6-1），仅次于冕服，包括云龙纹深红色纱袍、白纱中单（衬衣）、方心曲领、深红色纱裙、金玉带、蔽膝、佩绶、白袜黑鞋、通天冠等。皇太子的朝服是远游冠服，样式与通天冠服基本一致，只是在冠式上有所不同，通天冠是二十四梁，远游冠是十八梁。

（2）百官朝服

朝服也称具服，为百官上朝时穿用，式样基本沿袭隋唐之制，只是颈间多戴方心曲领。朝服的样式统一，即朱衣朱裳、中单、束罗带、蔽膝、方心曲领、挂以玉剑、佩绶、黑色皮履。官职的高低是以搭配的不同来区别的。六品以下没有中单、佩绶、玉剑。穿着朝服时，必戴进贤冠、貂蝉笼冠和獬豸冠，并在冠后簪白笔，手执笏板（见图6-2）。

▲ 图6-1 通天冠服复原示意图

#### 3. 公服

公服是官员的常服，款式承袭唐代，圆领袍衫，下摆加横襕，腰束革带，头戴幞头，脚穿麻鞋或革履。公服的袍有宽袖广身和窄袖紧身两式，幞头为硬翅展角，革带、袍色为区分官职大小的重要标志。四品以上紫色，六品以上为绯色，九品以上为绿色（见图6-3）。

▲ 图6-2 穿朝服、戴貂蝉笼冠的宋代官员

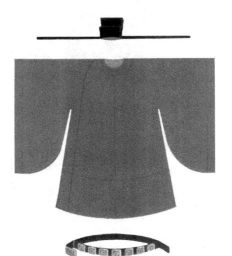

▲ 图6-3 公服复原示意图

## （二）便服

### 1. 燕居服

宋代男子除穿官服以外，居家的服装也叫"私服"。官员的私服和百姓的私服在样式上没有多大区别，都是窄袖襕衫和软角幞头。襕衫一般为圆领或交领，用白色细布制成，腰间束带（见图6-4）。

▲ 图6-4　束发、穿对襟衫的皇帝与戴幞头的官吏（赵佶《听琴图》局部）

### 2. 直裰

直裰也叫直身，是宋代退休官员以及儒士的常用服式，斜领交裾大袖的宽身袍衫，后中缝一通到底，用深色贴边，戴高装巾子也称"东坡巾"（见图6-5）。

▲ 图6-5　穿直裰、戴东坡巾的士人

### 3. 衫

衫是男子外穿的单衣，有布衫、毛衫和罗衫三种材质。以淡紫色为主的衫也叫"凉衫"，是吊丧之服。白色的叫"白衫"，深紫色的叫"紫衫"（见图6-6）。

▲ 图6-6 扎巾、穿袍衫的士人

## 二、女子服饰

宋代女子服装分为两种：一种为自皇后、贵妃至各级命妇所用的"礼服"，另一种为日常所用的"常服"。宋代妇女冬穿袄，夏穿衫，衣着特点是上淡下艳。上衣服色一般是淡绿、粉紫、银灰、葱白等，以清秀为雅；下裙服色一般是青、碧、绿、蓝、白、杏黄等。

### （一）礼服

#### 1. 宋代皇后、皇妃的礼服

皇后在受皇帝册封或祭祀等重大典礼时穿着袆衣，其形制仍然沿袭《周礼》的六服制度，深衣样式为深青色上绣五彩翟纹，领、袖、襟、裾都用红色衣料镶边，头上必须戴龙凤珠翠冠，内穿青纱中单，腰饰深青色蔽膝。挂白玉双佩及玉绶环等饰物，下穿青袜青舄。妃及皇太子妃受册或朝会时穿褕翟，形制基本与袆衣相同，但色彩不同（见图6-7）。

▲ 图6-7 戴龙凤珠翠冠、穿袆衣的皇后（南薰殿旧藏《历代帝王像》）及袆衣复原图

### 2. 宋代命妇礼服

鞠衣和展衣，就是古代命妇的礼服。朝见皇帝服鞠衣，宴见宾客服展衣。样式都为大袖、对襟或大襟，衣长及膝、领、袖、襟、裙镶有花边（见图6-8）。

（a）鞠衣的复原图　　　　　　　　（b）展衣的复原图

▲　图6-8　宋代命妇礼服

## （二）常服

宋代妇女的常服一般都以襦裙、袄、衫、半臂、褙子和裤为主，其中以褙子最具特色，男女皆穿，在女服中最为流行。贵族妇女的常服都是红色大袖衣、红罗长裙、红罗褙子、红霞帔、白纱裆裤、药玉（玻璃料）坠子。普通妇女的常服一般多是窄袖襦裙，再穿一件对襟的长袖小褙子，褙子的领口和前襟都绣上花边。

### 1. 襦裙

宋代的襦有两个不同于前朝的特点：一是短襦不系在裙腰之中，有由内转外的趋势；二是衣襟有所不同，可用右衽，也可用左衽。颜色以红、紫为主，黄色次之，质地为锦、罗或加刺绣，常与裙相配套。

宋代裙的样式和色彩多承唐制，不同的是裙幅增加，褶裥增多，以长为美。裙料以罗纱为主，装饰手法有刺绣、缀珍珠、晕染、彩绘、染缬等方法，并作上细密的褶裥而使裙身显得更为修长，叫"百叠"或"千褶"有宋代特色。宋代妇女常在腰间有一围腰，色彩以鹅黄为尚，称"腰上黄"，而且在腰间有玉制圆环饰物，称为"玉环绶"，除了能压住裙幅，还可作为装饰品。裙色以红、黄为贵（见图6-9）。

### 2. 衫袄

宋代妇女的衫主要是夏季穿用，质地常用纱罗，袖口宽大，长度不一致，一般衫里有衬衣（见图6-10）。

袄是冬天的服装，大多加棉絮或衬以里子，比襦长，有宽袖和窄袖、对襟和大襟之分，长短不同。宋代出现一种"旋袄"，形制有些像今天的短大衣，齐膝、对襟，直领下两条窄花边，称"领抹"，前后左右开衩，起舞，尤其旋转时，四片裙摆张开旋转，故称旋袄，是宋代的特色服装样式（见图6-11）。

### 3. 褙子

褙子在宋代非常流行，男女皆穿。形制有长有短，有长袖有短袖，腋下开衩，领型有直领对襟式、斜领交襟式、盘领交襟式三种，女式以直领对襟式为主。领、袖口、衣襟的下摆皆镶花边。衣襟敞开，无扣或绳带，露内衣。褙子窄长而平顺的外观，使之成为宋代最具代表性的服饰（见图6-12）。

（a）穿窄袖短襦的宫女
（山西太原晋祠圣母殿彩塑）

（b）插簪钗、穿襦裙、披帛的妇女
（宋人《妃子浴儿图》）

▲　图6-9　襦裙

▲　图6-10　对襟大袖罗衫（南宋，福州茶园山南宋墓出土）

▲　图6-11　深褐色罗镶刺绣花边对襟旋袄

▲　图6-12　褙子出土实物及褙子复原图

**4. 裤**

宋代手工业很发达，促使人们的生活方式发生改变，裤子的功能更能适应这种变化，所以裤子在当时非常普及。宋代贵族女子在裙内穿无裆裤，劳动妇女可以穿合裆裤而不穿裙子（见图6-13）。

**5. 半臂**

宋代妇女的半臂是对襟、短袖、长及腰部。无袖的半臂称为背心，由裲裆演化而来，对襟、下摆开衩，宋代男子着于内，女子着于外（见图6-14）。

▲ 图6-13　穿长裤的劳动妇女

（《宋太平街景图》，现藏于美国芝加哥艺术学院）

▲ 图6-14　宋代半臂示意图

**6. 抹胸**

抹胸是宋代妇女的内衣，福州南宋黄昇墓就出土了抹胸的实物（见图6-15）。

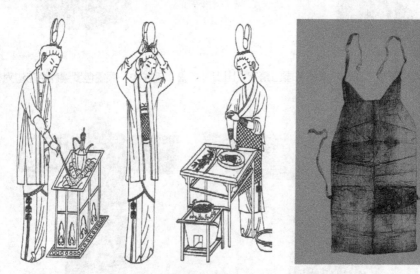

▲ 图6-15　宋代穿抹胸的厨娘及服装复原图（河南偃师酒流沟宋墓出土）

**7. 霞帔**

帔帛发展到宋代演变为霞帔，通常为长条形，上绣纹样，下缀坠子，质地厚实，款式细长，不飘逸。是命妇正装必配饰物，平常女子出嫁时才能穿戴（见图6-16）。

▲　图6-16　霞帔（江西出土）

▲　图6-17　直角幞头

## 三、冠帽鞋履

### （一）冠帽

宋代男子流行戴幞头与巾帽，贵族女子正装戴金银珠翠冠，花冠是宋代的特色，男女皆戴。

#### 1. 幞头

直角幞头是宋代官员的主要首服，形制为两脚平直向外伸展。这时的幞头以铁丝、琴弦、竹篾、木头为骨，外罩漆纱，可制成不同的形状。交脚幞头和朝天脚幞头也是常见样式，交脚是两脚翘起于帽后相互交叉；朝天脚是两脚在帽后两旁直接翘起而相交的形式（见图6-17）。

#### 2. 巾帽

宋代的巾帽名目繁多，有东坡巾、山谷巾、云巾、葛巾、仙桃巾等名称。巾帽的流行与宋代理学思想有关，人们崇古而好风雅，使得巾帽深得士大夫阶层之人士所喜爱。最有名的数东坡巾，东坡巾为方筒状高巾子，相传为大文学家苏东坡创制，实为古代幅巾的复兴。值得一提的是，当时出现了一种盖头巾，以皂罗制成。本为女子出门时遮面用，后来以红色纱罗蒙面作为新娘的首服，此习惯一直延续到近代。

#### 3. 金珠凤冠

宋代的贵族女子戴金珠凤冠，冠宽与肩等齐，冠后常有四角下垂至肩，冠的上面装饰有金银珠翠、彩色花朵、玳瑁梳子等饰物（见图6-18）。

▲　图6-18　戴金珠凤冠的宋代皇后像

#### 4.花冠

宋代的花冠采用绢花，把桃、杏、荷、菊、梅合插在冠上，谓之"一年景"，男女皆可戴。也可将簪钗梳箆插于发髻之上，形式无奇不有（见图6-19）。

### （二）鞋履

宋代的鞋履基本承袭唐制，只是在女鞋上有很大不同，宋代贵族妇女实行缠足，是儒家礼教的一部分，是封建社会审美心理的异化现象。当时的女鞋小而尖翘，鞋尖做成凤头状，有"三寸金莲"之说，小脚成为衡量女子德行和仪态的标准。劳动妇女因下地耕作而不缠足，穿平头或圆头的草鞋（见图6-20）。

（a）柿蒂纹罗鞋　　　　（b）小脚鞋（江西德安南宋墓出土）
（宋，高淳花山墓出土）

▲　图6-19　戴花冠的宋代妇女　　　　　　▲　图6-20　宋代鞋履

（南薰殿旧藏《历代帝后图》局部）

## 四、军服

### （一）戎服

宋代的戎服主要有两种功能：一是实战，二是仪仗。用于实战的全副盔甲很重，各部件由皮线穿连。用于仪仗的戎服，多用布料做成，用青绿色画上甲叶式的纹样，前胸绘有人面，背后至前胸缠有着色锦带，并以红锦缘边。

宋朝的军队由禁军和厢军两大部分组成，禁军是皇家正规军，厢军是地方州县军，这两种军队的戎服有一定的差别。

### （二）铠甲

宋代由于锻造工艺的发展，出现了冷锻的钢材，所以在铠甲的质地和防护效果上大有提高。据《梦溪笔谈》记载，有一种名叫瘊子甲的铁铠，就是用冷锻的钢材制造的，在50步之外用强弩也难以射穿。在当时还出现了一种特殊的铠甲——纸甲。据推测是用一种特殊的蚕茧纸制成的，优点是轻便，而且防护力也较高。具体做法是用极柔的纸加工锤软，叠成约10厘米见方，周围有四个钉，箭不能穿透。到南宋时，因为火药的大量使用，使铠甲在战争中的防御功能越来越小，此后就不像以前那样受到重视了（见图6-21）。

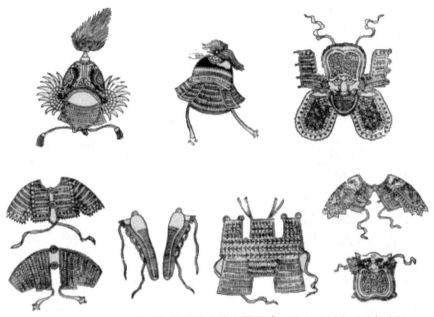

▲ 图6-21　《武经总要》辑录的宋代胄甲图式（选自明刻本《武备志》）

# 第三节　宋代服饰材料、色彩和装饰纹样

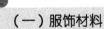 **服饰材料与织绣技术**

## （一）服饰材料

中国自古就有"绫罗绸缎"之说，可见它们的区别。绫是在斜纹地上起斜纹花的丝织物；罗是全部或部分由经丝互相绞缠后，表面形成胡椒眼状的椒孔状的丝织物，故有"椒孔曰罗"之说；绸是采用平纹组织或变化组织，经纬交错紧密的丝织物；缎是采用缎纹组织或缎纹变化组织光亮细密的丝织物；织锦是指多彩提花的丝织品，它既利用经纬组织的变化，又利用经纬色彩的变化显现花纹，以成都蜀锦最有名。轻薄透气的罗织物是当时流行的丝织物，品种有不起花的素罗，还有平纹和斜纹起花的各类花罗。宋代黄昇墓就出土了各种罗组织的衣物200余件（见图6-22）。

棉织品在宋代也得到了迅速发展，已取代麻织品而成为大众衣料，当时流行的药斑布就是以棉布作胚，夹灰药而染青，是当时劳动妇女重要的服装面料。1966年浙江兰溪南宋墓中就出土了一条完整的拉绒棉毯，平纹组织，双面起绒，而且棉毯是独幅的，证实了"广幅布"和"广幅织机"的存在，也说明了棉织物已经深入到日常生活当中。

▲ 图6-22　宋代灵鹫球纹锦袍

## （二）织绣技术

宋代的织绣技术比前朝有较大的提高，总的来说有三个显著的特点：一是缂丝的兴盛；二是印染技术的提高；三是刺绣手法攀至高峰。

▲ 图6-23 宋代缂丝作品
《紫鸾鹊谱》（见彩图22）

### 1. 缂丝的兴盛

缂丝是一种织物名称，也称"刻丝"，是宋代兴盛起来的一种织绣技术，更是中国纺织品中的瑰宝。它是一种以生蚕丝为经线，彩色熟丝为纬线，采用通经断纬的方法织成的平纹织物，织成品的花纹正反两面如一。起初用于装裱书画，后来也用作服饰材料（见图6-23）。

### 2. 印染技术的提高

宋代的印染技术发展很快，形成了泥金、描金、印金、贴金，加敷彩相结合的多种印花技术。宋代军队的仪仗服装就是用描金的印染方法制成的。

印花丝织品是采用了镂空印花的四种工艺，即植物染料印花、矿物染料印花、胶印描金和洒金印花。胶印描金和洒金印花是宋代首创的印花品种。胶印描金工艺是将镂空版纹饰，涂上色胶，在织物上印出花纹，配以描金勾边，印花效果更佳。洒金印花是将镂空花版上涂上有色彩的胶黏剂，印到织物上。当色胶未干时，即在纹样上洒以金粉，它和凸版花相比较，花纹线条较粗犷，色彩较浓，有较强的立体感。

## 二、纹样与色彩

宋代的服饰纹样以轻淡、自然、庄重来体现时代风格，以写实化的图案为特点，以低纯度色为基调，共同打造出典型的宋代审美意境。

### （一）纹样题材

宋代纹样的题材更加多样化，具有显著的特点。一是以自然风景、山水花鸟为主，用写实的手法来表现，其中以折枝花、穿枝花最具代表。折枝花就是通过写生截取带有花头、枝叶的单枝花卉作为素材，经平面整理后保持生动写实的外形和生长动态，作为单位纹样。如百花孔雀、如意牡丹、瑞草云鹤都能准确反映出宋代的审美趣味。二是更多地运用了"吉祥图案"，如锦上添花、春光明媚、仙鹤、百蝶、寿字等具有吉祥含义的图案（见图6-24）。

（a）穿枝牡丹纹绫（北宋，北京故宫博物院藏）　（b）穿枝茶花纹绫（北宋，北京故宫博物院藏）

▲ 图6-24 宋代纹样

## （二）色彩倾向

宋代纹样的配色也深受时代审美思想的影响，总体倾向于清淡柔和、典雅庄重的色彩。以茶色、褐色、棕色、藕色等间色或复色为基调，配以白色，极为淡雅恬静（见图6-25）。

## （三）妆饰

### 1. 发式

宋代妇女依旧流行高发髻，髻的形式很多，有朝天髻、芭蕉髻、龙蕊髻、大盘髻、盘福髻、懒梳髻、包髻等众多发式。朝天髻是最富有宋代特征的一种高髻，在山西太原晋祠圣母殿宋代彩塑中可以见到此种发髻的典型式样。包髻也是一种精美大方的新颖发式，用绢帛布巾包裹在头上做成各式花形，饰以鲜花、珠宝等饰物。

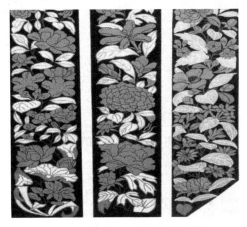

▲ **图6-25 一年景花卉绶带**

（福州南宋黄昇墓出土）（见彩图23）

当时戴假髻的现象非常普遍，各种不同式样的假髻，可供不同层次的人物，在不同场合选择使用。在当时的汴京就已经设有专门生产和销售假髻的铺子，在福州南宋黄昇墓中就曾出土了高髻的实物（见图6-26）。

▲ **图6-26 宋代各式发髻**

### 2. 面妆

宋代的贵族妇女流行在额上和两颊间贴金箔或彩纸剪成的"花子"，就是前朝的花钿，"宫人思学寿阳妆"写的就是宫中妇女贴花子的情形。在宋代还盛行一种以益母草、石膏粉制成的"玉女桃花粉"（见图6-27）。

▲ 图6-27 贴花子的宋代皇后及流行唇形

▲ 图6-28 半月形银梳

（江西彭泽北宋易氏墓出土）

## （四）佩饰

宋代崇尚简朴，所以发饰和佩饰都不如前朝丰富。除传统的簪、钗、步摇外，最流行在头发上插戴梳子作为装饰。梳子的材质多样，有象牙、玳瑁、金银等。从敦煌莫高窟98窟北宋初期壁画供养人的装扮来看，河西地区贵族妇女头上盛插花钗梳篦。此外还盛行花冠，一年四季的花朵品种合插于一冠之上叫"一年景"。花冠上的饰物不仅限于花，渐渐也出现了各种不同饰物，南宋周密《武林旧事》载，上元夜"妇人皆戴珠翠、闹娥、玉梅、雪柳"。"闹娥"是用彩帛剪成花或蛱蝶、虫的形状，"玉梅"是以白绢做成的梅花，"雪柳"是以绢花装簇的花枝，这些都是组成花冠的饰物（见图6-28）。

# 第四节　宋代服饰专用名词图释

褙子——宋代男女皆服褙子，但在使用形式及时间上都有不同的变化。褙子形制如衫，偏窄小，贵妇穿在大袖衫内，士庶妇女穿在襦的外面。褙子在腋下和背后缀有带子的样式，这是模仿古代中单（内衣）交带的形式，表示"好古存旧"，但并不系结，而是垂挂着作装饰用（见图6-29）。

（a）褙子出土文物　　　　　（b）褙子着装示意图　　　（c）褙子着装图

▲ 图6-29 宋代褙子

# 第五节 宋代典型服装裁剪方法与缝制工艺简介

## 一 宋制盘领襕衫

宋制盘领襕衫的特点是加膝襕，无摆。膝襕用料大概用一米五，领和侧襟缘边有一寸半，下部侧襟缘边有两寸，袖缘有两寸，下摆缘三寸（见图6-30和图6-31）。

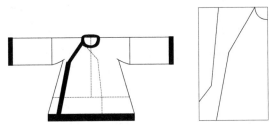

▲ 图6-30 襕衫款式图

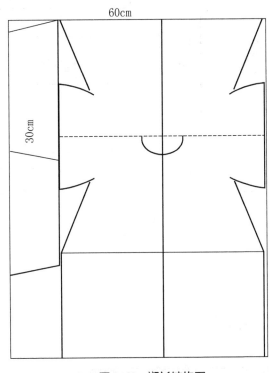

▲ 图6-31 襕衫结构图

## 二 合裆裤

宋代裤子更具实用性，全用素罗、素绢缝制，无花边装饰。裤长为二尺三寸至二尺七寸，腰围为二尺至二尺四寸，裤口宽为七寸至一尺（见图6-32和图6-33）。

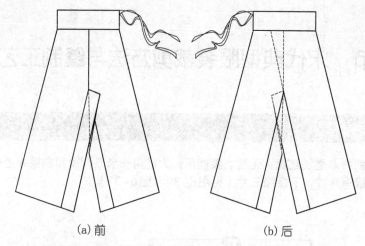

(a) 前　　　　　　　　　　　(b) 后

▲ 图6-32　合裆裤款式图（南宋黄昇墓出土）

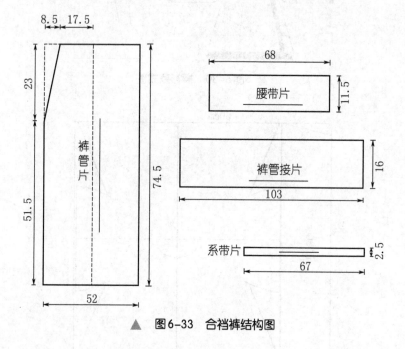

▲ 图6-33　合裆裤结构图

思考题

1. 宋代服饰风格与唐代服饰有哪些不同？简析缘由。

2. 宋代女服为什么趋于拘谨？试述你认为的原因。

3. 试评价褙子的审美特征。

4. 你认为程朱理学对宋代服饰以及审美观念有何影响？

# 第七章　辽金元代服饰

## 学习目标

　　了解辽金元代时期社会背景对服饰变化的影响，掌握辽金元代服饰的特点。了解左衽窄袖袍的基本形制及元代质孙服的特点，掌握有髡发、婆焦等有民族特色的发式，熟记各民族最突出的服饰形制。

# 第一节　社会背景与服饰制度

## 一、社会背景

　　宋朝时期的社会经济和文化得到了新的发展，在这个时期我国边疆地区兴起了四个民族，并且均建立了自己的国家。与两宋并存的有辽、西夏、金、元等少数民族政权。辽以契丹族为主，西夏以党项族为主，金以女真族为主，元以蒙古族为主。公元916年，耶律阿保机自立皇帝，定国号为"辽"，是统治中国北部的一个王朝，辽代与北宋对峙，公元1125年为金所灭，辽存在时间为210年。

　　辽、西夏、金、元四朝皆为北方少数民族相继建立的政权，尽管这四个政权相互之间曾进行过频繁的战争，给当时各族人民带来了沉重的灾难，但客观上促进了汉族和各少数民族的融合和统一，推进了统一的多民族国家发展的进程，为元朝的强大和大统一奠定了基础。自元朝大统一以后，中国再也没有出现过分裂割据的局面，因此这是一个重要的转折点。

　　辽、西夏、金、元政权都是以少数民族为主体的。它们既保留了本民族的传统文化和制度的特点，又大力吸收了各民族，尤其是汉民族的传统文化和制度的特点，将中国历史推进到一个新的阶段。

## 二、服饰制度

　　辽、西夏、金、元虽然都是以少数民族为主体，但生活习俗与服饰制度等有明显不同。汉族人民与契丹、女真、党项、蒙古族人民在四百年中为捍卫其各自领土与主权而展开战争，由此各民族之间的交往也非常频繁。少数民族政权的社会经济生活，都受到了中原传统经济文化的冲击，因此，在服饰制度方面明显地打上了汉民族服饰的烙印。总的来看，在服饰上既沿袭了汉族服饰，又保持了本民族的特色。

　　辽属契丹族，辽太宗受汉族影响，创立衣冠服制。辽代服制采取一国两制，对汉和契丹的统治分南官、北官，南官以汉制治汉人，穿汉服；北官以契丹制治契丹人，穿契丹服。三品以上的北官契丹族官吏在行大礼时也穿汉服。日常官服分两种：皇帝及南官汉族官员穿汉服，皇后及北官契丹族官员穿契丹服。由于地处北方，气候寒冷，辽代君臣大都服貂裘。皇帝穿最名贵的银貂裘，大臣穿紫黑貂裘，下属穿沙狐裘等。辽代契丹服饰不论男女皆穿袍服，男子袍内穿裤，女子着裙，足蹬长靴。汉族服饰为男子戴幞头，身穿圆领袍衫，女子梳髻，穿襦裙。

　　金代的服饰制度自进入燕地开始模仿辽代分南、北官制，注重服饰礼仪制度，后吸收宋代冠服制度。皇帝冕服、百官朝服、冠服大体与宋制相同，有典礼时，都采取汉服制度。公服有三种颜色：五品以上服紫色，六品、七品服绯色，八品、九品服绿色。百官常服多为盘领、窄袖，衣襟较短，便于骑马。金代男子的普通衣着是：头戴皂罗巾，身穿盘领衣，腰系吐鹘带，脚蹬乌皮靴。金代女服以襜裙为主，上衣为团衫。金代男女发式通常为辫发。男子辫发下垂两肩，女子辫发向上盘髻。金代服饰的最大特点是采取环境色，即服装颜色与周围环境颜色相同或相近。

　　元代蒙古族灭南宋之后，种族等级森严，全国各族人民分为四个等级：蒙古人、色目人（包括阿拉伯、波斯、欧洲人等）、汉人（包括以前金辖区的汉人和其他民族）、南人（包括以前宋辖区的汉人和其他民族）。由于各民族有高低、贵贱之分，自然会在服饰上有所反映，蒙古贵族衣着华丽，色目人次之，汉人、南人大多衣着褴褛。蒙古族入关以后，除保持固有的民族衣冠特色之外，还吸收了汉族朝祭服饰，如冕服、朝服、公服等。元统一中国后地域辽阔，在与汉族交际的过程中，服饰技术进一步进行了交流。元代最华贵的衣料是"纳石失"，即织金锦。帝王、大臣、亲信都穿质孙衣。元代男子发式很有特点，称之为"婆焦"，像汉族儿童留的三搭头。元代贵族妇女戴皮帽，穿袍，袍式宽大，袍长曳地。元代最有特色的女帽是姑姑冠，外形上宽下窄，像一个倒过来的花瓶。

西夏是党项族所建，党项为羌族的一支，称为党项羌，党项羌原为游牧民族，亦保留穿戴皮毛的传统习俗。由于与汉族长期的贸易接触，西夏服饰在很大程度上已汉化。元昊继位后，下秃发令，建立了西夏服饰制度，对文武百官的朝服、便服和庶民百姓服装颜色制定了严格的制度，以区别身份的贵贱。皇帝与皇后的服饰基本沿袭宋朝服饰，如服黄色，绣龙凤纹等。党项族是以游牧为主的民族，所以裘衣是他们的传统服装。从西夏洞窟壁画、木版画等人物绘画上看，西夏党项族在服饰上采纳了唐代回鹘民族女装格式，由此可知西夏深受回鹘的影响，男子则继承了汉族服饰特点。

# 第二节　典型服饰形象及特性

## 一 国服与汉服并行的辽代服制

契丹族服装一般为长袍左衽，圆领窄袖，下穿裤，裤放靴筒之内（见图7-1）。女子在袍内着裙，亦穿长筒皮靴。因为辽地寒冷，袍料大多为兽皮，如貂、羊、狐等，其中以银貂裘衣最贵，多为辽贵族所服。汉服一般为男子或束发髻，或戴幞头，穿圆领长袍；女子穿窄袖短襦，下穿曳地长裙。契丹族男子习俗髡发，不同年龄有不同发式。按辽俗，女子化妆喜以金色涂面，如宋时彭如砺诗："有女天天称细娘，真珠络髻面涂黄。"

▲　图7-1　髡发、穿圆领袍、佩豹皮箭囊的骑士（胡瓌《卓歇图》局部）

### （一）男子服饰

#### 1. 皇帝及百官服制

辽代的官员们有法定的服饰，《辽史·仪卫志》上有详细的记载。"于是定衣冠之制，北班国制，南班汉制，各从其便焉。"自辽太宗耶律德光之后，辽朝正式建立服饰制度。其中各种制度，上下的尊卑贵贱，礼、乐、仪等服饰的具体运用都在服饰形制中体现出来。具体有民服、祭服、朝服、公服、常服、猎服、丧服、军戎服、僧服、道服、乐舞服等。

#### 2. 男子一般服饰

辽代契丹族男子服饰大体形制为圆领左衽窄袖袍，袍内着裤，腰间束带，足蹬长筒靴或尖头靴，裤腿放在靴筒内（见图7-2）。契丹男子着长袍，上下同制。多为缺胯袍，袍长至膝。袍上有疙瘩式纽襻，袍带于胸前系结，然后下垂至膝，长袍的颜色比较灰暗，有灰绿、灰蓝、赭黄、墨绿等几种，纹样也比较朴素。契丹族男子长袍的里面还衬有一件衫袄，露领子于外，颜色较外衣为浅，有白、黄、粉绿、米色（见图7-3）。契丹人所着之裤有长裤与短裤之分，而且随着季节的变化而更换。如长裤有小口长裤、连袜裤，主要便于穿靴。夏季穿单裤，冬季穿棉裤、皮裤来保暖。

▲　图7-2　穿圆领袍的契丹族骑士

▲　图7-3　圆领袍展示图

《卓歇图》中男子全部髡发，位尊者裹有巾帛。妇女大多梳挽螺髻，另在额上扎一道狭窄的帛巾，仅贵族一人戴圆帽。妇女所穿服装，都是交领左衽，与史籍记载相符，是典型的契丹族装束（见图7-4）。

## （二）妇女服饰

辽代妇女服制，只规定皇后小祀礼服为戴红帕，服络缝红袍，悬玉佩，穿络缝乌靴。其余均无定制，只有一些禁令，如禁止服用明金、镂金、贴金，奴贱不得服水獭裘等。契丹女子的袍服形制为：交领左衽，窄袖，无缘饰，俗称团衫，下着裙子，足蹬锦靴，团衫多为黑、紫、绀等色，裙子多绣以全枝花。这种袍子的特点是前拂地，后曳地尺余，前面双垂红黄带（见图7-5）。从传统的辽代画塑作品来看，和上述相吻合。

▲　图7-4　穿左衽窄袖袍的契丹族妇女及
穿圆领袍的男子（胡瓌《卓歇图》局部）

▲　图7-5　交领左衽窄袖袍

## （三）冠帽鞋履

### 1. 巾帽

辽代男子巾帽制度与历代不同。据史籍记载，除皇帝臣僚等具有一定级别的官员可以戴冠裹巾外，其他人一律不许私戴。辽代对契丹人扎裹巾有法律规定，不是人人都可扎巾，扎裹巾代表该人步入了上层社会，平民百姓不准随意扎裹巾。契丹族传统的冠帽有金属制造的金冠，以动物的裘皮制作的皮帽、卷沿毡帽等。辽代汉族男子戴幞头，幞头也是南班汉官的服饰之一，根据身份高低，其幞头的形制也有所不同。

### 2. 发式

（1）男子发式

契丹族男子发式为髡发，《辽史》记载契丹人男子髡顶、垂发于耳畔，可与传世《卓歇图》对照。髡发一般是将头顶部分的头发全部剃光，只在两鬓或前额部分留少量余发作为装饰，有的在额前蓄留一排短发；有的在耳边披散着鬓发，也有将左右两绺头发修剪整理成各种形状，然后下垂至肩。

（2）女子发式

辽代妇女发式比较简单。一般流行梳高髻、螺髻或双髻（见图7-6），仕宦之家的女子，也有披发的。额间多用巾带扎裹。女子幼时髡发（见图7-7），出嫁前留发，出嫁后才梳髻。

▲ 图7-6 已婚妇女发式双髻、双高髻、双螺髻

▲ 图7-7 未婚女子发式

## （四）军服

在铠甲方面，据《辽史》记载，辽代时军队就已使用铠甲，主要采用的是唐末五代和宋的样式，以宋为主。铠甲的上部结构与宋代完全相同，只有腿裙比宋代的短，前后两块方形的鹘尾甲覆于腿裙之上，保持了唐末五代的特点。铠甲护腹好像都用皮带吊挂在腹前，然后用腰带固定，这与宋代的皮甲相同，而辽代特有的是胸前正中的大型圆护。由此看来，契丹武士的服饰继承了唐、五代的甲胄形制，同时也保持了本民族的习俗（见图7-8和图7-9）。辽朝契丹军戎服装包括头上戴的盔、身上披的甲，腰间的革带、还有战袍、弓囊剪袋以及战马的马甲等。盔，也叫"兜鍪"。铁做的叫铁盔、皮做的叫皮笠子等。

▲ 图7-8 辽代武士的铠甲和戎服复原图　　　▲ 图7-9 金代武士的铠甲和戎服复原图

## 二、以衣料与色泽区别等级的元代服制

蒙古族，是北方的游牧民族，衣着服饰非常简朴。忽必烈继位后，为进一步加强封建中央集权统治，开始建立服饰制度。据《元史》记载：元仁宗时颁布"诏定官员士庶衣服车舆制度"标志元代服饰制度的建立。元代服制既沿袭汉制，又拥有本民族的制度，通过服色及质料的不同来区别等级，并下律文禁限纹样、服色、质料的运用。当时规定平民禁止用龙凤纹样，禁止用金彩，禁止织造和使用柳芳绿、红白闪色、迎霜褐、鸡冠紫、橘子红、胭脂红六种颜色。凡皇帝戴过的帽子样式，别人就不许再做再戴。平民帽笠不许饰金玉，靴不得制花样。

这个时期的服装仍以长袍为主。百官公服沿用汉制，并吸收金代服制，以颜色及纹样区别等级。其形制为身穿盘领、大袖、右衽袍，戴漆纱幞头，手持牙笏板，脚穿皂皮靴。凡朝廷举行大宴，文武百官皆穿"质孙服"，"质孙服"的穿着有严格的规定。后妃及贵妇，头戴"顾姑冠"，身穿宽袖大袍。这个时期的汉族服饰，随着政权的更替及禁令的张弛，也有许多变化。

蒙古族本来是游牧民族，经常外出狩猎、会盟及作战，使用毛料较多。《元世祖出猎图》描绘的是元朝皇帝携同臣僚出外狩猎时的情景。画中皇帝穿皮毛之服，其他臣僚则穿锦袍（见图7-10）。

元代服装大量用金，超过以往历代。织物大量缕金，是元代面料的突出特点，比较著名的有"纳石失"，是一种织锦金，是贵族常用的袍服面料（见图7-11和图7-12）。

因对服色有禁令，在元代服色以褐色为多，男女皆宜，有茶褐、丁香褐、银褐、葱白褐等二十多种。因北方天气寒冷，蒙古族大都穿靴，元人靴子种类繁多，质量比以往也有提高。

蒙古族的发式，上自皇帝下至百姓都剃"婆焦"，将头顶正中及后脑头发全部剃去，而在前额正中及两侧留下三搭头发，如汉族小孩留三搭头的样子。

### （一）男子服饰

#### 1. 皇帝百官服制

（1）皇帝服制

元代皇帝服制，沿用汉制，冕服为衮冕，冕冠以漆纱制成，

▲ 图7-10 穿皮毛服的帝王及穿锦袍的侍臣

▲ 图7-11 元代织金锦袍与半袖

▲ 图7-12 交领织金锦袍展示图

前后各十二旒；衮龙服用青罗制成，饰以生色销金。裳，用绯罗制成，衣裳文绣十二章。脚穿红绫袜，红罗靴。据元太祖成吉思汗像，戴外白内黑的貂皮暖帽，着浅米色毛绒衫，额前有发露出，垂至帽下末端向左右分开披散，冠下耳后垂辫（见图7-13）。按《圆史舆服志》记载有："服白粉皮则冠白金答子暖帽，服银鼠则冠银鼠暖帽。"

（2）百官服制

百官服制有朝服、祭服、公服、质孙服之分，按其穿着场合和品级大小各有其制。百官公服均戴展角漆纱幞头，身穿右衽大袖盘领袍，束腰带，手持牙笏板，脚穿皂皮靴（见图7-14）。

▲ 图7-13 暖帽、垂辫环、质孙服

▲ 图7-14 戴幞头、穿圆领袍的官吏（山西洪洞广胜寺壁画）

根据衣服的服色、花纹纹饰和束带不同区别官级。百官公服的服色主要有三等颜色。一品至五品为紫色，六品、七品为绯色，八品、九品为绿色。图案以花纹纹饰、花朵大小、直径宽窄来区别官级：一品为大独科花，径五寸；二品为小独科花，径三寸；依次减小，八品、九品无纹饰。花朵纹饰大小按官员品级高低逐渐变小。束带按品级有如下区别：一品玉带，二品花犀带，三品、四品荔枝金带，五品以下用乌犀角带。

（3）质孙服

质孙服是元代男子服装中最有特色的一种，形制为上衣连下裳，紧身窄袖的袍服，右衽方领，腰间有很多细褶，面料为织金锦，色彩艳丽。质孙服要求冠帽、腰带、靴子和衣服的颜色配套，有冬、夏装之分。质孙服是举行内庭大宴时皇帝、百官、仪卫等统一穿着的礼服，有严格的规定，皇帝、百官等各有其制，主要在面料、颜色、装饰上区分等级。规定皇帝冬季质孙服有十一等次，夏季有十五等次，用珍珠、宝石装饰，绣龙纹，使之高贵华丽；百官冬季质孙服共九等，夏服十四等，与皇帝的质孙服相比，从面料、纹饰上都相对简单，这说明，皇帝、百官的质孙服制是有区别的（见图7-15）。

（a）天子质孙服《中国古代人物服式与画法》　　（b）百官质孙服

▲ 图7-15　质孙服

### 2. 男子常服

① 元代服装，不论男女，均以袍服为主。身穿长袍，腰束革带，头带笠子帽，足穿锦靴，是元代男子常用的服式。袍长至膝下，多为交领，袖子紧窄。敦煌壁画中元代贵族男子，戴折檐暖帽，穿窄袖袍，半臂，戴云肩，束玉胯带，穿络缝靴，身后为戴钹笠、翻领袍，腰带上所挂物件为银麟牌的行香者（见图7-16）。富有蒙古族特色的装束突出的特点是肩部常有云肩装饰（见图7-17）。

▲ 图7-16　敦煌壁画中元代贵族男子　　▲ 图7-17　钹笠、云肩式大翻领窄袖衫，腰束抱肚，两侧垂金牌

元代贵族袭汉族制度，在服装上广织龙纹。据《元史·舆服志》记载，皇帝祭祀用衮服、蔽膝、玉簪、革带、绶环等，饰有各种龙纹，仅衮服一件就有八条龙，还未计领袖衣边的小龙（见图7-18）。

蒙古男子常服，除戴瓦楞帽、穿袍服以外，还有半袖衫，地位低下的侍从仆役，还在袍外面加罩短袖衫子。平时贫苦的劳动人民则是短衣，交领右衽，窄裤，腰系大带，头梳髻或戴斗笠，或赤足裹腿，或足穿草鞋、麻鞋。元代汉族平民百姓多用巾裹头，无一定格式（见图7-19和图7-20）。

② 辫线袄是流行于元代的一种男子袍服。其形制为右衽交领、窄袖，下长过膝，腰部采用绢帛拈成的辫线密密钉绣成细裥，故称"辫线袄"。穿时腰间紧束，便于骑射（见图7-21）。这种服饰一直沿袭到明代，称为"曳撒"，仍作为外出骑乘之服。

▲ 图7-18 窄袖织龙纹锦袍、瓦楞、云肩、缎靴展示图

(a)戴瓦楞帽、穿袍服、半袖衫的骑士　　(b)穿袍服、半袖衫的男子　　(c)穿袍服、围腰的侍从

▲ 图7-19 元代汉族百姓服饰

▲ 图7-20 扎巾、穿短袖衫的男子

▲ 图7-21 辫线袄

### （二）妇女服饰

#### 1. 贵族袍服

元代一般身份较高的蒙古贵族妇女，都戴顾姑冠，袍服式样宽大，袖身肥大，但袖口窄，其长曳地，走路时要两个女奴托起。常用织金锦、丝绒或毛织品制作，喜欢用红、黄、绿、茶、胭脂红、鸡冠紫、泥金等色。这种宽大的袍式，汉人亦称它为"大衣"或"团衫"（见图7-22）。

#### 2. 半袖襦裙

半袖襦裙是元代妇女广泛穿用的服式。襦衫袖窄而长，衣长覆腰。汉族右衽，蒙古族左衽。襦衫之外罩穿半袖，腰间还常系一块围裙，有的还在襦衫和半袖外肩上饰一云肩。半袖襦裙的式样，无论尊卑贵贱，大都相同，所不同的是质料和颜色（见图7-23）。

▲ 图7-22 戴顾姑冠、穿红色窄袖、宽袍的
贵族妇女（甘肃安西榆林窟元壁画）

▲ 图7-23 襦裙、半臂穿戴展示图

#### 3. 汉族妇女服饰

从无锡元墓中取出的元代汉族妇女服饰出土实物中可以看到，有镶边的对襟上衣、短襦；对襟、下摆开衩、领襟镶绸边的背心；独幅无裥的夹裙；两侧打折裥的裙式。鞋子有两种样式，一种是以回纹丝绸制成；另一种以素绸制作，鞋头尖耸，鞋面缀一丝线编成的花结（见图7-24）。

（a）对襟绸上衣

（b）对襟绸短襦

（c）绸夹裙

▲ 图7-24 元代汉族妇女服饰

## （三）冠帽鞋履

### 1. 冠帽

（1）男子

元代男子首服，冬帽而夏笠。笠也称"瓦楞帽"，有方、圆两种样式，顶中装饰有珠宝。圆形，称做"笠冠"，还有方形，形似瓦楞，有四角、六角等几种，又称"瓦楞帽"、"四方瓦楞帽"（见图7-25）。由于蒙古族原处寒冷的北方，所以无论贵贱、男女，冬天都戴暖帽，暖帽的质料有貂、狐、鼠、羔等；形制有平顶、尖顶、圆顶等。元代男子也有戴幞头的。公服幞头大致与宋代幞头相同，士庶所戴的幞头一般似唐代。平民百姓则多喜扎巾，巾裹的方法多种多样。

▲ 图7-25 《事林广记》插图中元代男子形象

（2）女子

元代妇女首服中最具特色的是"姑姑冠"。"姑姑"是蒙古语音译，所以又写作"罟罟"、"顾姑"。姑姑冠是蒙古族贵妇专戴的一种礼冠，冠体用铁丝编结而成，竹篾桦皮为骨架，形状像一个细而高的大花瓶，最高的有五尺多。富贵人家的妇女用红青锦刺绣，或以红绢为表，用金珠等装饰，越富有的装饰就越讲究（见图7-26）。这种冠只在蒙古族贵妇中流行，汉族妇女不戴这种冠帽。

### 2. 鞋履

元代履制，不论男女，均以穿靴为主。贵族妇女及宫人多喜穿红靴。萨都剌《王孙曲》云："衣裳光彩照暮春，红靴着地轻无尘。"即是其印证。

### 3. 发式

元代蒙古族男子上至成吉思汗，下至国人，均剃"婆焦"。是将头顶正中及后脑头发全部剃去，只在前额正中及两侧留下三搭头发，正中的一搭头发被剪短散垂，两旁的两搭绾成两髻悬垂至肩，以阻挡向两旁斜视的视线，使人不能狼视，称为"不狼儿"（见图7-27）。

### 4. 化妆

蒙古族妇女常把黄色当作金色，涂在面部，时称"佛状"。这种习俗受汉族妇女黄妆面饰的影响，又与当时盛行佛教有关。

▲ 图7-26　元代女子

▲ 图7-27　戴瓦楞帽、
剃"三搭头"的元代男子

## （四）军服

元代军戎，仍以甲胄为基本形制。元代铠甲有柳叶甲、铁罗圈甲等。铁罗圈甲内层用水牛皮制成，外层为铁甲片，甲片以皮条相连如鱼鳞，箭不能穿透，所以十分牢固。另外还有皮甲、布面甲等。还有一种辫线袄与质孙服完全相同，只是下摆宽大，折有密裥，有的还钉有纽扣，这种服装也是元代的蒙古戎服，军队的将校和宫廷的侍卫、武士都可服用（见图7-28）。元代蒙古兵军服，除身披战袄甲片外，腰间均挂一柄弯刀，箭筒一个，筒内插有若干支铁制、骨制或角制的箭头。

▲ 图7-28　元代武士的铠甲及戎服复原图

## 三、兼具汉族与回鹘风格的西夏服制

西夏是党项族所建，党项羌原为游牧民族，在经济生活与文化上受汉族封建体系的影响，服饰在很大程度上已汉化。蒙古族多次进攻西夏，西夏文物典籍屡遭损失，关于西夏服饰的材料十分罕见。西夏的服饰文化，只能从洞窟壁画、木版画等人物绘画中党项族的人物着装形象上了解概况。西夏王朝与中原其他封建王朝一样，有一套自己的服饰制度，且男女服饰各有特点。从莫高窟第109窟西夏王及王妃供养像来看，画像中王妃所穿的衣裙与唐代后期回鹘民族妇女的服装基本相同。男子服饰明显地继承汉族服装。

早期的党项民族其服饰以皮毛为主。元昊曾云："衣皮毛，事畜牧，蕃性所便"。其主要服饰为：戴毡帽，足穿皮靴，身穿皮裘。内迁后的党项民族，与中原王朝频繁地接触，进行贸易往来，汉族服饰渐被党项人所接受。尤其是中原丝织品大量流入党项境内，西夏太宗德明曾深有感触地说："吾族三十年衣锦绮，此宋恩也。"已经从事农耕的党项平民，开始穿戴方便于劳作的麻、棉织品的服饰。

元昊继位，为了突出民族特色，下令秃发，改大汉衣冠，"先自秃其发，然后下令国中，使属蕃遵此，三日不从，许众共杀之。于是民争秃其发，耳垂重环以异之。"受宋代礼仪制度的影响，皇帝和皇后服饰与中原宋皇室相差无几，如服用黄色龙袍和通天冠，文武百官"文资则幞头、靴、笏、紫衣、绯衣"，可以看出，西夏文官的服饰多沿袭唐、宋，武官的服饰具有民族特色。

以严格的法律条文对西夏的服饰作了规定，如对西夏官员、庶民的服饰颜色有严格的限制，以服饰颜色区别官与民，贵与贱。对鎏金饰品、绣金线的服饰也有规定："全国内诸人鎏金、绣金线等朝廷杂物以外，许节亲主、夫人、女、媳、宰相本人、夫人，及经略、内宫骑马、驸马妻子等穿，不允外人穿。"

## （一）男子服饰

### 1. 礼服

（1）皇帝服制

西夏皇帝服饰，早期与中后期有所不同。西夏开国皇帝元昊"始衣白窄衫，毡冠红里，冠顶后垂红结绶"，有民族特色。后期，受宋王朝皇帝冠饰的影响，从《西夏译经图》上可以看到西夏皇帝戴尖顶金冠，身穿交领衣，下穿裙，腰系大带，蔽膝。与中原皇帝服饰相近，但冠饰保持有自己民族的特色。从莫高窟第109窟西夏王供养像来看，西夏王头戴白鹿皮弁，身穿团龙纹袍，束蹀躞带，长裤、白战靴，手执香炉（见图7-29）。西夏皇帝开始穿用象征中国古代封建王权，有日月、龙样图案的黄色衣服。《天盛律令》规定，石黄、杏黄、石红的衣服及有日、月、团身龙、饰金、一色花身的服饰禁止百官、百姓使用，这些规定借鉴了中原王朝帝王冕服的"十二章"纹饰制度，显示出西夏服饰严格的等级制度。

（2）官吏服制

官吏服饰有朝服、便服之分。文武官服饰为"文职则幞头、靴、笏、紫衣、绯衣；武职则冠金帖起云镂冠、银帖间金镂冠、黑漆冠，衣紫旋襕，金涂银束带，垂蹀躞，佩解结锥、短刀、弓矢……便服则紫皂地绣盘毯子花旋襕，束带。民庶青绿，以别贵贱"。可以看出文官戴幞头，朝服为紫色和绯色襕衫，与中原汉服大致相仿；武官戴冠，蹀躞带、佩刀，具有少数民族特色。黑水城出土的卷轴画中武官形象，头戴云镂冠，穿红色圆领窄袖袍，束蹀躞带，佩短刀，与历史记载相符（见图7-30）。榆林窟第29窟西夏壁画上的西夏官员头戴云镂冠，穿圆领窄袖襕袍，腰有带，黑色宽边抱肚，束带，脚蹬黑靴。也有戴黑冠，袍不加襕，无抱肚（见图7-31）。

### 2. 男子平民服饰

西夏平民服饰大多以圆领窄袖袍为主，腰束革带，足蹬靴。服色为蓝、绿两色，可能与朝廷规定"民庶青绿，以别贵贱"有关。有的还在袍外披大衣，长及脚踝，可能是"斗篷"。

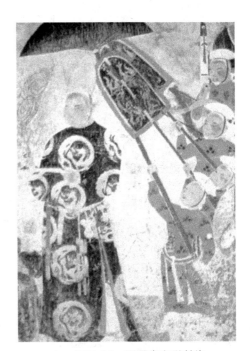

▲ 图7-29 西夏皇帝供养像

▲ 图7-30 黑水城出土帛画男供养人

▲ 图7-31 榆林窟第29窟男供养人

从西夏的人物画看，下层平民衣服的样式大都为交领或圆领短襦短衫，下着小口长裤，将裤塞入靴中，或绑腿或卷起裤腿，便于劳作。足穿靴、麻鞋、草鞋，带毡冠或秃发。榆林窟第3窟内室东壁南端千手千眼观音像法光两侧，画着非常写实的犁耕图、踏碓图、锻铁图、酿酒图，可见到西夏劳动者一般的着衣情况，有的袒露肩膀，有的衣服下摆卷扎于腰间，紧腿或穿窄裤（见图7-32）。

（a）锻铁图

（b）踏碓图

▲ 图7-32 榆林窟第3窟内室东壁南端壁画

## （二）妇女服饰

西夏壁画中可以看到，西夏贵族女子服饰华丽，着交领右衽窄袖袍，左右开衩，领口有宽花边，袍内穿百褶裙，裙两侧和前方垂绶，脚穿翘尖履，头戴各种冠饰，从莫高窟第109窟西夏王妃供养像来看，王妃戴桃形金凤冠，插花钗，耳戴镶珠宝大耳环，身穿宽松大翻领对襟窄袖拖地红裙，手执供养花（见图7-33）。画中王妃所穿的衣裙与唐代回鹘妇女的服装基本相同。

## （三）冠帽鞋履

### 1. 冠帽发式

这里主要介绍男子。西夏男子冠帽种类较多，有冠、幞头、巾、帻等。元昊初规定文官戴幞头，武官戴冠，有云镂冠、金镂冠、黑漆冠等，我们在西夏壁画、木板画上可以见到。另外西夏供养人带毡冠或髡发（见图7-34）。平民多戴巾，榆林窟第3窟西夏壁画踏碓图、锻铁图中的男子形象，均头裹皂巾或方巾。

而后元昊下秃发令，三日之内，全国男子剃光头顶，并戴耳环。因此，剃发、穿耳戴环成了西夏人的标准形象。秃发其实为"髡发"，即头顶剃光，周边留发。

**2. 鞋履**

关于男女鞋的资料很少，文献记载的主要有丝靴、朝靴、木履、尖头履、雨鞋、雪泥中穿的套鞋等。

### （四）军服

西夏是由党项羌族建立的多民族王国，武士所穿铠甲为全身披挂，盔、披膊与宋代完全相同，身甲好像两裆甲，长及膝上，还是以短甲为主，说明铠甲的制造毕竟比中原地区落后一些。西夏的官服为也可作戎服，如辽代的契丹服一样，两者无明显差别（见图7-35）。

▲ 图7-33　王妃供养像

▲ 图7-34　148窟男供养人像，戴小毡冠

▲ 图7-35　西夏武士的铠甲和戎服复原图

# 第三节　服饰材料、色彩和装饰纹样

## 一　服饰材料

辽、西夏、金、元是由少数民族建立的政权，以畜牧经济为主，服饰材料以皮毛为主，后来与汉族的特色逐渐融合，学习了农耕和纺织技术，服饰材料变得多样起来，开始服用棉、麻、丝等面料。

### （一）辽

契丹族所建立的辽国，因北方天气寒冷，"畜牧畋渔以食，皮毛以衣"，服饰面料以皮毛为主，主要有羊皮，另外还有猎取的狐、水獭、貂等。另外按等级来服用皮毛制品，"贵智被貂裘，貂以紫黑色为贵……贱者被貂毛、羊、鼠、沙孤裘。"辽代畜牧业的发展为毛织业提供了一定的条件，如用羊毛织成毡毯。马、羊、牛等的皮革制作也成为一项专门产业，可以制作皮衣、皮鞋、皮带等。此外还服用丝织品、麻织品。契丹人在与汉人的交流中学到了纺织技术，使契丹的纺织业得到迅速发展，丝织技术得到迅速的发展，辽国桑蚕业不断扩大。丝织品种类繁多，有绢、纱、罗、绫、锦、刻丝等。另外还有麻纺织业，主要在渤海地区，生产麻布，有纻麻织成的纻布。

## （二）西夏

西夏以党项族为主，畜牧业为其生活的主要经济来源，毛皮在经济生活中占有重要地位；因西北天气寒冷，服饰面料以皮毛为主，还用羊毛、驼毛制成毛纺织品，可以制成毡毯、毡靴、毡帽之类。另外还服用麻、丝织品。西夏地处高寒地区，"无蚕织之功"，可知这些丝织品是从宋朝输入的。

## （三）金

金代女真人服装面料有皮毛、麻织品、丝织品。《大金国志·男女冠服》记载："富人春夏多以纻丝绵绸为衫裳，亦间用细布。秋冬以貂鼠、青鼠、狐、貉羔皮为裘，或作纻丝四褛，贫者春夏并用布为衫裳，秋冬亦衣牛、马、猪、羊、猫、犬、鱼、蛇之皮，或獐、鹿皮为衫。袴袜皆以皮。"女真人擅长织布，以麻为主要原料，其种类有粗布、细布、绲丝。入主中原后，女真人学会了种桑养蚕，开始发展丝织业，丝织品种丰富，有绢、绫、纱、刻丝等。

## （四）元

元代主要以蒙古族为主，其服饰材料以毛皮为主。由于和汉族的融合，建立元朝后，统治者由穿皮毛织品改穿丝织品，并重视丝织业的发展，并以丝织品作为征收的赋税，由此各种丝线大量生产，丝织业相当发达。其著名的面料有金线和丝线相捻织成的金锦，称为"纳石失"。另外，该时期开始服用棉织品，元代著名的黄道婆，将棉纺技术加以改进，得到了很大发展。

## 二、服饰色彩和装饰纹样

辽、西夏、金、元这一时期的织绣技术有很大的发展，服饰色彩和服饰纹样除了保持本民族的特点外，还吸收了汉族的传统色彩和图案，另外还有严格的等级制度规定，以区别贵贱高低。

## （一）辽

契丹族的服饰色彩比较丰富，以灰为主，有灰绿、灰蓝、赭黄、墨绿等，袍内衫袄领子颜色较浅，有白、黄、粉绿、米色等，女子团衫多为黑、紫、绀等色，裙子多在黑紫地上绣以全枝花。

契丹族的服饰纹样比较朴素，大多通体平绣花纹。龙纹是汉族的传统纹样，在契丹族男子的服饰上出现，反映了两民族的相互影响。从赤峰辽驸马墓出土实物来看，有龙、凤、孔雀、宝相花、璎珞等，与五代时期汉族装饰纹样风格相同（见图7-36）。辽宁法库叶茂台辽墓出土的棉袍，上绣双龙、簪花骑凤羽人、桃花、水鸟、蝴蝶，则与北宋汉族装饰纹样风格一致（见图7-37）。

从《缂丝花鸟纹袍服片幅》上看，缂丝的花鸟纹饰与北宋缂丝紫汤荷花、紫天鹿等风格相近，其上部有一红色圆形，圆形中饰有一只三足鸟，象征太阳，显然这承袭了隋唐以来皇帝礼服有"肩挑日月，背负星辰"的纹饰的做法。这件袍料的纹样布局及整体风格，与华夏民族的龙袍不同，可能为辽国国王早期袍服的面料（见图7-38）。

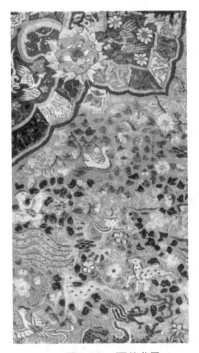

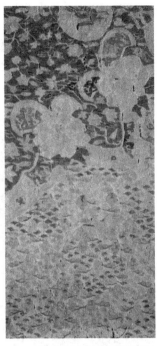

▲ 图7-36 百花龙及
兽纹缂丝衣料（见彩图24）

▲ 图7-37 百花攒龙缂丝袍料
（见彩图25）

▲ 图7-38 《缂丝花鸟纹
袍服片幅》（见彩图26）

## （二）西夏

从西夏出土的衣服面料实物中看，多几何图形和牡丹等植物纹样。银川西郊西夏陵区108号陪葬墓墓室中曾出土工字形几何花纹的工字绫，现藏于宁夏回族自治区博物馆。在内蒙古黑水城遗址老高苏木遗址出土的穿枝牡丹纹和小团花纹丝织品残片，作风写实，具有民间气息，与宋代装饰艺术作风一致（见图7-39）。

▲ 图7-39 西夏穿枝莲纹缂丝（见彩图27）

## （三）金

金人服色崇尚白色，尤其是冬季，金代服饰有一重要特征，是多用环境色，冬季白色服装与周围环境颜色相同，可以起到迷惑猎物保护自己的作用。

金代袍服多绣鹘捕鹅、花卉、熊、鹿、山林等图案作为装饰。金朝仪仗服饰，以孔雀、对凤、云鹤、对鹅、双鹿、牡丹、莲荷、宝相花为饰，并以大小不同的宝仙花区别官阶高低（见图7-40）。

金代的装饰图案喜用禽兽，尤其喜用鹿。《金史·舆服志》中就有女真族服饰"以熊鹿山林为文"的记载。鹿的图案大量被采用，除其本身外形较为优美，便于装饰外，鹿与汉字"禄"同音，富有吉祥的含义（见图7-41、图7-42）。

▲ 图7-40 胡桃形鹘捕鹅纹
（见彩图28）

▲ 图7-41 罗地压金彩绣飞燕啄鹿纹（见彩图29）

▲ 图7-42 青龙虎鹿百花纹缂丝残片
（见彩图30）

## （四）元

元代喜用棕褐色。元代褐色品名繁多，有金茶褐、沉香褐、秋萨褐、葱白褐、藕丝褐、葡萄褐、枯竹褐、驼褐等20多种子目。这些色彩的形成，是因统治者禁止民间服装使用亮色而造成的。

元代的服饰纹样，在承袭两宋装饰艺术传统的基础上有所发展，只有少数织金锦纹样加入西域图案的风格。内蒙古元代故城出土的棕色罗花鸟绣夹衫，该夹衫具有南宋服饰的风格，用棕色四经绞罗作面料，米黄色绢作里，夹衫表面的刺绣花纹极精细，图案极为丰富。有坐于池旁柳下看鸳鸯戏水的女子，坐于枫林中的男子，扬鞭骑驴的女子，以及莲荷、灵芝、菊、芦草、鹤、凤、兔、鹿、鲤、龟、鹭鸶等，其余衣身绣散点折枝花，绣法近于苏绣针法（见图7-43）。

▲ 图7-43 元代花鸟绣女夹衫

## 三、首饰

### （一）头饰

#### 1. 鎏金银冠

契丹人喜爱金冠，在内蒙古奈曼旗辽代陈国公主墓出土的鎏金银冠，冠身长圆，两侧有高翅举展，冠身与冠翅均布镂空卷草纹，有两凤对舞。冠顶饰一尊佛像坐于莲花之中，背有由如意云装饰的华美佛光（见图7-44）。

#### 2. 金步摇钗

1974年12月在陕西省临潼县北河村金代窖藏出土的金步摇钗，顶端用锤镍和掐丝法做成一只口衔绶带的飞凤，下端分为两股。有唐宋装饰风味（见图7-45）。

▲ 图7-44 鎏金双翅银冠

▲ 图7-45 金步摇钗

### （二）耳饰

#### 1. 耳环

此一时期的耳环多附有精美的装饰，有代表性的耳环，如辽宁建平县张家营子出土的辽代凤形金耳环，凤嘴衔花作展翅翘尾状，体空。同县朱碌科出土的辽代鱼形金耳环，鱼尾上卷作跳跃状（见图7-46）。

#### 2. 耳坠

在内蒙古土城子出土了一对金架嵌绿松石耳坠，玲珑新巧。内蒙古奈曼旗辽代陈国公主墓出土的珍珠琥珀耳坠，细金丝链锁住红色琥珀，间以珍珠，下面再用大珍珠与小珍珠串挂琥珀，形成四层活动的坠饰（见图7-47）。

### （三）佩饰

自宋以来，玉佩的纹饰日趋写实。内蒙古奈曼旗辽代陈国公主墓发现一组青白色透雕玉佩，由金

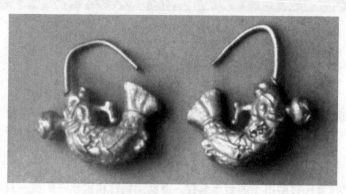

▲ 图7-46 辽代鱼形金耳环

▲ 图7-47 珍珠琥珀耳坠

链悬一块方形玉版，玉版中心有圆洞，下有五孔。每孔以金链悬一动物玉饰，有单鱼、双鱼、双龙、双凤、龙鱼等不同形象（见图7-48）。

1980年在北京金代乌古沦窝沦墓出土了一件径6厘米、厚0.5厘米的海棠绶带鸟透雕玉佩（见图7-49），北京故宫博物院所藏金代荷花鹭鸶纹玉佩呈青色，椭圆形，饰一大雁躲进荷叶丛中，上有一只鹰鹘海东青俯冲而下，通过花鸟反映女真人所熟悉的生活题材（见图7-50）。

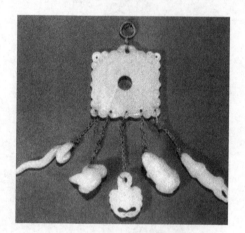

▲ 图7-48 动物形玉佩

▲ 图7-49 玉花鸟

▲ 图7-50 荷花鹭鸶纹玉佩

# 第四节  辽金元服饰专用名词图释

## 1. 质孙服

又称"只孙"。汉语译作"一色衣",明代称"曳撒"。元、明时都有服此者。质孙的形制是上衣连下裳,衣式较紧窄且下裳亦较短,在腰间作无数的襞积,并在其衣的肩背间贯以大珠。质孙本为戎服,即便于乘骑等活动,在元代的陶俑及画中都可以见到此种衣式。

元英宗时期参照古制,制定了天子和百官的上衣连下裳,上紧下短,并在腰间加襞积,肩背挂大珠的"质孙服"制,汉语称"一色衣"或"质孙服"。这是承袭汉族又兼有蒙古民族特点的服制。

## 2. 髡发

契丹族的发式,史书中称为"髡发"。髡发又称"髡头"。早在1000多年以前,生活在北方地区的乌桓、鲜卑等民族男女,就有了髡发的习惯。《后汉书》《三国志》等史志中都有这方面的记载。髡发的意思就是剔发。《说文·彡部》:"髡(彡+剔)发也。"王筠注:"髡,剔也。""剔者,俗(彡+剔)字。"

髡发的样式,从传世的《卓歇图》《契丹人狩猎图》上可以看到;一般将头顶部分的头发剃去,留下两边鬓发或前额部分的余发,两鬓的余发则被修剪整理成各种形状,有时还编成小辫下垂至肩(见图7-51)。

## 3. 缂丝

缂丝,又名克丝、尅丝和刻丝,我国唐代已有这一品种,到宋代成为我国著名的丝织艺术品。缂丝是用许多特制的小梭子,穿引各色丝线,根据画稿花纹色彩的轮廓边界,一小块一小块盘织出来的。日本人把它叫做"缀锦"。运用这种织法,能织出无比精细的花纹来。但是很费工夫,大件的作品,往往要几年才能织成。辽代时,北方地区就用其来制作女衣和被面。但缂丝这一名称,却是宋朝才开始有的。北宋时,定州成为缂丝的主要产地,产品多供画院装裱名人书画(见图7-52和图7-53)。

▲ 图7-51  髡发

▲ 图7-52  缂丝牡丹纹残片

▲ 图7-53  缂丝《莲塘乳鸭图》

**思考题**

1. 谈谈汉族对少数民族有哪些方面的影响。

2. 辽、金、元、西夏各民族最有民族特色的服饰是什么?

3. 结合少数民族的服饰特点,设计并绘画出具有民族特色的服装。

# 第八章　明代服饰

学习目标

　　了解明朝时期的历史文化背景，掌握明朝的官服形制及补服图案的等级区分，对明代女服具有特点的服饰要掌握其基本形制。掌握文武官级的品级在服饰上的区别。

# 第一节　社会背景与服饰制度

## 一、社会背景

元末爆发了红巾军起义。朱元璋参加了红巾军，公元1368年，朱元璋称帝，建都南京，国号大明，年号洪武，建立了明朝。朱元璋就是明太祖。公元1644年，陕西榆林人李自成率军攻占北京，崇祯帝自缢，明朝在全国的统治宣告结束，同年清军入关。

## 二、服饰制度

公元1368年，明太祖朱元璋建立了明朝以后，恢复汉制，禁止穿胡服、姓胡姓、讲胡语。根据汉族的习俗，上采周汉，下取唐宋，对服饰制度作了重新规定。明代服制的制定，前后用了大约30年的时间，分为3个阶段：公元1368年（洪武元年），学士陶安等人提议，首先根据传统服制制定皇帝的礼服，祭天地、宗庙服衮冕；社稷等服通天冠、绛纱袍，其余不用。公元1369年（洪武二年），初步定出冠服之制，包括皇帝冕服、常服、后妃礼服、常服，文武官员常朝之服，士庶巾服等。到公元1393年（洪武二十六年），才基本确定新的冠服制度。并在服装颜色及服装禁例等方面作了一些具体的规定。

明代的服饰体现出等级制度的严格。明朝官吏戴乌纱帽，穿圆领袍。袍服在胸背缀有补子，并以所绣图案的不同来表示官级的不同，文绣禽武绣兽；官员的腰带也因品级的不同而在质地上有所不同。明代男装儒生所着大袖衫，其特点是宽袖、皂色缘边，青圆领、皂绦软巾垂带。百姓则着青布衫裤，青布巾，上衣沿宽边，足着草鞋。

明代服饰，最突出的特点是以纽扣代替了几千年来的带结。从元代的辫线袄子腰围部分曾经见到过钉纽扣的形式。纽扣的使用也是一种变革，体现着时代的进步。在政治、经济、文化技术发展的前提之下，明代的服饰仪态端庄，气度宏美，成为中国近世纪服饰艺术的典范。

# 第二节　典型服饰形象及特性

## 一、男子服饰

### （一）皇帝服制

明朝从蒙古贵族手中夺取政权，对整顿和恢复礼仪非常重视。废弃了元朝的服制，并根据汉族人民的习俗，将服饰制度重新规定。首先制定皇帝的礼服。明太祖认为古代五冕之礼太繁，决定"祭天地、宗庙，服衮冕；社稷等祀，服通天冠，绛纱袍，其余不用"。皇帝服饰有冕服、通天冠、皮弁服（弁为男子戴的一种帽子）、武弁服、常服等。

**1. 衮冕**

衮冕是皇帝礼服的一种，皇帝祭天地、宗庙时衮服与衮冕配套使用。衮冕的形制基本承袭古制，冕前圆后方，前后各有十二旒，夏用玉草，冬用皮革，玄色纱为表，朱色纱为里。据《明史·舆服志》

记载，衮服由玄衣、黄裳、素纱中单、白罗大带、革带、蔽膝、玉佩、大绶、小绶、赤舄等配成。玄衣、黄裳施十二章纹，中单以素纱制作，另有黄、白、赤、玄、缥、绿六彩大绶和小绶，玉钩、玉佩、金钩、玉环及赤色袜、舄，但《三才图绘》的附图与此略有不同（见图8-1）。规定除祭天地、宗庙时服用外，其余场所都不服用。除皇帝外，皇太子、亲王、郡王用，其他公侯以下品官都不得服用。

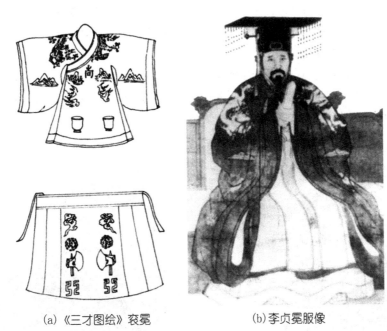

(a)《三才图绘》衮冕　　　　　　　　(b) 李贞冕服像

▲ 图8-1　衮冕

## 2. 通天冠

通天冠上加金博山，附蝉十二，首施珠翠（见图8-2）。身穿绛纱袍，绛纱蔽膝，皂色领、襈、裾的白纱中单、方心曲领、白袜赤舄。一般为皇帝小祀、郊庙、省牲、皇太子诸王冠婚等场合时所穿。

## 3. 皮弁服

皮弁用乌纱覆之，前后各十二缝，每缝间饰五彩玉（见图8-3），身穿绛纱衣，蔽膝，革带，白袜黑舄。朔望视朝、降诏、降香、进表、四夷朝贡，外官朝觐，策士、祭太岁山川等场合服用。

▲ 图8-2　通天冠

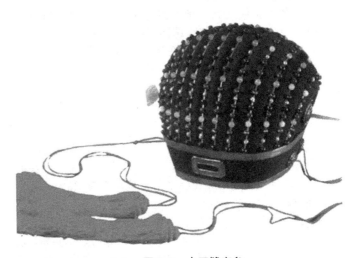

▲ 图8-3　十二缝皮弁

### 4. 武弁服

武弁赤色，弁上锐赤色，上十二缝，中缀五彩玉，落落如星状，身穿赤色衣、裳、韨，赤舄。执刻有"讨罪安民"篆文的玉圭，是亲征遣将时穿的戎服。

### 5. 常服

皇帝的常服，为头戴乌纱折上巾，盘领窄袖袍，腰带以金、琥珀、犀角相间为饰，公元1405年（永乐三年）改为盘领窄袖黄袍、玉带、足蹬乌皮靴（见图8-4）。明代皇帝的常服，服装以黄色的绫罗，上绣龙、翟纹及十二章纹。

乌纱折上巾又名"翼善冠"。形制与乌纱帽相同，只是将左右两角折之向上，竖在纱帽后面，造型像"善"字，故称翼善冠（见图8-5）。折上巾是皇帝配盘领、窄袖常服袍所戴。这种冠帽的形制，在南薰殿旧藏的历代帝王像中，描绘得非常细致。

▲ 图8-4 皇帝的常服　　　　　▲ 图8-5 乌纱翼善冠

### 6. 燕弁服

皇帝平日在宫中燕居时所穿，公元1528年（嘉靖七年）定制，冠框如皮弁用黑纱装裱。分成十二瓣，各以金线压之，前饰五彩玉云各一，后列四山，双玉簪。衣如古代玄端之制，玄色，镶青色缘，两肩绣日月，前胸绣团龙一，后背绣方龙二。下裳用十二幅的深衣，朱里青表绿边的素带和九龙玉带，白袜玄履。在定陵出土的皇帝龙袍中，有一种过肩通袖龙襕袍，领与袖口以小龙花边为饰，但胸、背龙纹与《明史·舆服志》所记不同。

## （二）百官服制

明代文武百官服制有祭服、朝服、公服、常服的分别，各有不同。明代官服的一个重要特征是有补子，还有一个特征是在左右肋下开胯处，各缝有一条本色阔边，称为"插摆"。明代的革带与前代不同，在腰部有细纽套在腰带上，悬而不着腰。

### 1. 朝服

明代文武百官的朝服规定很严格。公元1393年（洪武二十六年）定制，凡大祀、庆成、正旦、冬至、圣节、颁诏、开读、进表、传制都用朝服。均头戴梁冠，身穿赤罗衣、裳，青领缘白纱中单，赤罗蔽膝，革带佩绶，白袜黑履。梁冠、革带、佩绶、笏板都有等级的区分。以梁冠上的梁数区别品位高低：公冠八梁，侯、伯七梁，另加貂蝉笼巾，笼巾呈四方形，前后附金蝉或玳瑁蝉。驸马七梁不用雉尾。一品以下官员，朝服只戴梁冠，不用貂蝉笼巾，一品七梁，二品六梁，三品五梁，四品四梁，五品三梁，六品、七品二梁，八品、九品一梁。在梁冠的顶部，一般还插有一支弯曲的竹木笔杆，上端联有丝绒作成的笔毫，名为"立笔"，实际上是仿照汉朝的"簪笔"制度（见图8-6）。革带质料区别等级：一品玉带，二品犀带，三品、四品金带，五品、六品、七品银带，八品、九品乌角带。佩绶以花锦织成，用不同的花纹区别等差：一品、二品云凤四色织成花锦，三品、四品云鹤花锦，五品盘雕花锦，六品、七品练鹊三色花锦，八品、九品溪鸂二色花锦。笏板以质地区别等差：一品至五品用象牙笏，六品至九品用槐木笏。

### 2. 祭服

凡皇帝亲祀郊庙、社稷，文武官分献陪祭穿祭服。公元1393年（洪武二十六年）定制，一品至九品，皂领缘青罗衣，内着皂领缘白纱中单，皂缘赤罗裳，赤罗蔽膝，三品以上方心曲领。冠带佩绶同朝服，四品以下去佩绶。公元1529年（嘉靖八年）制定锦衣卫堂上官在朝日夕月，祭历代帝王时可穿大红蟒四爪龙衣，飞鱼服，戴乌纱帽。祭太庙社稷时，穿大红便服。

### 3. 公服

公服是文武百官每日早晚上朝奏事及侍班、谢恩、见辞及在外官员每日处理事务时所服。其服制为身穿盘领右衽袍，袖宽三尺；头戴漆纱展角幞头，展角长一尺二寸；足蹬皂靴。以服色、花纹、衣服长短和革带来区分官职等级（见图8-7）。服色一品至四品为绯，五品至七品为青，八品、九品、杂职官为绿。以花纹花径的大小区别品级：一品大独科花，径五寸；二品小独科花，径三寸；三品散答花，无枝叶，径二寸；四品、五品用小杂花纹，径一寸五分；六品、七品小杂花，径一寸；八品以下无纹。腰带：一品玉带，二品犀角，三品、四品金荔枝，五品以下为乌角。公、侯、驸马、伯服色花样同一品。文官衣长离地一寸，袖长过手；武官的衣长离地五寸，袖口七寸，仅能出拳。百官入朝碰到雨雪，许服雨衣。

▲ 图8-6　梁冠

▲ 图8-7　戴展角幞头、穿织金蟒袍、系玉带的官吏（明人《王鏊写真像》）

### 4. 常服

明代文武百官常朝视事均穿常服。常服与公服都是头戴乌纱帽，身穿圆领衫，束带（见图8-8）。除服色、花纹与公服相同外，还规定用补子和腰带区分品级。明朝建立25年以后，朝廷对官吏常服作了新的规定，凡文武官员，不论级别，都必须在袍服的胸前和后背缀一方补子，补子就是一种方形纹饰，长约四十厘米，文官用飞禽，武官用走兽，以示区别。这是明代官服中最有特色的装束。明代《大学衍义补遗》卷九十八说："我朝定制，品官各有花样。公、侯、驸马、伯，服绣麒麟白泽，不在文武之数；文武一品至九品，皆有应服花样，文官用飞鸟，像其文采也，武官用走兽，像其猛鸷也。"公、侯、驸马、伯绣麒麟、白泽补子。文官用禽鸟补子：一品仙鹤，二品锦鸡，三品孔雀，四品云雁，五品白鹇，六品鹭鸶，七品溪鶒，八品黄鹂，九品鹌鹑，杂职练鹊，法官（风宪官）用獬豸。

▲　图8-8　常服展示图

### 5. 燕服

公元1528年（嘉靖七年）规定文武官燕服为忠靖冠服。忠靖冠参照古玄冠样式而定，忠靖冠以乌纱为表，冠后两山似两耳，冠中隆起呈方形，三梁，梁以金线压边。用忠靖之名，勉励百官"进思尽忠，退思补过"。衣服款式仿古玄端服，古制玄端取端正之意，衣袖二尺二寸，衣长亦二尺二寸，正裁，用玄色，上衣与下裳分开。三品以上织云纹，四品以下素，缘以蓝青，前后饰本等花样补子。深衣用玉色，素带，素履，白靴。凡在京七品以上官及八品以上翰林院、国子监、行人司、在外方面官及各府堂官、州县正堂、儒学教官及都督以上武官皆穿之。

### （三）一般服饰

男子的便服，多用大襟、右衽、宽袖袍衫，下长过膝。贵族男子的便服面料以绸缎为主，上绘有纹样。袍衫上的纹样，多寓有吉祥之意，比较常见的团云和蝙蝠中间，嵌一团形"寿"字，意为"五福捧寿"。面料可以是织"宝相花"纹样的织金锦。宝相花，通常以莲花、忍冬或牡丹花为基本形象，经变形、夸张，并穿插一些枝叶和花苞，组成一种既工整端庄，又活泼奔放的装饰图案（见图8-9）。富民服饰颜色只能用青、黑，禁止用大红、鸦青及黄色，衣服不能用金绣等，在领上用白绫布绢衬之，以区别于下层。

明代儒生多穿大袖袍衫，有斜领、圆领之分。明代举人、贡生、监生等士人，一般都穿蓝袍，四周镶有黑边，俗称"直裰"或"直身"。冠帽，以四方平定巾为主，也有戴"皂条软巾"的，后垂双带，俗称"襦巾"。"生员衫，用玉色布绢为之，宽袖皂

▲　图8-9　缠枝宝相花纹织锦袍展示图

缘，皂条软巾垂带。凡举人监者，不变所服。"由此可知：明代儒士所穿服饰也有详细的制度（见图8-10）。明代士人服装也有斜襟、大袖，袖长一律过手，衣长至脚面，穿时腰系丝绦。这种服装与道袍相似。明初太祖制民庶章服用青布直身即此。后有作民谣云："二可怪，两只衣袖像布袋"，即指此衣。

明代"曳撒"，从官员到百姓都喜用，是外出乘马时所穿的袍式。曳撒本是一种戎服，样式为上衣下裳相连的束腰袍裙，大襟斜领，右衽大袖，前襟分为上下两截，下截有许多折褶，两侧腋下还各缀有一条本色面料制成的宽边，称做"摆"。其形式与元代以来的辫线袄近似（见图8-11）。

▲ 图8-10 戴襦巾、穿大袖衫的士人

（a）上衣下裳相连大袖袍出土实物（江苏镇江出土实物）

（b）窄袖对襟衫（江苏无锡出土实物）

▲ 图8-11 曳撒

## 二、女子服饰

明代妇女衣裳的基本样式一般为右衽，主要有衫、袄、霞帔、褙子、比甲及裙子等。服饰形制多仿自唐宋。女服服色，规定贵族妇女用大红、鸦青、黄色；士庶妇女只能用紫、绿、桃红等浅淡的颜色，不许用金绣。礼服也只能穿紫色粗布，凡命妇所穿的服装，都有严格的规定，大体分礼服及常服。

### （一）皇后冠服

皇后冠服分礼服、常服两种，均有严格的规定。

#### 1. 礼服

皇后在受册、朝会时穿礼服，礼服头戴翡翠圆冠，上饰九龙四凤，口衔珠翠，大小珠花各十二树，四博鬓，十二钿。身穿袆衣，为深青色袍衫，绘五色翟鸟十二行，间以小轮花，内衬素纱中单。青色纽袢，深青色地绣翟鸟纹蔽膝，玉革带。青色加金饰的袜、舄（见图8-12）。

#### 2. 常服

常服有多次改动。洪武四年更定，皇后常服为戴龙凤珠翠冠，口衔大珠。穿红色大袖衫，衣上加霞帔，红褙子，下穿红罗长裙，衣绣有织金龙凤纹（见图8-13）。

▲ 图8-12 宋仁宗皇后像

▲ 图8-13 戴凤冠、穿霞帔的明朝皇后，服制为常服（南薰殿旧藏《历代帝王像》）

## （二）贵妇冠服

### 1. 后妃冠服

皇妃礼服，头戴九翚四凤冠，花钗九树，小花数相同，两博鬓。身穿青质翟衣，青纱中单，玉革带，青袜舄。常服为鸾凤冠，翡翠叶二十六片，比皇后少十片，各色团衫，金绣鸾凤。金、玉、犀带。九嫔冠服为九翟冠。大衫、鞠衣与皇妃制同。贵人礼服与皇妃燕居冠及大衫、霞帔同，以珠翠庆云冠、鞠衣、褙子、袄裙为常服（见图8-14）。

▲ 图8-14 戴凤冠的明代贵妃（明人《朱夫人像》）

### 2. 命妇冠服

命妇礼服由凤冠、霞帔、大袖衫及褙子组成，衣裳区别等级主要是在霞帔和褙子上，按品级绣饰不同的禽鸟花纹。凤冠点缀珠翠、花钗，以珠翠、花钗数量区别品级。如一品命妇用金，冠为珠翠五，翠牡丹叶十八片，金翟二；二品至四品，用珠翠四，翠牡丹叶十八，金翟二；五品、六品用抹金，珠翠三，抹金银翟二；七品至九品，冠用珠翠二，抹金银翟二。

贵妇褙子为合领、对襟、大袖，霞帔是明代贵族妇女礼服的专用佩饰。宋代时霞帔就成为了贵族妇女的礼服佩饰，明朝因袭。形制像两条彩链，两肩各搭一条，绕过头颈，披挂在胸前，下垂一颗金玉坠子。每条阔三寸三分，长七尺五寸（见图8-15）。霞帔、褙子上绣花纹样随品级高低而有所区别：皇后绣龙纹，命妇一品、二品金绣云霞翟纹，三品、四品金绣云霞孔雀纹，五品绣云霞鸳鸯纹，六品、七品绣云霞练鹊纹，八品、九品绣缠枝花纹。八品、九品命妇褙子绣摘枝团花。

命妇常服由长袄、长裙组成。长袄衣长过膝，有盘领、交领、对襟样式。窄袖，下裳多穿裙。

## （三）妇女常服

明代妇女的服装，主要有衫、袄、霞帔、褙子、比甲及裙子等。衣服的基本样式，大多仿自唐宋，一般都为右衽，恢复了汉族的习俗。其中霞帔、褙子、比甲为对襟，左右两侧开衩。成年妇女的服饰，随各人的家境及身份的变化，有各种不同的形制，普通妇女服饰比较朴实，主要有襦裙、褙子、袄衫云肩及袍服等（见图8-16）。袍服是由褙子演变而来的，特点为低领、对襟、宽袖，领、袖花边较少或不用，衣长及足。

▲ 图8-15 霞帔

(a)盛妆、穿礼服的贵妇
（明崇祯年间刻本
《燕子笺》插图）

(b)穿褙子的妇女
（明万历年间刻本
《月亭记》插图）

(c)穿襦裙的妇女
（明万历年间刻本
荆钗记》插图

▲ 图8-16 明代妇女常服

### 1. 褙子

明代褙子，是明代贵族妇女的礼服，又是一般妇女的便服。多为合领或直领对襟的，衣长与裙齐，左右腋下开衩，衣襟敞开，两边不用纽扣，有时以绳带系连，有宽袖、窄袖之分，是女子的日常服装（见图8-17）。一般情况下，贵族女子穿合领对襟大袖的款式，而平民女子则穿直领对襟小袖的款式。

### 2. 比甲

比甲是明代妇女普遍喜穿的一种服式，多为青年妇女穿着的半长外衣。它是一种对襟长马甲，无领无袖，左右两侧开衩，长至臀或至膝，衣身长到只离地三寸（见图8-18）。明代比甲的特点是前胸常用纽扣系结。一般穿在大袖衫、袄之外，下着裙。

▲　图8-17　褙子展示图

▲　图8-18　比甲展示图

### 3. 襦裙

襦裙是明代妇女常用的服式。样式与宋代相同，在年轻妇女中，常在襦裙之外加一条短小的"腰裙"，以便活动，侍女、丫环也很喜欢这种装束（见图8-19）。上襦为交领、长袖短衣，下裳主要为裙，裙内加着膝裤。裙子的颜色多为素白，仅在裙幅下边一二寸的地方绣上花边，作为压脚。裙幅初为6幅，即所谓"裙拖六幅湘江水"；后用8~10幅，腰间有很多细褶，腰带上挂上一根以丝带编成的"宫绦"。裙子的样式也多种多样，如月华裙、凤尾裙、百褶裙、合欢裙等。

### 4. 水田衣

明代水田衣是一种典型女服，是以各色碎布拼接缝制起来的服装，因整件服装织料色彩互相交错形如水田而得名。它的特点是高领，用纽扣扣领，肩上有如意状云肩，它简单而又别致，成为民间妇女手工的艺术佳品。水田衣的制作，织料大小不一，形状不同，形似补丁，成了"百衲衣"（见图8-20）。

▲　图8-19　襦裙及腰裙穿戴展示及穿襦裙、腰裙的侍女

▲　图8-20　水田衣展示图

## 三、履制

### （一）男子

#### 1. 靴

明代皇帝常服穿皮靴，明代文武官员、儒士生员、校尉力士等人上朝时穿"朝方靴"，朝方靴头

方跟圆，代表天、地，青缎面，白鞋底。宫人可穿薄底黑皮靴，庶民、商贾、技艺、步军等都不许穿靴。北方寒冷处百姓可穿牛皮直缝靴，雨天可穿钉靴，百姓只能用皮统扎缚于小腿上，下面再穿鞋履（见图8-21）。

### 2. 履

云头履也是官员常穿的一种鞋，又称"朝鞋"。形制为前头三层重叠呈云形装饰，一般用绒、棉布等制作。云头中间绣金色"福"字样，流行至清代。儒士生员平日多穿黑色双脸鞋。庶民禁穿锦绮镶鞋，江南农村则常穿蒲草鞋。

## （二）女子

### 1. 女鞋

明代妇女缠足已成为普遍的风气，女鞋与男鞋的样式有明显的区别。缠足鞋一般为木制底，鞋面用缎、锦、棉布制成，明代缠足鞋在造型上、色彩上、花样上各具特色。特别是纹样上，有绣蝴蝶、蝙蝠的，有绣梅枝、桃花的，有绣狮子滚绣球的，精巧玲珑，富有强烈的民间传统风格。

### 2. 歧头履

明代妇女常穿的还有歧头履。承袭唐宋遗制，履头向上翘起三寸，呈两歧头钩状。履帮用羽纱织成，镶有云纹和珠宝，用金线或银线装饰。鞋低后部装有4~5厘米高的长圆高底，又称高底弓鞋（见图8-22）。

## 四、军服

明代胄甲是明代军士服饰中的一种胖袄，其制"长齐膝，窄袖，内实以棉花"，颜色多为红，所以又称"红胖袄"。骑士多穿对襟，以便乘马。作战用兜鍪，多用铜铁制造，很少用皮革。将官所穿铠甲，也以铜铁为之，甲片的形状多为"山"字纹，制作精密，穿着轻便。兵士则穿锁字甲，在腰部以下，还配有铁网裙和网裤，足穿铁网靴（见图8-23）。

▲ 图8-21 绸靴

▲ 图8-22 尖足凤头高底鞋

▲ 图8-23 将官胄甲穿戴展示图

# 第三节　服饰材料、色彩和装饰纹样

## 一、明代的纺织业

明朝统治者奖励垦荒，推广种桑植棉，促进了纺织业的发展。当时曾有"买不尽松江布，收不尽魏塘纱"的谚语。

明代棉纺织业发展迅速，著名的棉纺织品有：松江的三棱布、飞花、浆纱布，苏州的药斑布、缣丝布、斜纹布等。麻纺织业也有很大发展，著名的有太仓的苎布，泉州的苎、葛、青麻、黄麻，广东的黄麻布，福建莆田的青麻布，新会的苎布等。明代毛纺织业主要有羊绒、毛褐、毛毡等。贵州彝族地区的毛织业也很发达，当地的产品"毡衫"是定时向朝廷纳贡的贡品。

明代对纺织业设立了许多机构，有染织局、针工局等。明代的纺织手工业已有了相当细致的分工，各种工匠各专其能。如有双线匠、棉线匠、织丝匠、织罗匠、纺棉匠等20余种。

## 二、华美的衣料

明代丝织品的种类更加繁多，可分为丝、纻、罗、绫、绸、缎、绢、锦等若干大类。缎织物已取代锦的地位成为最主要的高级衣料。缎的品种有素缎、织金缎、妆花缎、云缎、补缎等。明朝皇帝及重臣权贵都喜用缎类织物做衣服。定陵出土的明万历皇帝穿用的黄地云龙折枝花孔雀羽妆花缎织成袍料，是用片金线和十二种彩丝及孔雀羽线合织而成的（见图8-24）。绢有素绢和提花绢，据《天水冰山录》记载，提花绢有云绢、妆花绢、织金绢、织金妆花绢等。罗有素罗、云罗、遍地金罗、闪色罗、织金罗等。《明史·舆服志·三》记载，皇后常服、文武官朝服、祭服都常用罗制成。纱有素纱、云纱、织金纱、妆花纱等。也有织成衣料，如大红织金飞鱼补纱、沉香织金凤女衣纱等。绸有云绸、补绸、素绸、妆花绸、织金绸、织金妆花绸等。明代丝绒有剪绒、天鹅绒、双面天鹅绒、织金妆花绒等。

明代的丝织工艺科技空前发展，出现了《天工开物》等科技巨著，而且弹丝、刺绣、织金、妆花、孔雀羽线等精细加工技艺，也达到了高超水平。织造贵重的织成袍料，工艺复杂，花纹复杂，只作冠服之用。华美富丽的龙袍和高级冠服，是在继承古代服装料织造工艺的基础上，把技艺推向更高水平的结果。用多彩纬线织成的妆花，花纹精美，色彩艳丽，是明代丝织工艺高度发展的代表作。此外还有由元代的"纳石矢"发展而来的织金工艺，不仅有织金锦，还有织金妆花缎、织金妆花绢、织金妆花罗等。

## 三、服饰图案和纹样

明代丝织品的纹样更加丰富多彩，出现了大量的人物花卉禽鸟纹样，刺绣技术也有很大进步，除了传统方法之外，还创造了平金、平绣、戳纱、铺绒等特种工艺技巧，针脚细密工整，色彩鲜艳华丽，富丽堂皇。

### （一）龙袍纹样

龙的图案从上古发展到明代，经历了无数次的变化。明代的龙，形象更加完善，它集中了各种动物的局部特征，头如牛头、身如蛇身、角如鹿角、眼如虾眼、鼻如狮鼻、嘴如驴嘴、耳如猫耳、爪

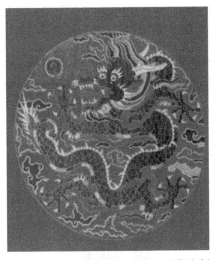

▲ 图8-24 孔雀羽织金妆花缎龙袍料

▲ 图8-25 万历皇帝织金妆花纱柿蒂形过肩龙襕袍料
（明代，北京定陵出土）（复制件，北京定陵博物馆藏）

如鹰爪、尾如鱼尾等。在图案的构造和组织上也很有特色，除传统的行龙、云龙之外，还有团龙、正龙、坐龙、升龙、降龙等名目（见图8-25）。

## （二）节日纹样

明代宫中根据时令变化，换穿不同质料的服装，并吸收民间风俗，加饰象征各个时令的应景花纹。葫芦纹是明朝年节所穿的服饰纹样，取福禄吉庆之意，俗称"大吉葫芦"（见图8-26）。

▲ 图8-26 明缂丝葫芦纹藏袍（童服）

## （三）吉祥图案

明代吉祥图案利用象征、寓意、文字等方法，以寄托美好的愿望。主要有祥云、万字、如意、花卉、禽兽等纹样。

文字如"卐"（万）字、"寿"字、"福"字、"喜"字都是明代服饰纹样中常用的，还有"百事大吉祥如意"七字作循环连续排列，可读成"百事大吉"、"吉祥如意"、"百事如意"等（见图8-27）。

根据花草果木的特点来象征一定的寓意。例如石榴象征多子，牡丹花象征富贵，灵芝形状像如意，象征长寿（见图8-28）。因并蒂莲花比拟爱情忠贞，明定陵孝靖皇后棺曾出土喜字并蒂莲织金妆花缎。

还有八仙、八宝、八吉祥等。八仙实即古代传说中的"八仙"手中所持之物，有汉钟离的扇、吕洞宾的剑、铁拐李的葫芦与拐杖、曹国舅的拍板、蓝采和的花篮、张果老的道情筒与拂尘、韩湘子的笛、何仙姑的荷花。八宝是指金钱、金锭、银锭、双角、方胜、珊瑚、宝珠、象牙八种宝物（见图8-29）。八吉祥是指佛教的八种法器：舍利壶、法轮、宝伞、莲花、金鱼、海螺、天盖、盘长（百结）八种象征吉祥的器物。

明代服饰中云纹最突出，有四合如意朵云、四合如意连云、四合如意七窍连云、四合如意灵芝连云、四合如意八宝连云、八宝流云等（见图8-30）。

▲　图8-27　灵芝寿字纹方补

▲　图8-28　青地缠枝莲花妆花缎图

▲　图8-29　海马八宝纹丝布

▲　图8-30　藏蓝地四合如意云龙
纹织金缎（见彩图31）

## 四、崇尚典雅秀美的妇女发式

明代女子发式总体上有恢复汉族旧制的现象，所以有模仿汉代形式的。其主要发式有以下几种。

桃心髻形式是将发髻梳成扁圆形状，并在发髻的顶部饰以宝石制成的花朵，两边有棒髻，时称"桃心髻"。"桃花髻"的变形发式，花样繁多，诸如"桃尖顶髻"、"鹅胆心髻"及仿汉代的"坠马髻"等。

假髻，明代宫内妇女和官妻中流行高髻，在梳高髻时，就要用假髻，一般用铁丝织圈，外编上假发，做成一种固定的装饰物，当时称为"鼓"。鼓比原来的发髻要高出一半，戴时罩在髻上，用簪绾住头发，假髻有"懒梳头"、"双飞燕"等各种名目（见图8-31）。

头箍，亦称"额帕"。明时妇女戴的头饰，最初以棕丝编结而成为网住头发而已，初时尚宽而后行窄。头箍的形制为系扎在额眉之间的一条窄边，既是装饰，又可束发（见图8-32）。

（a）梳"坠马髻"的妇女
（万历刻本《十义记》插图）

（b）梳假髻的妇女
（陈洪绶《仙女图》局部）

▲ 图8-31　明代女子发髻

▲ 图8-32　明代女子
椎髻式扎头箍

## 五、名目繁多的巾帽与首饰

### （一）男子巾帽

明代男子巾帽样式较多，除采用唐宋巾帽外，对元代的巾帽，如笠帽、综帽等，也有保留，而明代巾帽又有新的流行样式。常见的有乌纱帽、忠靖冠、六合一统帽等。明代常用的巾幅名目较多，例如襆巾、软巾、四方平定巾、网巾、四周巾等。

#### 1. 乌纱帽

乌纱帽是用乌纱制作的圆顶官帽，式样和晚唐五代时的硬角幞头类似。前低后高，前低为圆筒形，后高为半圆形。两旁的展角比宋代的略宽而短，长五寸多，宽一寸多。后面有两根飘带。戴时帽内另用网巾束住。乌纱帽是百官常朝视事规定用的首服，因此成为官位的象征（见图8-33）。

#### 2. 忠靖冠

忠靖冠是由古代玄冠演变而来的一种冠式。冠帽以铁丝为框，外蒙乌纱。平顶，中间略高为三梁，三品以上用金线缘边，四品以下不许用金。冠后竖立两翅，比冠略高，像两只耳朵。明世宗嘉靖年间，规定了品官燕居服饰，其中首服就是忠靖冠（见图8-34）。

▲ 图8-33　乌纱帽

### 3. 六合一统帽

六合一统帽在明朝民间较流行，也称瓜皮帽或小帽，六瓣或八瓣缝合而成，下有帽檐，一般市民百姓均喜戴，这种帽子一直流行到民国末年。它取意国家安定和睦，六方统一大治，在政治上有一定象征意义。材料夏用结棕或用漆纱，冬用绒或毡制成。一般用丝绦结顶，讲究的用金银线结顶，也有用玉顶或红珊瑚顶的。

### 4. 四方平定巾

四方平定巾是以黑色纱罗制成的便帽，因造型方正平直，呈倒梯形，又称四角方巾或方巾。据《七修类稿》中记载，明太祖朱元璋召见诗人杨维桢时，头戴这种巾式。太祖问此巾叫什么名，杨维桢为讨好朱元璋，答道叫四方平定巾，寓意"政治安定"。朱元璋听了大为欣赏，命制四方平定巾式，颁行天下。四方平定巾多为官员和儒士的便帽，戴这种巾帽，服装可以随便穿着，不像其他服饰规定得那么严格（见图8-35）。也有戴皂条软巾的，后垂双带，俗称襦巾。

▲ 图8-34 忠靖冠

▲ 图8-35 戴襦巾或四方平定巾、穿衫子的士人（《娄东十老图》局部）

## （二）首饰与佩饰

▲ 图8-36 凤冠（湖北蕲春蕲州明刘娘井墓出土）

### 1. 女子冠式

明代妇女的冠式，有龙凤冠、彩冠、金冠等。龙凤冠用金属丝网为胎，衬以罗纱，冠上饰以龙、凤、翚以及花朵、翠叶等，龙凤口中常衔着珠花，下垂至肩，并挂有珠宝流苏，冠后左右两旁还有两对或三对形似翅膀的"博鬓"。龙凤冠有两种形式：一种是后妃所戴，皇后冠上缀九龙四凤，皇妃冠上缀九翚四凤；另一种是普通命妇所戴的彩冠，上面不允许缀龙凤，只缀珠翟、花钗，但习惯上也称为"凤冠"（见图8-36）。妇女戴的金冠名目就更多了，如"金厢玉仙玉兔冠"、"金大珠八仙冠"、"刘海戏金蟾冠"、"金厢楼阁众仙冠"等，工艺精湛，巧夺天工，是明代首饰中的精品。

### 2. 金钗

四川重庆江北区大竹林明简芳墓曾出土了一枚

钗头为朵云形，正面浮雕三骑马人物，背景为楼台亭榭，虹桥树木的钗饰，极为精致。背面有字小如蚁的墨书（见图8-37）。

▲　图8-37　金钗

### 3. 金玉珠宝花簪

明代金簪运用焊接、掐丝、镶嵌等工艺，将簪头扩大簪头嵌，有各色宝石。北京定陵明万历皇帝孝端、孝靖两位皇后棺中，出土了金镶珠宝金簪，式样更华贵。有的镶猫睛石，通长4.5~7.2厘米，有的为白玉嵌寿字宝石或卍寿字镶宝石，有的金镶珠宝，多作蝴蝶采花形，也有镶珠宝的鎏金银簪（见图8-38）。

### 4. 耳饰

明代流行一种葫芦形的耳环，以两颗大小不等的玉珠穿挂于一根粗约0.3厘米，弯曲成钩状的金丝上，小玉珠在上，大玉珠在下，看似葫芦形，其上有金片圆盖，其下再挂一颗金属饰珠。北京定陵孝靖皇后棺出土的玉兔捣药金耳坠，应是中秋节所用。玉兔立于宝石镶嵌的黄金彩云之上，手持玉杵捣药，形象生动，制作精巧。定陵出土的金环宝石耳坠和鎏金银环镶宝玉耳坠，造型朴素，在艺术上各有特色（见图8-39）。另有"灯笼"、"寿"字耳坠，当为四时随应景服饰花纹所佩用。

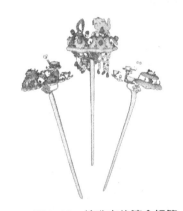

▲　图8-38　镶珠宝的鎏金银簪

▲　图8-39　鎏金银环镶宝玉耳坠

# 第四节　明代服饰专用名词图释

### 1. 曳撒

明代服饰，源自元代辫线袄。短袖或无袖者称袴褶，长袖者称曳撒。前身分裁，打马面褶子，后身通裁，无褶；身侧有摆（见图8-40）。

明中后期，服饰花样翻新，众彩纷呈，缙绅士大夫很热衷于创新服饰的新式样（见图8-41）。士大夫闲居，出现了曳撒、程子衣、道袍三种式样，总称"绔褶"。《明宫史》："（曳撒）其制后襟不断而两傍有摆。前襟两截，而下有马面褶，两傍有耳。"（明）王世贞《觚不觚录》提到："袴褶，戎服也。其短袖或无袖，而衣中断，其下有横褶，而下复竖褶之，若袖长则为曳撒……而士大夫宴会必衣曳撒，是以戎服为盛。"

### 2. 比甲

古时一种便于骑射的服装，类似后来的背心。《元史·后妃传一·世祖后察必》："（后）又制一衣，前有裳无衽，后长倍于前，亦无领袖，缀以两襻，名曰比甲，以便弓马，时皆仿之。"也指背心。何垠注："比甲，半臂也，俗呼背心。"

比甲是一种无袖、无领的对襟两侧开衩及至膝下的马甲，其样式较后来的马甲要长，一般长至臀部或至膝部，有些更长，离地不到一尺。这种衣服最初是蒙古人穿戴的。据《元史》记载："又制一衣，前有裳无衽，后长倍于前，亦去领袖，缀以两襻，名曰'比甲'，以便弓马，时皆仿之。"比甲一般穿在大袖衫、袄子之外，下面穿裙，所以比甲与衫、袄、裙的色彩搭配能显出层次感来。到明代中叶，形成一种风气，大多也是青年妇女所穿着。明末清初人所作的《燕寝怡情》图中，就有这种样式。到了清代，除了在家里的老妇人怕冷穿棉比甲外，比甲一般都已不再穿（见图8-42）。

▲　图8-40　曳撒

▲　图8-41　明宪宗元宵行乐图中的曳撒形象

▲　图8-42　明代比甲

### 3. 直裰

直裰是长衣而背之中缝直通到下面，所以称之为直裰，也有叫直身的，也有的说长衣而下面无襕的叫做直裰。

直裰的特征是：只有领子有边缘，其余部分没有；或者像深衣一样。衣长过膝，明制有具体规定；交领，不必加摆；两侧可开衩，可不开衩。一般都要打褶子；后背有一条直通到底的中缝，前襟上也有一条中缝；袖子的形状：宋直袖，明琵琶袖，也有直袖，方袖；只有男士穿。

直身与道袍相似，或称直裰。宋时已有此衣式，是一种宽大而长的衣，元代禅僧也服此衣，为一般士人所穿。明初太祖制民庶章服用青布直身即此。后有作民谣云："二可怪，两只衣袖像布袋"，即指此衣（见图8-43）。

▲ 图8-43 圆领大袖衫（出土实物）

### 4. 鸂鶒

亦叫做"鸂鶒"，水鸟名。形大于鸳鸯，而多紫色，好并游。俗称紫鸳鸯。一种长有漂亮的彩色毛羽的水鸟，经常雌雄相随，喜欢共宿，也爱同飞并游。它的好看的毛色给人以美感，它的成双作对活动的习性，使人产生美好的联想。明清两代，七品文官官服上的补子就用鸂鶒（见图8-44）。

### 5. 獬豸

也称解廌或解豸，是古代传说中的上古神兽，体形大者如牛，小者如羊，类似麒麟，全身长着浓密黝黑的毛，双目明亮有神，额上通常长一角，俗称独角兽。它拥有很高的智慧，懂人言，知人

▲ 图8-44 文七品鸂鶒补（明崇祯）

▲ 图8-45 明代獬豸补

性。它怒目圆睁，能辨是非曲直，能识善恶忠奸，发现奸邪的官员，就用角把他触倒，然后吃进肚子。当人们发生冲突或纠纷的时候，独角兽能用角指向无理的一方，甚至会将罪该万死的人用角抵死，令犯法者不寒而栗。帝尧的刑官皋陶曾饲有獬豸，凡遇疑难不决之事，悉着獬豸裁决，均准确无误。所以在古代，獬豸就成了执法公正的化身（见图8-45）。

## 思考题

1. 谈谈明朝的官服补子纹样有哪些。
2. 谈谈明代女服最有特点的服饰有哪些。
3. 结合明代女服的特点，设计并绘画出具有民族特色的服装。

# 第九章　清代服饰

学习目标

　　了解清朝的社会背景以及服饰变革的重要意义，掌握清朝的服饰特点。掌握清朝具有鲜明民族特点的服装形制，如马蹄袖、马褂、旗袍等，了解西服东渐的社会背景与服饰特点。

# 第一节　社会背景与服饰制度

## 一　社会背景

　　清朝（公元1616~1911年，1636年前称"后金"），是以满族为中心建立的中国历史上最后一个帝制王朝。公元1616年努尔哈赤建立后金政权，公元1636年皇太极改国号为清。1911年辛亥革命后，清王朝灭亡。

## 二　服饰制度

　　清朝服饰是中国历代服饰中最为庞杂和繁缛的，对于近世纪的中国服饰影响较大。清朝的建立、强盛以及灭亡，直接影响了中华服饰风格的重大变化。从改服满族服饰，直到后来的西服东渐，清朝服饰处于一个重大变革的时期。清朝是由满族建立的政权，因长期处于游牧生活和征战状态，所以紧身、简洁、便于骑射是其服饰文化的主要特征，这与明代的宽衣大袖差异较大。"若废骑射，宽衣大袖，待他人割肉而后食，与尚左手之人何以异耶！"从此可以看出清朝统治者认为明朝宽衣大袖的服饰缺乏尚武精神，自己的民族服饰是他们屡战不败的重要因素，所以对民族服饰的继承和发展极其重视。

　　清代虽然结束了汉族的传统服饰仪制，但又受到汉服的影响。如清代皇帝采用了十二章纹为朝服、衮服的纹饰（见图9-1）；清代官员仍用明代的补子；清代帽顶也用珠玉等装饰，用来区分官级；清代命妇沿袭前代冠帽制度，以凤、翟的数目区别等级。总的来看，清代服饰既保留了满族的特点，又继承了汉服的形式，具有浓厚汉民族色彩的冠冕衣裳经历了两千多年的变迁，到清代遂告终止。

▲　图9-1　太祖努尔哈赤

　　清式服饰是比较独特的，清时男子剃发留辫，辫垂脑后，穿瘦削的马蹄袖箭衣、紧袜、深筒靴。男子以穿长衫、马褂、凉帽、暖帽等为主，女子垂髻、眉勒，以穿大襟衫、百褶裙、旗袍等为主。具有民族特色的服装强加于汉族，巩固了封建统治。衣身修长，衣袖短窄的满装形式与宽袍大袖拖裙盛冠形成鲜明的对比。旗装，外轮廓呈长方形，马鞍形领掩颊护面，衣服上下不取腰身，衫不露外，偏襟右衽以盘纽为饰，假袖2~3幅，马蹄袖盖手，镶滚工艺装饰，衣外加衣，坎肩或马褂……其造型完整严谨，旗袍体现了东方女性的温柔内涵，成为汉民族的服饰代表。

　　清朝中后期在"以中学为主、为体，西学为辅、为用"的思想指导下，清政府派遣学生到西方留学，接受西方文化；军队也以西式操练新军，学生和军队的服饰采用西式的操衣操帽，军衣军帽，从此西式服装样式传入中国，对近代中国服装结构的改革产生了重要的影响。清末的服装改革与西学的传入分不开。首先就是"剪辫穿西装"。1910年（宣统二年），迫于形势，开始准许臣民自由剪发。但因顽固派的阻挠，一直未能实施。直到辛亥革命推翻了清王朝的统治，才得以实行。

# 第二节　典型服饰形象及特性

**一、满汉融合的皇帝百官服制**

**（一）首服**

### 1. 皇帝冠帽

（1）朝冠

皇帝朝冠分为冬朝冠和夏朝冠两种。冬朝冠冠体为圆顶斜坡状，冠周围有一道上仰的檐边。用薰貂或黑狐毛皮制作，顶上加金镂丝镂空金云龙嵌东珠宝顶，宝顶分为三层，底层为底座，有正龙四条，间饰东珠四颗，第二、三层各有升龙四条，各饰东珠四颗；每层间各贯东珠一颗；共饰东珠十五颗；顶部再嵌大东珠一颗。

夏朝冠（见图9-2）冠形为圆锥状，下檐外敞呈双层喇叭状。用玉草或藤丝、竹丝做成，外面裱罗，以红纱或红织金为里，在两层喇叭口上镶织金边饰；外层缀朱纬，内层安帽圈，圈上缀带。冠前缀镂空金佛，金佛周围饰东珠十五颗，冠后缀东珠七颗。冠顶再加镂空云龙嵌大东珠金宝顶，宝顶形式与冬朝冠相同。

（2）吉服冠

吉服冠冠形似朝冠，上缀朱纬，冠顶满花金座，上衔大珍珠一颗。冬用海龙、薰貂、紫貂，夏织玉草或藤丝竹丝，红纱绸里，石青织金缎缘边。吉服穿龙袍。色用明黄，领袖用石青，片金缘。绣纹金龙九，列十二章，间以五色云，下幅八宝立水。

（3）常服冠

冬为圆形帽，满缀红缨、红绒结顶。夏同夏朝冠形，上面缀有朱纬，顶用红绒结。冬用皮或青绒制作，夏以玉草或藤、竹丝编织（见图9-3）。常服褂、色及花纹随所用。

(a) 清高宗夏朝冠　　(b) 夏朝冠冠顶

▲ 图9-2　夏朝冠

▲ 图9-3　常服冠

（4）行服冠

冬用黑狐或黑羊皮，式如冬常服冠；夏用藤或竹丝为之，红纱裹缘，满缀红缨、红绒结顶；夏冠如夏常服冠（见图9-4）。行袍制同常服褂，右裾短一尺，色彩花纹随便用。行褂用石青色，长与坐齐，袖长及肘。

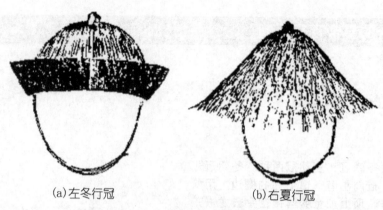

（a）左冬行冠　　　　（b）右夏行冠

▲ 图9-4　行服冠

（5）雨冠

冬季冠形为高顶式，前有深檐。夏季为平顶式，前檐展敞，按不同季节用明黄色毡、油绸或羽缎制作，月白缎里。

**2. 百官冠帽**

（1）礼帽

礼帽俗称"大帽子"，其制有两式：一为夏天所戴，名为凉帽（见图9-5）；一为冬天所戴，名为暖帽（见图9-6）。暖帽的形制，多为圆形，周围有一道檐边，材料多为皮制，也有用呢制、缎制及布制的，视其天气变化而定。颜色以黑色为多。皮毛之类也有分别。最初，以貂鼠为贵，其次为海獭，再次为狐。康熙年间，一些地方出现了一种剪绒暖帽，色黑质细，价格低廉，一般学士都乐于戴用。暖帽中间还装有红色帽纬，或以丝制等。帽子的最高部分，装有顶珠，材质多以红、蓝、白、金等色宝石，珠下还有孔雀翎毛垂于脑后，称花翎，顶子和花翎是区别职官品级的重要标志。

▲ 图9-5　凉帽（传世实物）

▲ 图9-6　暖帽（传世实物）

（2）顶子

帽顶以珠玉宝石为饰，称为"顶珠"（如图9-7所示），根据顶珠的数、色、质来区分官品职别。如果帽后饰有金花或孔雀翎，则表示高贵达显，通常为一至三品高官所服用。

（3）翎子

翎子又称"花翎"。清代戴礼帽时，一般在顶珠之下都装有一支6~7厘米长的、用白玉或翡翠制作的翎管，这翎管主要是用来安插翎枝的。清代的翎子，与明代的装法不同，明代是将它插在帽顶中间，呈竖直状，清朝翎子的装法是将翎子拖在脑后。翎子分花翎、蓝翎、染蓝翎，花翎为贵，花翎即孔雀翎。蓝翎用鹖羽制成，无眼，贵者三英、初者二英、最次者一英；花翎用孔雀尾毛制成，又称"孔雀翎"，有一眼、二眼、三眼之分，以三眼为最贵（见图9-8）。"眼"就是孔雀尾毛上的彩色圆斑。花翎原有例戴、赐戴之分，能戴花翎的官吏有五种：一是有爵位的王公贵族；二是接近皇帝的近侍和王府护卫人员；三是禁卫京城内外的武官；四是有军功的人；五是特赐的人。按《大清会典》规定，贝子戴三眼花翎，根缀蓝翎；镇国公、辅国公、和硕额附戴二眼花翎；内大臣、侍卫、前锋护军统领，前锋护军参领、诸王府长史、一等护卫以及各省驻防将军、副都统、督抚、提镇蒙赐者戴一眼花翎；贝勒府司仗长、王府及贝勒府二、三等护卫等戴染蓝翎。

▲ 图9-7 顶子

▲ 图9-8 清代一眼、二眼、三眼孔雀花翎

（北京故宫博物院藏）

## （二）皇帝百官服制

### 1. 皇帝服制

皇帝冠服有朝服、吉服、常服和行服等。每种都有冬、夏两式。其长穿服饰有朝服、衮服、龙袍等。朝服常与朝冠、朝带、朝珠等搭配。是皇帝出席大朝(朝会)、祭祀时穿着的冠服。穿吉服戴吉服冠，束吉服带及挂朝珠，常服为龙袍。

（1）朝服

清朝皇帝的朝服，是皇帝在登基、大婚、万寿圣节、元旦、冬至、祭天、祭地等重大典礼和祭祀活动时所穿的礼服。朝服分冬朝服和夏朝服。冬、夏朝服的区别主要在于衣服的边缘，春、夏用缎，秋、冬用珍贵皮毛为缘饰之（见图9-9）。朝服由披领和上衣下裳相连的袍裙相配而成。衣袖分为袖身、熨褶素接袖、马蹄袖三个部分，腰间有腰帷。下裳与上衣相接处有襞积，其右侧有正方形的衽（见图9-10）。

朝服的颜色以黄色为主，以明黄为贵，只有在祭祀天时用蓝色，朝日时用红色，夕月时用白色。朝服的纹样主要为龙纹及十二章纹样。一般在正前、背后及两臂绣正龙各一条；腰帷绣行龙五条襞积，前后各绣团龙九条；裳绣正龙两条、行龙四条；披肩绣行龙两条；袖端绣正龙各一条。十二章纹样为日、月、星辰、山、龙、华虫、黼、黻八章在衣上；其余四种藻、火、宗彝、米粉在裳上，并配用五色云纹。皇帝穿朝服则用方头朝靴，朝靴与服色相同，并饰黑色边饰，上面绣有草龙花纹（见图9-11）。

（a）冬朝服                   （b）夏朝服

▲ 图9-9 朝服

▲ 图9-10 朝服展示图

▲ 图9-11 皇帝朝服与清代康熙绣钩藤缉米珠朝靴

（2）衮服

清代只有皇帝在祭祀、祈谷、祈雨等场合穿衮服，形式为圆领、对襟、长与坐齐，平袖，袖与肘齐，石青色底，织、绣或缂丝五爪正面金龙四团为纹，前胸、后背、两肩各一，左肩日、右肩月，团龙间以五色云，下八宝立水。春秋为棉或夹，冬用裘，夏用纱（见图9-12）。

（3）龙袍

皇帝的龙袍属于吉服范畴，比朝服、衮服等礼服略次一等，龙袍以明黄色为主，也可用金黄、杏黄等色，穿龙袍戴吉服冠，束吉服带及朝珠相搭配。皇帝穿十二章龙袍，为圆领右衽大襟、窄袖加综袖、马蹄袖端，四开裾式长袍，明黄色，用缂丝或妆花、刺绣作金龙九条，列十二章，间以五色云纹，下幅饰八宝立水。领、袖均用石青色镶织金缎、绸镶边。棉、纱、夹、裘随季节变换。穿龙袍时，在外面加罩衮服。

（4）常服

常服为皇帝的日常衣服，样式与吉服同。有圆领右衽大襟，窄袖有马蹄袖端，四开裾式长袍，颜色、花纹不限。也有常服褂即对襟平袖，长至膝下的外褂，石青色，花纹不限。面料、颜色、花纹随皇帝选用。图9-13所示的绛色团龙暗花缎常服，是乾隆皇帝穿过的，质地精细，纹饰规则。

▲ 图9-12 衮服

▲ 图9-13 团龙暗花缎常服

（5）行服

行服有行袍、行褂，用于巡幸或狩猎。行服的样式似常服，而较常服短1/10。行褂为圆领对襟、平袖，袖长及肘，长与坐齐，门襟有五个纽扣的短外褂，便于骑马时将左襟和裹襟撩起，右襟短一尺。皇帝行褂石青色，根据季节换穿棉、夹、纱、裘。

（6）雨衣

皇帝穿的雨衣有六种形式，都是明黄色。

一式雨衣，用油绸制作，不加衬里，形式由里、外两层组合而成，里层如常服褂无袖，立领，自衽以下加放成宽松式大摆，长与袍齐。外层自立领处连接成前面缺口的披风状。

二式雨衣，也是双层的，用油绸制作不加衬里，里层为无袖加立领的褂状，外层自立领处打褶裥斜接成"一口钟"状。

三式雨衣，形状如常服袍，明黄色。大襟，前后开裾，衣用油绸，领用羽缎。

四式雨衣，形如常服褂，加立领。领、纽约、衣身均明黄色。毡或羽缎为面，月白缎为里。长与袍齐。

五式雨衣，明黄色，上衣如常服褂，用毡或羽缎制作，月白缎里。下裳油绸制作，不加里。

六式雨衣，明黄色，上如大襟短上衣，立领、右衽、平袖端、长与坐齐。以油绸制作，不加里，余制如五式。

## 2. 百官服制

### （1）补服

补服是清代的礼服。皇帝穿衮服，皇子穿龙褂时，王公大臣和百官穿补服相衬配，是清代文武大臣和百官的重要官服。补服的形式是圆领、对襟、平袖、袖与肘齐，衣长至膝下，前后各缀有一块补子，门襟有五颗纽子的石青色宽松式外衣，故有"外褂"或"外套"之称。补服主要的特点，是用"补子"的不同纹饰来区别官职品级。亲王、郡王、贝勒、贝子等皇室成员用圆形补子（见图9-14）。固伦额驸、镇国公、辅国公、和硕额驸、民公、侯、伯、子、男以及各级品官，均用方形补子。清代补子从形式到内容都是在直接承袭明朝官补的基础上修改而来，但尺寸比明代略有缩小。

清代补服的补子纹样分皇族和百官两大类。皇族补服纹样为：五爪金龙或四爪蟒。皇子，绣五爪正面金龙四团，前后两肩各一团。亲王，绣五爪龙四团，前后为正龙，两肩为行龙。郡王，绣有行龙四团，前后两肩各一。贝勒，绣四爪正蟒二团，前后各一。贝子，绣五爪行蟒二团，前后各一（见图9-15）。

▲ 图9-14 亲王补子——团龙（传世实物）

▲ 图9-15 戴暖帽、穿团龙补服、挂朝珠的清朝贵戚

### （2）蟒袍

蟒袍是清代文武官员最常用的礼服，因袍上绣有蟒纹而得名。上自皇子，下至九品及未入流者，均可穿用。蟒袍以服色及蟒的多少区别官阶。皇太子用杏黄色，皇子用金黄色蟒袍，通绣九蟒，裾四开。诸官蓝及石青诸色随所用，区别只在蟒纹的多少。蟒袍的蟒纹，与龙纹实际上没有什么区别。规定五爪龙官民均不得服用，如有特赐的，也要挑去一爪穿用。在颜色上，只有皇族可用明黄、金黄及杏黄。普通人一般为蓝色及石青色（见图9-16）。

### （3）短褂

清代的黄马褂，非特赐不得穿用。一是对治国或战事中建功的将领或官员给予的最高荣誉，称为"武功褂子"，用黄色纽襻。二是赏赐狩猎行围时获猎多的人，称"行围褂子"。三是皇帝巡幸时的随从侍卫也穿黄马褂，称做"职任褂"，相当于一种官服，卸任即不可再穿。后两种黄马褂用黑色纽襻。

马褂原是出行时所穿的，后因穿着方便，逐渐流行开来，成为一种便服。不分男女官庶，也不管家居出行，都喜欢穿着。

### （4）端罩

端罩是清代皇帝、皇族及近臣、侍卫所穿，形式为圆领、对襟、平袖、袖长至腕、衣长至膝下、对襟有纽扣五个，毛朝外穿的宽松式裘皮服，皇帝端罩，紫貂为之，十一月初一至正月十五用黑狐。皇子端罩，紫貂为之，金黄缎里。亲王端罩，青狐为之，亲王世子、郡王、贝勒、贝子端罩均用青狐皮。镇国公、辅国公端罩均用紫貂，月白缎里。民公、侯、伯、子、男，下至文三品、武二品端罩，均以貂皮为之，蓝缎里（见图9-17）。

▲ 图9-16 戴暖帽、穿蟒袍的官吏

▲ 图9-17 官吏冬装

（5）领衣

清代礼服一般没有领子，穿时要加上一个硬领。这种领子，又称"领衣"，因为它的形状像牛舌，俗称"牛舌头"。中间对襟开衩，用纽扣系上，有的穿在袍外，但大多穿于袍内，只露出领子。春秋多用湖色缎，夏用纱，冬用皮毛或绒制成（见图9-18）。

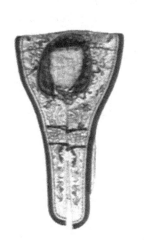
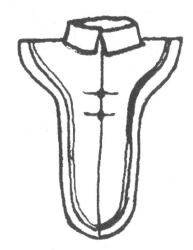

▲ 图9-18 领衣

## 二、改冠易服后的男子常服

清代由于强制改装易服，所以以满族装束为主。清代男子服装主要有袍服、褂、袄、衫、裤等。袍褂成为最主要的礼服。长袍或长衫配马褂、马甲，腰束湖色、白色或浅色长腰带，后系手巾，是清代男子一般通穿的服装（见图9-19）。

### 1. 袍、衫

袍是一种长衣，有开衩的，也有不开衩的。一般市民穿不开衩的，又名"一裹园"，袖口是敞开的。开衩的袍又叫"箭衣"，袖口装有箭袖，以便骑马射箭，平常马蹄袖（箭袖）翻起，行礼时放下，礼毕重又翻起。此外还有一种行袍，比常服袍短1/10，右裾下短一尺，又称缺襟袍，便以乘骑。在不乘骑的时候，就把这短一尺的一幅用纽扣扣上，与常袍同。

▲ 图9-19 清代男子的通穿服装　　　　　▲ 图9-20 琵琶襟马褂（传世实物）

袍衫在清中后期流行宽松式，有袖大尺余的。甲午、庚子战争之后，受西方服式的影响，中式袍、衫的款式也变得越来越紧瘦，长盖脚面，袖仅容臂，形不掩臂，穿了这种袍衫行动不方便。《京华百二竹枝词》说："新式衣裳夸有根，极长极窄太难论，洋人着服图灵便，几见缠躬不可蹲。"反映了清末服装款式变化的趋向。

**2. 褂**

袍褂是最主要的礼服。其中有一种行褂，长不过腰，袖仅掩肘，短衣短袖便于骑马，所以叫"马褂"。马褂左右侧缝和后中缝开衩，袖口宽大平直，有的袖长过手，有的袖长仅至手腕，有对襟、大襟、琵琶襟等。对襟马褂多当礼服。大襟马褂多当作常服，一般穿于袍服外面。琵琶襟马褂多作为行装。马褂颜色除黄色外，一般多以天青色或元青色作为礼服。其他深红、浅绿、绛紫、深蓝、深灰等都可作常服。琵琶襟马褂的右襟短缺一块，与缺襟袍相配（见图9-20）。右衽大襟马褂，及两袖同异色拼制的背心式马褂，均为便服。

**3. 短衫、袄**

有立领右衽大襟与立领对襟两式，与裤子相配，外束一条腰裙，是一般劳动人民的服装式样。男子下身一般都是穿长裤，裤腿末端带带子将裤脚在踝骨处系扎，冬夏都如此。另外还有一种只有裤筒的"套裤"，北方男女都穿。还有下腿肥大、末端收小的灯笼裤。

**4. 冠帽**

清代男子的冠帽，有礼帽、便帽之别。冬天所戴名叫暖帽，夏天所戴名叫凉帽。常见的便帽有：瓜皮帽、毡帽、风帽、皮帽等。

便帽一般最常见的是小帽，俗称"瓜皮帽"或"秋帽"，瓜皮帽系沿袭明代的六合统一帽而来，用六瓣合缝，下承帽檐，作瓜棱形圆顶，形式有平顶、尖顶，多为表黑里红。帽缘正中缀一块四方形的"帽准"，作为装饰，质地为玉或翡翠。帽上红绒结顶，清末，不用帽结，而用珊瑚、水晶等代替。丧服则用黑色或白色，大小随时而变。帽胎有软硬两种，硬胎用马尾、藤竹丝编成（见图9-21）。

除小帽外，冬天还常戴风帽，又叫"风兜"。多为老年人所用，或夹或棉或皮，以黑、紫、深青、深蓝色居多。清末上海等地用红色绸缎或呢料做风帽，有的再加锦缎为缘。少数用皮毛制作。

毡帽为农民、商贩、劳动者所戴，有多种形式。有半圆形，四角有檐反折向上，帽檐反折向上作两耳式，折下时可

▲ 图9-21 戴小帽的男子（传世图照）

掩住耳朵，帽顶有锥状者等。

### 5. 鞋履

清代男子的鞋履，便服以鞋为主，公服才穿靴。靴子多用黑缎制成。初尚方头靴，后又变为尖头靴。朝服仍袭明制，用方头靴。牙缝靴多为高级官员所穿。鞋子的样式也很多，有云头、扁头、单梁、双梁等。有一种冬天穿的棉鞋，名叫"大鱼棉鞋"，俗称"老头乐"，农夫多穿蒲草鞋，南方百姓穿拖鞋，雨天常穿有钉鞋和木屐。

## 三、满汉并行的妇女服饰

### （一）后妃冠服

#### 1. 朝冠

（1）皇后朝冠

皇后朝服由朝冠、朝袍、朝褂、朝裙、朝珠等组成完整的一套服饰（见图9-22）。

▲　**图9-22　清顺治孝康章皇后像**（北京故宫博物院藏）

朝冠有两式，冬用薰貂，夏用青绒。冠用薰貂制作，冠体为圆顶呈半圆坡状，上缀朱纬，周围有冠檐。冠顶呈宝塔形，分三层，每层贯东珠各一颗，每层有金凤，金凤之间各贯东珠一颗，朱纬上周缀七只金凤凰，每只凤凰身上饰东珠九颗。冠后饰金翟，翟鸟下垂珠结，由五行珍珠平排垂挂，这种装饰称做"五行二就"，共三百二十颗。冠后从冠檐里边下垂倒葫芦形护领，护领下端垂明黄色丝绦两条，末缀宝石（见图9-23）。

▲ 图9-23 清代皇后朝冠

（传世实物）

▲ 图9-24 皇贵妃朝冠

（2）皇贵妃朝冠

形制与皇后朝冠相同，差别的只是七只金凤上没有猫睛石，翟鸟下所垂珠结不是五行二就，而是"三行二就"，三行共用珍珠一百九十二颗（见图9-24）。

（3）妃、嫔朝冠

顶都是二层而不是三层，每层承以金凤，从翟鸟下垂的珠结三行二就，妃用珍珠一百八十八颗，嫔用珍珠一百七十二颗，余同皇贵妃。

**2. 朝袍**

朝袍即龙袍。皇太后、皇后朝袍，分冬、夏两类，均为明黄色，其基本款式均由披领、护肩与袍身组合。袖子由袖身与接袖、综袖、袖端相接而成，并在腋下至肩部加缝一段上宽下窄的装饰性护肩，朝袍必与朝褂配套（见图9-25）。朝袍冬有三式，夏有两式。冬朝袍，一式为明黄色，披领及袖为石青色。片金加貂皮边，肩上下袭朝褂处也加边。饰纹金龙九条，间以五色云，下幅寿山江牙，八宝平水。披领饰行龙二。袖端饰正龙各一，袖相接处饰行龙各二，领后垂明黄条，饰以珠宝。二式为片金加海龙缘边，前后绣正龙各一，两肩行龙各一，腰行龙四，前、后各二，下幅行龙八，前后摆各四。各装饰区下均有云纹平水，间五色云。余如一式。三式除袍后身加后开裾外，余同一式。夏朝袍有两式：一式以妆花绸、妆花缎、妆花纱织成料，刺绣绸、纱、缎等作面料，单夹随季节，余同冬朝袍三式，以片金缘边。二式面料同一式，单夹随季。妃嫔的朝袍只能是香色，而不能用明黄色，绣龙纹的数目减少或者形式变化，这反映了清朝服饰制度的等级性和严密性。

**3. 朝褂**

朝褂是穿在朝袍之外的，无领，对襟，无袖，有后开裾，形似长背心（见图9-26）。皇后、太皇太后、皇太后、皇贵妃的朝褂，按《大清会典》规定，有三种款式，均石青色，织金缎或织金绸镶边，一式：胸围线以下作襞积，其纹饰在胸围线以上前后绣立龙各两条，胸围线以下则横分为四层，第一、三两层分别绣行龙前后各两条，第二、四两层分别绣万福万寿，各层均以彩云相间。二式：前后各绣正龙一条，腰帷绣行龙四条，前后各两条，下幅织绣行龙八条，前后各四条，三个装饰部位下面均有寿山纹，平水江牙；余同一式。三式：无襞积左右开裾至腋下，前后身各绣大立龙各两条相向戏珠；下幅为八宝寿山，江牙立水，立龙之间彩云相间；余同一式。如果说前两式朝褂的装饰风格是横分割，精美秀丽，则这第三种款式为竖分割，豪放富丽。

这三种朝褂领后均垂明黄色绦，绦上缀饰珠宝。朝褂穿在朝袍外面，穿时胸前挂彩帨，领部有镂金饰宝的领约，颈挂朝珠三盘，头戴朝冠，脚踏高底鞋。

▲ 图9-25 皇后朝袍展示图

▲ 图9-26 清雍正石青缎地五彩云水金龙朝褂

#### 4. 龙褂

清代龙褂，样式为圆领、对襟、左右开气、袖端平直的长袍。龙褂只能为皇后、皇太后、皇贵妃、贵妃、妃、嫔服用。皇后龙褂均为石青色，纹饰有三种类型：第一种饰五爪龙八团，两肩、前胸后背各一团为正龙，前、后襟行龙各两团，下幅八宝、寿山水浪江涯及立水纹，袖端各两条行龙及水浪纹；第二种只饰五爪金龙八团，下幅及袖端不施纹样；第三种饰五爪金龙八团，下幅加水浪江涯、寿山、立水纹（见图9-27）。皇太后、皇贵妃、贵妃、妃龙褂与此相同。

#### 5. 吉服褂

清代吉服褂样式与龙褂相同，根据人物的身份不同，所绣图案也不同。如皇子福晋吉服褂石青色，饰五爪正龙团纹四，两肩前后各一；贝子夫人吉服褂前胸后背饰四爪行蟒各一；镇国公夫人、民公夫人、辅国公夫人、郡主至三品夫人的吉服褂，均绣花卉八团，为石青色（见图9-28）。

▲ 图9-27 清代光绪皇后石青缎地
五彩绣缉米珠云龙八团龙褂

▲ 图9-28 八团花卉纹吉服褂

#### 6. 龙袍

清代女龙袍为圆领、右衽、大襟、左右开气、袖有袖身、接袖、综袖、马蹄袖端的明黄色的长袍。领与接袖、中接袖、袖端为石青色。纹样有三种类型：第一类为饰金龙九条，间以五色云纹及福、寿纹，下幅饰八宝立水，皇贵妃龙袍与此相同为黄色，贵妃及妃龙袍用金黄色，嫔龙袍为香色；

第二类为织绣五爪金龙八团，两肩、前胸、后背饰正龙各一条，襟饰行龙四条，其他与第一类龙袍相同（见图9-29）；第三类为下幅无纹样，其他与第二类龙袍相同。

### 7. 常服

清代后妃常服样式，与满族贵妇服饰基本相同，圆领、大襟，衣领、衣袖及衣襟边缘，都饰有宽花边，只是图案不同。常服一般由头饰、旗袍和高底鞋组成一套完整的服饰。另外，常服样式也比满族贵妇服饰要宽松一些，特别是衣袖及下摆（见图9-30）。

▲ 图9-29 清代乾隆二世皇后缂丝龙袍

▲ 图9-30 穿常服的皇太后

**（1）头饰**

"两把头"是满族妇女特有的发式梳，是将头发平分为两把，俗称"叉子头"或"大拉翅"。髻左右横出，如一字，所以又叫"一字头"。前戴大花卉及珠结，侧面垂流苏，走起来流苏随体摆动，别有一番风味。梳这种发式时脑后垂下一绺头发，修成两个尖角，叫做"燕尾"。后来，旗髻逐渐增高，两边角也不断扩大，上面套戴一项形似"扇形"的冠，一般用青素缎、青绒做成，称为"旗头"或"官装"，俗称"大拉翅"（见图9-31）。

**（2）旗袍**

常服旗袍直身无领，平常穿用时，要加一条领巾，形似小围巾。围领一圈，在前面下垂一头。领巾上也绣有各种花样。清代后妃的常服，与满族贵妇的服饰基本相同，只是所用的图案不同，有百蝶、凤凰、牡丹等图样。在我国古代传说中，凤是鸟中之王，牡丹是花中之王，丹凤结合，象征着美

▲ 图9-31 大拉翅

▲ 图9-32 皇后所穿的凤袍展示图

好、光明、幸福，因此，皇后的常服上经常可以见到丹凤的形象。这些图样，全部由手工绣成，繁缛细腻而不乱，鲜艳富丽而不俗，堪称一代佳作。图9-32所展示的服装纹样为凤穿牡丹。整件服装在鲜艳的蓝色缎地上，绣八只彩凤，彩凤中间，穿插数朵牡丹。牡丹的颜色处理得净穆而素雅，色彩变化惟妙，具有传统的山水画的特点。与此相反，凤的颜色比较浓重，红绿对比度极为强烈，具有典型民族风格和时代特色。

（3）高底鞋

旗装女子必穿高底鞋，特点是在鞋底中间部分有一个高10厘米左右的高底，底的形状上宽下圆，形似花盆，俗称"花盆底"。底用木料制作，底的中间凿成马蹄式，踏地时印痕像马蹄，所以又叫"马蹄底"。这种鞋底非常结实，往往鞋已穿破而底仍完好。高底鞋鞋跟都用白细布裱蒙，鞋面多用缎面加刺绣、穿珠绣等工艺施加纹饰（见图9-33）。

▲ 图9-33 缎钉缕凤戏牡丹纹高底旗鞋

## （二）命妇服制

清代命妇服制各依其夫，也穿蟒袍。命妇冠、袍、褂、裙、朝珠等，形制大体与后妃相似，只是色彩、绣纹、所用珠宝等有一定的规定，来加以区别。

（1）命妇冠

民公夫人至七品命妇朝冠根据皇太后、皇后朝冠而逐次减少。如镇国公夫人的朝冠，顶为一层，金凤改为金孔雀。吉服冠顶，一品命妇用珊瑚，二品命妇用镂花珊瑚……七品命妇用素金等，大体与男子品官相同。

（2）礼服

命妇朝褂，石青色，织金缎、绸边，前绣行蟒二，后绣行蟒一。领后垂石青色条，余同皇后服制。命妇朝裙，冬以片金加海龙缘，上用红缎面料，下用石青色行蟒纹妆花缎面料，皆正幅，有襞积。

（3）凤冠霞帔

命妇服制突出的特点，是承袭明代制度，凡诰命夫人，礼服均有凤冠霞帔。《格致镜原》引《名义考》中称："今命妇衣外以织文一幅，前后如其衣长，中分而前两开之，在肩背之间，谓之霞帔。"清代的霞帔与明代的略有不同：明代的霞帔狭长如带；清代的霞帔阔如背心，中间缀以补子，用纽扣系连，下端施以彩色流苏补子为正方形。补子的纹样视其丈夫或儿子的品级而定，武官的母、妻，补子不用兽纹，从文官补子纹样，意思是妇女文雅，不必尚武（见图9-34）。

（4）云肩

穿霞帔时，肩上往往配上一个云肩。云肩无领、对襟，如意纹，下垂流苏。清末江南女子梳低垂的发髻，恐衣服肩部被发髻油腻沾污，故多在肩部戴云肩。贵族妇女所用云肩，制作精美，有的剪裁为莲花形，或结线为缨珞形，周围垂有排须（见图9-35）。命妇常服，有的旗装，有的汉装，各取所爱。

▲ 图9-34 霞帔

▲ 图9-35 云肩（传世实物）

## （三）一般妇女服饰

清代妇女日常所穿的服饰，分为汉族和满族两类，满族都穿长袍，汉族则以上衣下裳为主。

清代妇女服饰基本上保持了满、汉两民族原来的形制，其中也有交融。最显著的变化，是由结带变为纽扣。纽扣从明末开始使用，主要用于礼服，常服几乎不用；而清代则变成衣服中不可缺少的衣饰。纽扣的形制为中式扣，最早只用在领子上，领子随之变为高领，使自古以来的交领、圆领时代一去不复返。原来袒露的颈部也藏而不露，衣服的裁剪和制作也开始追求创新和变化。

### 1. 旗装

满族妇女服饰为旗装。满族妇女旗装的特点是梳旗髻，穿"花盆底"旗鞋，多以长袍为主，也可称之为旗袍。长袍的下摆多垂至地面，掩住旗鞋，更显出修长的身姿。长袍外面加罩一件马甲，也是满族妇女十分喜爱的装束。这种马甲与男式马甲一样，也有大襟、对襟及琵琶襟等形制，长度多到腰际，并缀有花边。

（1）清代旗袍

▲ 图9-36 晚清青莲纱绣
折枝花蝶大镶边加套袖旗袍

清代旗袍的样式大体与男子长袍相同，与现代旗袍在结构上有很大的区别。清代旗袍腰身为筒式，圆领右衽。初时宽大，后来窄长。领子有高、低两式。到清末时，领子高达二寸五分左右，单镶上去，随时可以拆洗。不用领子时，往往带一条领巾。镶滚彩绣是清代女子衣服装饰的一大特色。通常是在领、袖、前襟、下摆、衩口、裤管等边缘处施绣镶滚花边，清初镶边较狭，颜色较素，至清末衣缘越来越阔，花边也越滚越多。还有在衣襟及下摆处用不同色的珠宝，盘制成各种花朵。或挖空花边，镂出各种图案。这类衣服，由于装饰太盛，穿在外边几乎看不清原来的质地（见图9-36）。

（2）马甲

旗袍外边多加穿马甲，长至腰际，或与衫齐。马甲也喜镶边。女式坎肩的式样有一字襟、琵琶襟、对襟、大捻襟、人字襟等数种，多穿在外面。工艺有织花、缂丝、刺绣等。花纹有满身撒花、折枝花、整枝花、独棵花、皮球花、百蝶、仙鹤等，内容都寓有吉祥之意（见图9-37）。清中后期，在马甲上施加如意头、多层滚边，除刺绣花边之外，加多层绦子花边、捻金绸缎镶边，有的更在下摆加流苏串珠等装饰。另外还有一种长背心，也是旗装妇女喜爱穿着的。

▲　图9-37　清慈禧太后竹子纹样紧身小样四种

（北京故宫博物院藏）

▲　图9-38　船底鞋

（3）裤、鞋

穿旗袍时袍内穿长裤，掩裆，小裤腿，裤腿上绣花。老年妇女和婢奴，裤腿口用缠腿布扎住。穿旗装时，中、青年妇女穿花盆底鞋，老年妇女则穿船底鞋。由于这种鞋制作比较复杂，价钱高达三两白银左右（见图9-38）。

**2. 汉装**

清代汉族妇女服饰仍沿用明朝服装形制，以衫裙为主。上穿衫袄，下着裙、裤（见图9-39）。

（1）衫、袄

衫、袄是清代汉族妇女最主要的服式，衫袄的式样较宽大，长度在膝盖以下。嘉道以后，趋于窄小，长度也明显缩短。衣领用圆领或斜领，很少用高领。长袄的特点是在领低及袖口镶有宽花边为装饰，并且不同时期袖子流行的宽窄也不一样，时而流行宽，时而流行窄。有时还可以在衫袄外罩一件无领无袖齐膝的长背心（见图9-40）。下身除穿裙外，也有穿裤子的。

▲　图9-39　穿鱼鳞百褶裙的清代妇女

（天津杨柳青晚清年画）

▲　图9-40　镶边长背心

（2）裙

裙子穿在衫袄里面，以红色裙最吉祥，所以大喜庆日、春节、嫁娶等场合一般都穿红裙（见图9-41）。丧夫寡居者则不能穿红裙，而只能穿黑裙。如果上有公婆，而丈夫又去世多年，也可以穿湖色或雪青等色裙。妇女穿裙时，裙内也要穿长绣花裤。

清代裙子有百褶裙、马面裙、鱼鳞裙、凤尾裙、红喜裙、月华裙、墨花裙等。

① 百褶裙　前后有20厘米左右宽的平幅裙门，裙门的下半部为主要的装饰区，上绣各种华丽的纹饰，以花鸟虫蝶最为流行，边缘加饰。两侧各打细褶，细褶上也绣有精细的花纹，上加围腰和系带。底摆加镶边。

② 凤尾裙　有三种类型：第一种是在裙腰间下缀绣花条凤尾；第二种是在裙子外面加饰绣花条凤尾，每条凤尾下端垂小铃铛；第三种是上衣与下裙相连，裙子外面加饰绣花条凤尾，每条凤尾下端垂小铃铛（见图9-42）。

▲ 图9-41　清代女红裙样式　　　　　▲ 图9-42　清代凤尾裙

（3）裤

清代妇女下身除穿裙外，也有穿裤子的。裤子穿在衫袄之内，色彩鲜艳，裤子的样式也有变化，初为大裤管，后逐渐改为小裤管，裤口镶有花边。特别是裤口的镶边很有特点。光绪年间有镶几重边的，第一道边最宽，第二、三道边较窄。到宣统年间，裤管尚对襟，带结，上有短领。大多用丝织物制作，上绣花（见图9-43）。

（4）斗篷

清代一般家庭的妇女，除婚嫁、入殓时借穿一下凤冠霞帔外，其他场合的礼服是穿披风，内穿袄裙，披风又名"斗篷"，是妇女的外套。清代斗篷，为无袖、不开衩的长外衣，有长短两式，领有抽口领、高领和低领三种，因形似钟，又名"一口钟"。长可及膝，对襟，带结，大多用丝织物制作，上绣花。考究的还缀以珠宝，内里衬以皮毛。斗篷是从蓑衣演变而来的，最初用来抵御雨雪，明清时不限于雨雪天用，凡秋冬外出，不论男女官庶，都可以使用。斗篷虽然是一般妇女的礼服，但按规矩是不能穿着它行礼的，行礼时一定要脱下它，否则被视为失礼（见图9-44）。

▲ 图9-43　绣金银花纹长裤　　　　▲ 图9-44　缎地盘金龙斗篷（传世实物）

（5）鞋

清代汉族妇女一般都要缠足，所以穿的是弓鞋，即缠足鞋（见图9-45）。弓鞋都由妇女自己制作。弓鞋的颜色，除丧服为白色外，其他颜色都可以用，但最流行大红色的。睡觉时，汉族妇女也要穿睡鞋。

▲ 图9-45 缠足弓鞋

# 第三节 服饰材料、色彩和装饰纹样

## 一、清代的丝织业及棉织业

满族入关以后，随着社会性质、阶级结构和经济成分的变化，服饰材料也发生了变化。由原来的相对单一的皮毛和麻织品发展到以丝织品、棉织品为主，兼有麻织品和皮毛织品等。

### （一）丝织业

由于种桑养蚕的经济效益远远大于种植粮食，所以商业性的桑蚕业比前代有较大发展，促进了丝织品的生产。清代的丝织品有两个显著的特征：一是品种大量增多；二是制作工艺日益高超。清代丝织品种类繁多，如苏州有妆花纱、妆花缎、三元绸等；吴江有吴绫等；通州有生丝织绢等；南京有妆花绒、金彩绒、宁绸、闪缎等；湖州有水绸、纺绸、纺绫；桐乡绢有花绢、官绢、素绢，绫有花绫、素绫、锦绫，罗有三梭罗、五梭罗、花罗、素罗等；广州有剪绒、广纱、线纱、牛郎绸、五丝、光缎。后发展起来的陕西丝织也有秦缎、秦土绸、秦锦绸、秦绫等著名品种。

### （二）棉织业

棉织业在清代进入繁荣时期，棉织品不仅产量大，而且制作工艺也日趋发达。全国最大的棉织品生产区是江南的苏松地区，包括苏南的无锡、常熟、太仓、嘉定、松江以及浙江的嘉兴。江浙一带出产的标布和紫花布以"南京土布"闻名全国。松江有飞花布、斜纹布、三棱布、药斑布、紫花布、漆纱等名品。鸦片战争前夕，全国农户的近半数（六七千户）织布，棉布半数进入市场，仅次于粮食，是手工业中产值最大的部门。江南"女子七八岁以上，即能纺絮，十二三岁即能织布，一日之经营，尽足以供一日之用度而有余"。

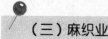

## （三）麻织业

清代的麻织业集中在南部。麻纺技术进行了创新，在广东、福建等地将麻和棉、棉和丝进行混合交织，使织品"柔滑而白"，工艺精细，细软可与丝绸相比。葛布的种类也很多，有凤葛、美人葛、春葛等。雷州葛布细滑结实，行销全国各地，称为正葛。江西石城的夏布质地细密，畅销各地。

## 二、传统手工与新兴机械并存的纺织业

清代丝织业的专业化程度也很高。机匠中有织工、机工之分。其中织工中分花缎、素缎、纱缎、锦缎等工。苏州织造局的分工有总高手、高手、管工、挑花匠、烘焙匠、画匠等；江宁织造局有摇纺、染匠、高手等工匠七百七十名，而一般民间的丝织木机、京纱机，也需织工2人，花机至少需要织工3人。织机等工具更加完善，有俗称"机壳"的织机及梭子、纤筒、竹刀、机剪、拣镊子等配件，另外还有"泛"、"渠"、"纤"等专用机具。丝织技术也更加高超。有的用十几把大梭同织，有的一把大梭织底纹、十几把小梭织花纹，用十几种颜色织成等。

清代印染业发展也很迅速，苏州有布号数十家，一个字号有工人数十名，分为漂布、染布、看布、行布等多种。苏州的染房有很多家，染匠不下万人。扬州一家最有名的染房能染的颜色有桃红、银红、粉红、大紫、玫瑰紫、漂白、月白、嫩黄、杏黄、玄青、合青、虾青、官绿、葡萄绿、苹果绿、翠蓝等近五十种。清代对于民间服饰颜色的使用没有太多的禁令，只是不许用明黄、金黄、香色。

刺绣作为传统的手工艺发展到清代，成为女子必学技能之一，并形成不同地方的风格。最著名的有苏绣、粤绣、蜀绣、湘绣、京绣等。苏绣以苏州为中心，特点可归纳为平、齐、细、密、匀、顺、和、光8个字，针法有43种之多。故宫所藏苏绣双面仕女屏，已表现出两面完美的效果。湘绣以长沙为中心，善于写实，生活气息浓厚。粤绣则在明代的基础之上，开始形成独特的风格，用线多种多样，喜用金线，花纹繁缛，色彩华美艳丽。蜀绣以成都为中心，自然淳朴，富于民间艺术特色，多用于生活日用品。京绣主要为宫廷服务，做工精巧，宫丽豪华，用料昂贵。此外，边疆少数民族的刺绣也各具特色。正因为刺绣的发展，1821年，松江女子丁佩著有我国历史上第一部刺绣工艺专著《绣谱》。

清代是花边生产最为发达的时期。到清代中后期，花边的运用极为广泛，在服饰上占据的面积越来越大，特别是在妇女服饰上，甚至喧宾夺主，成为服装的主体。服装面料反倒退居次要地位，不再也不需要讲究色彩纹样，变成以素色为主。这时，花边的装饰作用显然已大大超过了其实用功能，对花边的纹样织造要求更高了。清代的花边纹样除去各式各样连续的花草虫鸟图案外，较宽的还织有亭榭楼台、山水人物等完整画面（见图9-46）。

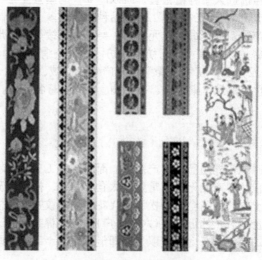

▲ 图9-46 清代花边

清代纺织品纹样继续使用谐音喻义吉祥图案，如在图案周边饰以平列状的水波纹，称做"平水"，喻义"四海清平"；再加上寿山石，喻义"江山万代"等。八仙、八宝、八吉祥图案继续使用，不过内容与前代有所不同，如八宝为和合、鼓板、龙门、玉鱼、仙鹤、灵芝、磬、松等。此外，多用暗蟒、拱璧、汉瓦当纹，福、禄、寿字，卍字，万字联、大洋莲、团花等，也有用鹤、鹿、松枝组成团花的。清代后期，纹样图案多趋向于写实，除花果虫鸟外，还有山水风景、亭台楼阁、仕女人物等。云纹很早就被用来装饰服装，明清两代更是服饰纹样的重要图案之一，有如意骨朵云、四合如意连云、灵芝连云、八宝连云等多种式样（见图9-47）。

▲　图9-47　清代仿古纹锦

## 三、清代妇女的时尚发式与佩饰

### 1. 发式

清代妇女发饰，分为满汉两式。初期还保留各自的原有形制，后在相互影响之下，都有明显的变化，而且各地风俗也不一样。

（1）满族

普通满族妇女，多为"叉子头"式，也称"两把头"、"架子头"。因在髻中衬有架子取其形似，故称"架子头"，到了清末，这种发髻越来越高，名为"大拉翅"。大拉翅又名"旗髻"，是清代满族女子最具特色的、集发式造型与妆饰于一体的著名发式，为清宫廷贵妇所钟爱（见图9-48）。

（2）汉

清代汉族妇女发式以高髻为尚。其样式高高耸立达七寸余，像盛开的牡丹、荷花。有牡丹头、荷

▲　图9-48　清代女子旗髻发式（亦称大拉翅）

▲　图9-49　清代女子高髻发式

▲ 图9-50 汉族妇女发式

花头、钵盂头等名称，龙西堂有诗咏道："闻说江南高一尺，六宫争学牡丹头。"这种高髻是用假发衬垫而做成，既蓬松，又光润，重到不可举首的地步（见图9-49）。这种发式很难梳理，须要花费一两个小时，因此不每天梳理，一般保持三四天，因此类髻发梳理繁杂，故待到清末剪发风盛行时，就逐渐趋于淘汰了。

到了清末，女学生、女教师等没有时间去梳这类精细费工的发式，于是流行一种"平头"，是种平髻，北方又叫做"平三套"，大概取式于苏州，又称"苏州撅"。此外，成年妇女还常梳圆髻、盘龙髻等发式，少女则常梳"蚌珠头"（又名"团髻"），或梳一条长辫（见图9-50）。

**2. 佩饰**

**（1）朝珠**

按清代冠服制度，君臣、命妇凡穿朝服或吉服必于胸前挂朝珠。朝珠是挂在颈项间垂于胸前，由108颗圆珠串成，无疑是源于佛教的数珠，也是随品级而挂用，质料也各不相同，朝珠的质料以产于松花江的东珠为最贵重，只有皇帝、皇太后、皇后才能戴。朝珠用细条贯串，有后引垂于背后。朝珠上还附有三串小珠，其中两小串是男在左面，女在右面，一小串则女在左面，男在右面（见图9-51）。

**（2）钿子**

钿子是一种珠翠为饰的彩冠，是满族贵妇平日梳旗头戴用的一种头饰。前如凤冠，以铁丝或藤作胎骨，网以皂纱，或以黑绒及缎条罩之。戴在头上时，顶往后倾斜。前后均以点翠珠石为饰。钿子的材质有金、玉、红宝石、蓝宝石、珍珠、珊瑚、琥珀、玛瑙、绿松石、翠羽等（见图9-52）。

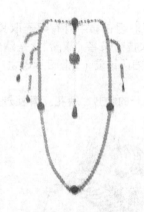

▲ 图9-51 朝珠展示图

▲ 图9-52 清点翠嵌宝石福寿绵长钿子

**（3）遮眉勒**

清代妇女在天气稍冷的季节，平时在额间常系遮眉勒，既为美的装饰，又具御寒功能。由明代妇女的额帕（头箍）演变而来。满族贵妇所用遮眉勒，往往做成花卉及"吉祥如意"、"福"、"寿"、"喜"等吉祥文字作装饰，下垫红绒，极其奢华。平民百姓妇女所戴，以黑绒制作为多，也有加缀一些珠翠或绣一点花纹的。套于额上掩及于耳，系两带于髻下结之（见图9-53）。

▲　图9-53　清代女子戴遮眉勒

（4）耳饰

清代耳饰分两大类，有流苏的为耳坠，无流苏的为耳环。清代耳饰，不仅质料高贵，色彩华美，而且形式千变。清朝满族妇女传统风俗，一耳戴三件耳饰，他们称环形穿耳洞式的耳环为"钳"。故后妃们穿朝服时一耳戴三钳。宫里选秀女，也要先派人验看耳上是否戴了三钳（见图9-54）。

（5）护指、搬指

满族女子以凤仙花或指甲花染指甲的风习由来已久，贵族女子留长指甲，用金片或白银铸成的指甲套来护指。清代用金银作成的指甲套，纹饰极为华丽（见图9-55）。曾为慈禧画像的美国画家卡尔也说，慈禧在画像时"手戴玉钏及玉护指，绚丽夺目，光彩照人"。

▲　图9-55　金护指

（江苏扬州市郊清墓出土）

▲　图9-54　金镶珠宝耳环（传世品）

（6）簪、钗、步摇、耳挖簪、扁方

簪、钗、步摇、耳挖簪都有簪首和挺两部分，在簪首以珠翠、宝石、点翠、累丝等工艺制成华美的花饰。清代的簪花追求精工写实，尤其工细复杂的是镀金点翠镶嵌珠翠玉工艺的花簪，发簪制作过程十分复杂：先用金银制成特定形体的簪架，簪架周围高出一圈，中间凹陷的部分粘贴羽毛，古称"点翠"，再配上一圈"金边"，嵌翡翠、珍珠、碧玺、珊瑚、宝石等珍贵材料，再饰以美满的吉祥图案。内容有九子玩花、蝴蝶闹春、双龙闹珠、珠宝花篮等（见图9-56）。

扁方一般为长方条形，横长约30~35厘米。也有以白玉制作在两端嵌珠翠碧玺做成极秀丽写实的折枝海棠牡丹，或铜镀金点翠通体平排镂空双喜字，沉香木嵌珠翠碧玺花鸟，玳瑁嵌金、珠花凤等繁缛精工的花

▲　图9-56　清银镀金
点翠嵌珠宝花蝶簪

式。也有平素光洁，以呈现玉质为主的翠玉扁方，碧翠欲滴，更显得晶莹高贵。

（7）荷包香囊

清代佩挂在腰间的佩饰种类很多，无论男女都作为随身携带的赏玩之物，晚清尤盛。清代的佩饰，形状小巧，材质多样，有各种各样的刺绣小品，如荷包、香囊、褡裢、火镰袋、眼镜盒、扇套等。而女子则把荷包、香囊等挂在纽扣上。每年岁末，皇帝要赏赐王公大臣"岁岁平安"荷包。皇帝选皇后看中了谁，就把自己身上的荷包挂在她的衣襟上，叫做"放小定"，而后举行聘礼，叫做"放大定"。宫女和民间少女们，也亲自绣制荷包，作为赠送情人的礼物。因此，这类小件织绣品都十分精致（见图9-57）。

（a）彩绸荷包（传世品）　　　　　　　　　　　　（b）织绵荷包（传世品）

▲　图9-57　荷包

# 第四节　清代服饰专用名词图释

## 1. 氅衣

古代罩于衣服外的大衣，用以遮风寒，其形制不一。今称披风。（明）刘若愚《酌中志·内臣佩服纪略》记载："氅衣，有如道袍袖者，近年陋制也。旧制原不缝袖，故名曰氅也，彩素不拘。"

氅衣为清代的妇女服饰，氅衣与衬衣款式大同小异。为圆领、右衽、捻襟、直身、平袖、无开气的长衣，现代称之为旗袍。氅衣则左右开衩开至腋下，开衩的顶端必饰有云头，且氅衣的纹样也更加华丽，边饰的镶滚更为讲究。纹样品种繁多，并有各自的含义。大约在咸丰、同治年间，京城贵族妇女衣饰镶滚花边的道数越来越多，有"十八镶"之称。这种装饰风尚，一直到民国期间仍继续流行。图9-58所示为晚清葡萄紫纳绣折枝栀子，金团寿纹加镶滚氅衣，袖口内缀接袖头（见图9-58）。

## 2. 马蹄袖

清初的衣袍式样有几大特点：无领、箭袖、左衽、四开衩、束腰。箭袖，是窄袖口。上加一块半圆形袖头，形似马蹄，又称"马蹄袖"。马蹄袖平日绾起，出猎作战时则放下，覆盖手背，冬季可御寒。

满族传统服装的箭袖，入关后虽然失去实际作用，但箭袖却作为满族的行礼动作得以保留。箭袖又称马蹄袖，平时绾起成马蹄形，一遇到行礼之时，敏捷地将"袖头"翻下来，然后或行半礼或行全礼。这种礼节在清朝定都北京以后，已不限于满族，汉族也以此为礼，以示注重守礼。因此马蹄袖以遮手可御寒，绾起放下可行礼，既具有实用功能，又有很好的装饰效果，而被人们誉为"反映清代历史的象形文字"（见图9-59）。

▲ 图9-58 晚清氅衣

▲ 图9-59 清代龙袍马蹄袖

### 3. 领约

领约是清朝妇女穿朝服时佩戴于项间压于朝珠和披领之上的饰物，以所嵌珠宝的质料和数目，及垂于背后的绦色区分品质，其形状等于圆形项圈。用金累丝作托，上面分段嵌珊瑚，间以点翠金片，每片上嵌东珠一粒，每端垂丝绦二，中间有珊瑚结将两绦联结为一，末饰坠角。

《大清会典图·冠服·领约》："皇后、皇太后领约镂金，饰东珠十一粒，间以珊瑚，两端垂明黄绦二，中各贯珊瑚，末缀绿松石坠角各二。"《清史稿·舆服志二》："皇贵妃、妃、嫔、领约饰东珠七，明黄绦，末缀珊瑚各二"（见图9-60和图9-61）。

▲ 图9-60 孝昭仁皇后钮祜禄氏

▲ 图9-61 孝康章皇后佟佳氏

### 4. 五行二就

"五行二就"指皇后朝冠上的装饰，朝冠上缀金累丝凤凰七，每只凤身上饰东珠九，猫睛石一，每只凤的凤尾饰珍珠二十一。冠后金累丝翟（雉鸟）一，翟背饰猫睛石一，翟尾饰珍珠十六。从翟鸟下垂珠结，由五行每行六十四颗珍珠串连，平排垂挂，在五行垂珠的半中间即第三十二颗外，接衔一个圆形青金石结，系用金累丝圆形饰片嵌青金石一，东珠六，珍珠六制成。然后再从石结下面接垂五行的后半串珍珠。共302颗，这就称为"五行二就"。

## 思考题

1. 清朝服饰变革对中国服饰发展的重大意义是什么？

2. 满族服饰的特点有哪些？

3. 结合满族服饰的特点设计并绘画出现代服装款式两款。

# 第十章　辛亥革命后的近代和现代服饰

## 学习目标

　　了解辛亥革命后的社会背景与服饰制度；掌握民国时期典型服饰形象、特性及服饰材料、色彩和装饰纹样特点；重点掌握民国时期的两大特色男女装——"中山装"、"旗袍"的形成及发展。

# 第一节　社会背景与服饰制度

## 一、社会背景

　　1840年鸦片战争爆发，是中国近代史的开端。清政府被迫开放门户，外国资本主义势力开始侵入中国，使中国从一个独立的封建国家逐渐沦为半封建半殖民地社会的国家；在西洋文化的冲击下，旧中国开始摆脱以往封闭的状态。

　　1911年10月10日，辛亥革命在武昌取得胜利，孙中山领导的旧民主主义革命推翻了封建帝制的最后一个王朝，1912年孙中山在南京就任临时大总统，建立了资产阶级政权——中华民国。伴随着民族资本主义的出现，上海、广州等地出现了一批买办资本家和民族资本家，同时西方列强在我国开设租界，派进留学生，西方服饰文化开始融入中国，从欧洲输入的呢绒等"舶来品"充斥了国内市场，丰富了人们的着装选择，改变了人们的着装观念，中国进入到一个比较特殊的中西式服饰文化并存的年代。

## 二、服饰制度

　　清朝末期，大批青年志士出国留学，受到西方进步思想的影响，掀起剪辫易服风潮。广大留学青年纷纷剪去发辫，穿起西服。中华民国成立之后，满族的剃发梳辫习俗和汉族女子的缠足陋习逐渐被废除。孙中山率先引进高领军装和西式裤子，南京临时政府的官员无论官职大小都着同样的制服。随即政府发出《剪辫通令》，其中的剪去辫发是最为重大的革新。早在1910年（宣统二年），就有准许臣民自由剪发的官令，但实际上真正执行的人屈指可数。而民国成立后，一切官吏及知识界及大城市的男子都相继剪去辫子。全国各界人士，闻风而动，280多年的辫发时代，终于结束。接着，衣冠服饰也发生了巨大的变化，最主要的标志是废弃了千百年来以衣冠"昭名分"、"辨等威"的传统礼仪及规章制度。

　　随后，政府又颁布了《服制条例》，对于男女礼服及公务人员的制服作了具体规定，但对于平时的便服，则不作任何规定。男子礼服以礼帽、马褂、长衫为主，女子礼服则穿旗袍。

　　辛亥革命不仅结束了清王朝的统治、使人们的思想观念革新，而且也使中国人从头到脚面目全新。随着呢绒、洋绸等物美价廉的"洋布"衣料及西方服饰的源源而来，中国的土布、家织布被渐渐取代了，自给自足的小农经济逐渐被工业化的生产所代替。当时的时髦装饰，男子是礼帽、手杖、眼镜和怀表；妇女们则去掉了发髻，农村姑娘梳起大辫子，城市妇女开始流行烫发，着上衣下裙或新式的旗袍。并模仿西方女子的束腰凸胸，在中国流行了几百年的三寸金莲也开始被高跟鞋所取代。

# 第二节　典型服饰形象及特性

## 一、长袍与西服并行的男子服饰

　　辛亥革命后，服制形式大变，清代的官吏衣着和顶戴都被淘汰。但是，由于辛亥革命以来社会一直动荡不安，各个社会阶层的男装以不同的姿态和形式共同存在着，形式也多种多样。思想保守的人在装束上会继续延续传统的服装样式，思想进步的人士则完全西化，另有中西结合的服装样式也广为流行。所以，民国初年出现了西装革履与长袍马褂并行不悖的局面。穿着中西装都戴礼帽，被认为是最庄重的服饰。广大农村一直沿用传统的袄裤，头戴毡帽或斗笠，脚穿自家缝纳的布鞋。

## （一）礼服与常礼服

1912年7月参议院公布了男女礼服的形制，男子礼服大体分为两种。

一种是大礼服即西式的礼服，分昼礼服和晚礼服两种。昼礼服衣长及膝，一般用黑色，穿黑色长过脚踝的靴子；晚礼服即西式的燕尾服，穿较短露出袜子的靴子，前缀黑色的领结。穿大礼服时戴高而平顶的有檐的帽子。

另一种是常礼服，常礼服分两种，一种用西式，也分昼晚两种，其形制与大礼服大同小异，只是戴较低有檐的圆顶帽；另一种用传统的服饰，即长袍马褂。但国人已开始将其与中国传统的长袍马褂进行融合，创造出一种中西合璧的穿着：绸缎长袍、西服裤，头顶圆形礼帽，足上是一双乌黑油亮的牛皮鞋。当然，这样的装束大多是有身份、有地位的大人物的时尚，如一些要员、大商人、大银行家等（见图10-1）。

此外，1913年公布了地方行政官公服、外交官、领事官服饰制度。1918年公布了警察服制；1912年公布了陆军服饰，1918年公布了海军服制，1913年公布了推事、检察官、律师等的服制，1915年公布了监狱官以及矿业警察、航空工作者等的服制。

北伐以后，政府规定新服制，男子采用中山装和西装，这两种在官职人员和知识分子中比较多用，夏季选用白色，其他季节选用黑色或深色。

▲ 图10-1  穿马褂、马甲和长袍的男子

## （二）中山装

"中山装"是在西装造型的基础上派生出的款式，服装形制为直立领，胸前有两个口袋，腰身、衣袖的结构均类似于西装，是孙中山先生倡导的，所以被称为"中山装"（见图10-2）。

孙中山先生亲自倡导的中山装，是在尊重我国广大劳动人民穿着短衣长裤习惯的基础上，指示洋服商人黄隆生设计的，中山装的造型美观大方，最主要的特色是它的立领是关闭式的，与西服领有着明显的区别。中山装的前门襟有6个纽扣；后背有后背缝，后背中腰处有省缝，穿着起来收腰挺胸，舒适自然，中山装结构合理，功能性强，既可用高档衣料制作，也能使用一般布料制作；外观轮廓端正，线条分明，有严肃、庄重、朴实的美感。孙中山先生亲自带头穿这种服装，受到广大群众热烈欢迎。后来又时兴穿中山装、头戴圆形礼帽、手杖的搭配，但多出现在有身份地位的社交场合中。如今，中山装成为中华民族的代表服装，它的外形和制作工艺、色彩都有所改进，后背取消了中缝，前门襟有5个纽扣，领为立领与反领相结合的关闭式八字形领口，艺术造型结构仍保持原来特色。

▲ 图10-2  身着"中山装"
的孙中山先生

## （三）长袍马褂

在辛亥革命前后，长袍马褂仍是男子最为常见的服饰，长袍为大襟右衽，长度至脚踝以上约6厘米，左右两侧的下摆处开有长衩。马褂采用对襟的形式，长度一般到腹部，袖口稍肥，多采用小立领，面料多采用丝绸或棉布，在当时的上层人士中十分流行。初秋、深秋穿长袍时，往往在长袍外套一件马甲来代替长褂。马甲的形式，早期尚用一字襟，后来以对襟为主。一般下面着中式裤子，这种裤子比较宽松，裤脚以缎带系扎（见图10-3）。

▲ 图10-3　孙中山先生身穿长袍马褂的照片

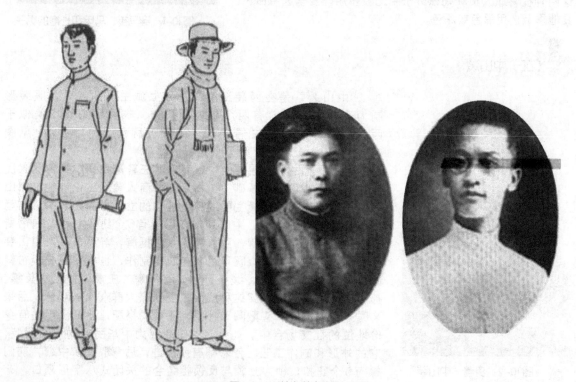

▲ 图10-4　学生装与新式男装

### （四）学生装

当时的学生装束，受清末引进的日本制服和中山装及长袍马褂的影响，但是没有中山装那样复杂烦琐，形式上也是左右式的对襟结构，小立领，5～7粒扣，胸前一个口袋，无袋盖，收腰合体，袖子类似西装袖。另一种学生装束多见于长袍和礼帽的组合，长袍的颜色多以素色为主，西式长裤，脚穿黑色皮鞋，这是民国中后期较为时兴的一种装束，也是中西结合最为成功的搭配，它既不失民族风韵，又为中国男性增添了一股潇洒英俊之气，文雅之中显露精干，是这一时期具有代表性的男装造型。在北方学校配以各色围巾，青年学者和教师也多穿，成为时髦的装束和新式男装（见图10-4）。

### （五）衫袄、裤子

民国时期，民间男子除了长袍马褂的装束以外，大多的普通百姓还是以衫袄、裤子为主，上身穿衫袄而下身只着裤子也成为一般乡村劳动人民的主要服饰。在腰间束带，裹绑腿，头戴瓜皮帽，脚穿布鞋或棉靴（见图10-5）。民国初年裤子宽松，20世纪30年代以后裤管收缩，恢复扎腿，无论是达官贵人还是普通百姓都穿，只是面料和装饰层次不同，上层人士多用高档的丝绸和呢料，老百姓则为粗布和家织布。

▲　图10-5　民国时期的衫袄、裤子装束

## 二、汉装、旗装、西装三足鼎立的女装

由于清朝几百年的封建统治，服装的形制几乎没有变化，所以被称为"没有变化的时代"。但是在辛亥革命以后女装发生了翻天覆地的变化，有保留清式偏襟衣裤的，有上衣下裙仿效西式的。居住在大都市的摩登女子，受外来思潮的影响，纷纷走出闺房，投身于电影业、商业、手工业，由于职业的需要，改装换容成为必然，宽镶密滚的烦琐工艺也被简化的缝纫方法所代替。学堂中女学生多着偏大襟上衣底襟圆摆，齐肘中袖短衫，黑色绸裙。社会妇女的常装仍以旗袍为主，民国二十年以后这种装束又普遍流行起来。女子装束的总趋势分两种类型：一种是上衣下裙分开的衣裙式，另一种是各种素色或者印花面料的曲线长旗袍，特点是在衣边加镶条、补花或衣外加套小马甲和丝质围巾。由于城市与外界交往的频繁，服装的款式材料变化快，而偏远的山区和农村，相比之下几乎差了一个世纪之

多。当大城市的女子烫着头发，穿着新式服装、足蹬高跟鞋时，边远地区的妇女头上还带着三四百年前的发冠，缠着"三寸金莲"，可见当时由于地区的差异、气候风俗习惯的不同、年龄大小以及各等人物喜好不同，人们的服饰观念也表现得千差万别，参差不齐。

## （一）袄裙

民国初年，这一时期上衣下裙式的袄裙最为流行，上衣有衫、袄、背心，样式有对襟、琵琶襟、一字襟、大襟、直襟、斜襟等，领、袖、襟、摆多镶滚花边或刺绣纹样，衣摆有方有圆、宽瘦长短的变化也较多（见图 10-6）。袄裙也是各阶层妇女普遍穿着的一种服式，这种服装老少皆宜，大致流行了近三十年之久。但是它的长短、衣身、袖身的宽窄及袖的长短，领的高低和式样，衣的襟式以及下摆的形式，都随着时间的变化而变化，每一个时期都展现出不同的风采。在留日学生的影响下，年轻妇女穿着窄而修长的高领衫袄，下穿黑色长裙，不施织绣，不戴任何饰品，称做"文明新装"。学堂中女学生多着圆摆底襟的偏大襟上衣，袖长及肘，下着黑色绸裙（见图 10-7）。

▲ 图10-6　袄裙形式

▲ 图10-7　各种形制的袄裙

## （二）旗袍

　　旗袍是近代中国历史女性的代表服饰，它既适合中国女子的体型特征，又吸收了西式女装的优点。旗袍源于满族妇女服饰中的旗装，满族旗袍主要特点为宽大、平直，衣长及足，材料多用绸缎，衣上绣满花纹，领、衣、襟、裾都滚有宽阔的花边；穿旗装时，梳旗髻，穿旗鞋。虽然在民国初年就已有服用者，但那时还极不普遍，到1931年前后旗袍逐渐盛行起来，以至于后来大有取代上衣下裙的趋势。刚开始时其样式与清末旗装没有多少差别，但时间不久，袖口逐渐缩小，滚边也不如从前那样宽阔（见图10-8）。

▲　图10-8　旗袍的造型变化

　　20世纪20年代末，在欧美服装造型的影响下，旗袍的衣长减短，腰身收紧，使得旗袍的外轮廓更加收腰合体，展现了女性身体的曲线美，使旗袍具备了现代女装的基本特征和穿着规范，为后来成为中华民族女装的代表式样打下了基础。此后，旗袍衣袖的长短、宽窄、色彩、织绣、衣襟的开法、领的高低及形式、衣摆的式样等，都成为流行的焦点。袖子的变化也是如此，时而流行长的，长过手腕；时而流行短的，短至露肘。20世纪20～30年代，旗袍在袖子及下摆部分，在不同时期有不同的变化：袖子从宽到窄，从长到短；下摆从长到短，再由短到长，完全随着时代的变迁而变迁（见图10-9）。

▲　图10-9

▲ 图10-9　各种袖形和不同面料的旗袍

### （三）连衣裙

连衣裙是把上衣和下身的裙子连在一起的连体式女装，衣襟可以开在前面也可以开在后面。连衣裙是20世纪20年代由一部分西洋留学生及文艺界、知识界人士留学带回中国的。流行于20世纪30年代初期，一般为年轻姑娘穿着，常在夏季服用。其特点是在腰间收紧，或者加束腰带，可以显示纤细的腰身（见图10-10）。

### （四）衣裤

女子一般在不着裙子时就只穿着裤子，也是自民国初期开始一直流行的，它的形式长短随时间改变，穿这种服装的以年轻姑娘或家居和劳动时的妇女为主。但上流社会的女子也有穿丝绸、锦缎一类面料的，裤口较肥，类似于现在的女式裙裤，但常常穿用及膝的长上衣（见图10-11）。

▲ 图10-10　连衣裙

▲ 图10-11　女士衣裤

### （五）婚服

婚服的变化和发展也受人们的思想观念的影响，20世纪20年代的中式婚礼服，女子婚礼服装有中式风格的大红绣袄、绣裙；也有西方引进的白色灯笼袖拖地连衣裙。男子穿的是常礼服，长袍马褂；女子则穿的是带水袖的戏曲刺绣服装，头戴凤冠（图10-12）。但在20世纪30年代以后出现了西式的婚装服饰，一批思想进步的青年人士甚至在20世纪40年代出现了提倡节俭的集体婚礼仪式，服装的形式男子多采用中式的长袍马褂，女子则是西式的婚装（见图10-13）。

▲ 图10-12　20世纪20年代中式婚礼服

▲ 图10-13　西式婚装

## 三、军装

　　1905年3月，清廷练兵处、兵部制定了《中国陆军官弁服章》，设计出中国近代军官军服和军衔标志的第一个图案样式（见图10-14）。1911年3月，陆军部在《奏定陆军军队学堂服色章记图说》中，规定了各级士兵的军衔标志和军服式样（见图10-15）。

　　在北洋军阀时期，多采用英式军装形式，肩披绶带，根据五族共和之意而用五色，1915年时改为红、黄两色。胸前佩戴徽章，文官为嘉禾，寓意为五谷丰登；武官为斑纹猛虎，寓意为势不可当。头戴叠羽冠，用白色鹭鸶毛制作，一般为少将以上武官戴用。军服的颜色，将官以上为海蓝色，校官以下为绿色。在国民党统治时期，分为常服与礼服两种形式，常服作为作战时穿用，制服领，不系腰带；礼服为翻领，美式口袋，系领带，扎皮腰带，戴大盖帽。宪兵戴头盔，警察穿黑衣，白帽箍，白

（a）穿新军礼服的段芝贵　　　　　　（b）身穿新式军服（常服）的陆军大臣荫昌

▲ 图10-14 《中国陆军官弁服章》中规定的军服样式

（a）陆军中学堂学生进行沙盘作业　　　　（b）穿常服的新军骑兵

▲ 图10-15 《奏定陆军军队学堂服色章记图说》中规定的军服样式

裹腿，这种装束也是受辛亥革命时期的军装标志的影响。

## 四、妇女发式及服饰品

　　近代妇女发式演变自光绪末年至民国初年，曾经流行的发髻有螺髻、包髻、连环髻、朝天髻、元宝髻、一字髻、东洋髻、坠马髻、舞凤髻、蝴蝶髻等十余种造型。年轻的妇女，除了梳髻以外，还有的留一绺头发覆于额上，俗称"前刘海"。前刘海的样式也不完全一样，有一字式、垂丝式、燕尾式等（见图10-16）。

　　1923年左右，中国大城市里面流行剪发。20世纪30年代烫发流传到中国，在曙山著《女人截发考》中，曾经提到在1933年前，中国就已经有了烫发。从大量的画迹来看，符合于这个时期。1933年以后，中国大城市的妇女，发式多模仿西方样式，多种发式造型出现在人们的日常生活中，有的把头发染成红、黄、棕、褐等各种不同颜色，以此为时髦（见图10-17）。

　　另外，几千年的封建陋习——"女子裹足"在当时的中国还没有彻底消失，在一些落后和偏远的农村，女子还保留着缠足的陋习，但在发达的城市，女子已经与男子一样涉足户外运动，基本没有了这种现象。直到新民主主义革命胜利以后，随着新中国的诞生，这种陋习才被彻底杜绝、消失。妇女

▲ 图10-16　民国初期的女子发式

▲ 图10-17　20世纪30年代的妇女发式

因缠足脚呈弓形，故其鞋由此得名"弓鞋"，明、清样式有平底、高底等多种，并饰以刺绣与珠玉等（见图10-18）。

▲ 图10-18　女子弓鞋

　　近代时髦的妇女，除衣着华丽之外，还特别喜欢佩戴各种首饰。她们颈间挂着项链，耳上戴着耳环，腕上套着手镯或手表，手指上戴着戒指，胸前还佩着别针。在外出时，一般还拎着小巧玲珑的提包及制作精致的布伞，身穿合体的旗袍，尽显东方女性的风采。女学生以别钢笔、戴眼镜为时髦，流风所及，新嫁娘、交际花爱戴眼镜，富家妇女戴钻石戒指，贫家女子佩戴银饰物。男子一般戴金方戒、圆戒。在清代至民国时期，头饰是女子最高、最好、最时尚的嫁妆，其制作的工艺和附属物的珍贵程度，往往反映了其身价（见图10-19）。

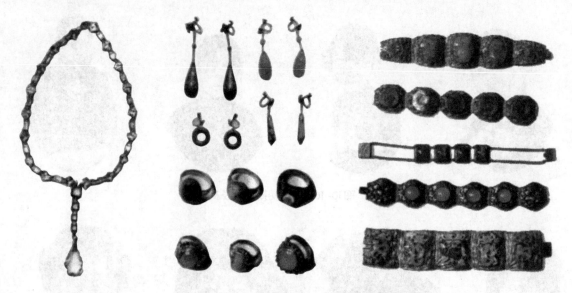

▲　图10-19　水晶项链、嵌宝手镯和耳坠

# 第三节　服饰材料、色彩和装饰纹样

清末民初，长衫、马褂、折叠式大腰裤为士绅、文职人员、教师、账房等日常男子服装，一度流行紫红色。留洋学生或洋行职员等喜着西服，农民多着短装、袄裤，中老年人以蓝布裙围身。富人夏穿衬衣或长衫，冬穿皮袍、骆驼绒、衬绒袍、毛料、麦尔登呢袍子。在正式的礼仪场合，穿长衫加马褂，腰间挂香囊。劳工平时穿粗布短衣，节庆或做客时穿布料长衫加马褂。20世纪20年代，流行中山装，以知识青年穿着为多。农民服装无大变化，多用自制土布，穿机制细布为奢侈品。

民国时期中国服装的流行趋势，在样式和用料上都与西方国家差别不大，但主要集中在大中城市富有的人家。一般百姓、特别是在广大乡村，依然自己纺线、织布、刺绣、缝衣、做鞋，穿着依然延续着明清时代甚至更远年代的传统样式，即使或多或少地接受了外面的影响，也仅仅是一些很小的改变。服装面料以棉布、卡机、劳动布、假哔叽、士林蓝、一九蓝为主。20世纪20年代，出现了女子新式旗袍，约与中山装同时风行。新式旗袍，借鉴西洋时装的特点，将宽大的满族旗袍改成线条流畅、不带装饰的新型服装，以丝绸缎等为面料，职业女性流行阴丹士林布料，女学生时兴背带式连衫裙。

清末民初的女子服饰，多穿旗袍或大襟束裙。时髦女郎爱穿西式男猎装、马裤、高靴，戴呢织鸭舌帽。20世纪20年代，盛行长旗袍，30年代盛行短旗袍。冬季，富妇穿丝绒、锦缎旗袍，外加皮大衣，夏穿绫罗、丝绸，衣襟绣花，平民穿浅蓝色士林布或土布衣服（见图10-20）。

高档的时装首先在大城市的电影明星、名模、交际花中流行，或者是出国留学的学生，渐而扩至上层社会妇女，再影响普通女性衣着，最终向各个地区扩散，当然在农村或偏远地带受到的影响还是很小的。在款式和面料方面影响较大的有翻花女时装、西式裘皮大衣、百褶裙、好莱坞明星服装等，特别是在上海，西方的流行服饰最多2～3个月就能传过来，上海也就成为了当时中国的时装发源地，引领了当时的时尚潮流（见图10-21）。

总之，清朝服饰之所以被称为中国服装史上的第三次飞跃，也是指中国封建社会末期服饰在服制、工艺水平、色彩与材料的运用上都达到了一个登峰造极的地步。实际上，清朝末年民国初始的服饰现象和审美观念都是受"经世致用"思想的影响，使服饰在吸收西方服饰特点的基础上，更加趋于合理性。在20世纪初，人们追求科学，追求民主的革命思想，得到了彻底的宣泄与尝试，不仅在艺术思潮上，在生活方式上也以"西化"为准。清朝末年，清政府也陆续公派人员出国留学，培养了不少各方面的专业人才，于是一场近代轰轰烈烈的"崇高美"时代已经来临，表现在服饰上则更为突出和明显。

▲ 图10-20　穿着阴丹士林布长袍的老师们

▲ 图10-21　20世纪30年代的女子各色面料旗袍（见彩图32）

# 第四节　新时期服装的历史变迁

中华人民共和国（下称"新中国"）成立以后，在一些大城市或沿海地带，由于受到西方文化的影响，部分市民盛行西装革履、旗袍、高跟鞋；但大部分城市依然穿着长袍马褂。由于人们对封建社会习俗的憎恶，很多人抛弃陈旧的旧衣制，传统的长袍马褂也逐渐被抛弃。男子一般穿着中山服，成对襟、偏襟的短上衣，戴毡帽，穿肥裤，胶底鞋或圆头黑布底鞋（俗称懒汉鞋），女子一般穿着花色上衣，蓝印花布，灰色外罩衣，多采用偏襟，留短发。这种服制在建国初期的近10年内基本上没有太大的变化，除了地域的差异，基本是一致的。在面料的应用上，一般采用棉布比较多，毛料的衣服在民间是很少的。实际上在任何时期，服饰的流行都是多元化的。在20世纪50～60年代，随着中西关系的发展，中国男子流行戴鸭舌帽，类似于前苏联人的工作帽，女子穿"列宁服"，常有明显的政治趋向，"列宁服"是一种双排扣，斜纹布的上衣（见图10-22）。

列宁装的主要特点是西服领、双排扣、双襟中下方均带一个暗斜口袋。"做套列宁装，留着结婚穿"是当时年轻人的流行说法。列宁装在年轻的新中国流行，除了表明当时中国女性在精神上的革命追求之外，还因为它或多或少带有一些装饰性元素——双排纽扣和大翻领；此外，它附加的腰带的紧

▲ 图10-22 列宁服

束功能有助于女性身体线条的凸显。这种服式成了工农革命的象征。那时中国人习惯把前苏联称为"苏联老大哥"，所以，那个时代的中国人都会哼唱几首苏联歌曲。新中国成立初期，抗美援朝战争的爆发使中国人在意识形态上更加抵触西方文化而倾向于以前苏联为首的国际社会主义阵营。当时的中国女性服装除了原始的美化功能之外，还兼具表达政治倾向和社会主义国际阵容之间牢不可破的友谊的意识形态使命，具有极为强烈的俄罗斯色彩和革命性。

新中国成立之后的一段时期是中国女性服装的美学意义丧失得最为彻底的一个时期。在经历了火红的大跃进运动、人民公社化之后，中国妇女的服装开始丧失服装美学本身的意义，而更多地被赋予了革命色彩和劳动特性（见图10-23）。稍加改良的中山服成为男装一统天下的主要款式，外国人将其称为"毛式制服"，而女装基本是在中山装的领子处稍作改良（将有风纪扣的立领改成翻领），取消左右两个上兜，民间将这种没有正式名称的服装统称为干部服。

无论男女，蓝灰为主的色调和肥大单一的款式是这一时期中国服装的主要特点。这一时期几乎没有严格意义上的女装，女性身体的曲线特征被有意地掩盖起来，裙子、花边、高跟鞋等许多具有女性特点的衣饰在公众场合几乎绝迹。

从1966～1976年的10年，是中国现代文化历史上一个近乎疯狂的年代。这一时期，服装的等级意识和档次概念逐渐消失，取而代之的是阶级意识。在服装风格上，性别差异进一步被淡化到最小程度，除了领口和衣袋等细节之外，男女服装几乎没有其他差异，更谈不上个性色彩。与美、苏两个大国同时在政治和军事上的对峙，使中国处于长期战备状态，而国内空前激烈的政治斗争使各种思想的对抗发展成生活形态的剑拔弩张，因此在原有的艰苦朴素、勤俭节约的思想风尚中，中国人的服饰又增添了浓烈的革命化、军事化和战斗化色彩。"十亿人

▲ 图10-23 具有劳动特性的服装

民十亿兵"的十年"文革",最时尚的装束莫过于穿一身不带领章帽徽的草绿旧军装,扎上棕色武装带,胸前佩戴毛泽东像章,胸前斜挎草绿色帆布挎包,胳膊上佩戴着红卫兵袖章,脚蹬一双草绿色解放鞋。除红卫兵外,工人、农民、教师、干部、知识分子中相当一部分人也穿起了军便服。服装市场也开始出售草绿色上衣和裤子。 这一年代还是中国服饰文化变化最为剧烈的一个时期,但是从客观上说,文革的结束,使人们对美的天然热爱和追求迅速苏醒,所以在20世纪70年代后期出现了许多具有象征意义的事件。

文革时期,中国人的着衣观念受到政治色彩的影响、基本上没有新颖的款式出现。主要以中山装、军装、工农装为主流。颜色上以灰、黄、蓝为主。灰色的中山服、工农装在很多行政机关穿着。很多年轻人身穿一身军装,配一宽腰带,脚穿黄胶鞋,配一黄色军包,书包上绣以"为人民服务"的字样,成了一种最革命、最忠诚于党、最服务于人民的一种象征。特别是红卫兵团,清一色的红卫兵身穿黄绿色军装(见图10-24),成为了文革时期的一大风景。

▲ 图10-24　军装服饰

女子服饰除了地域差异以外,多穿着花棉袄。条件好的用绸缎作面料,条件差的用粗花布作面料,也有的用素色面料做衣表,然后外套一件罩衫,罩衫的颜色也以深素色为主。但在文革时期,很多年轻女子多喜欢穿军装,戴军帽,穿胶鞋,成为当时的时髦装束。

十一届三中全会以后,文革结束,人们的思想得到了彻底的解放,在文艺界曾出现了很多的流派,大多以反思文革、歌颂新时代为体裁,思想的改变引发了人们服饰的变化,文革时期被封闭的服饰在街上逐渐多起来。款式越来越开放,色彩越来越多,颜色越来越鲜艳。在很多的文学作品中都可以看出来。如《街上流行红裙子》等很多脍炙人口的作品(见图10-25),逐渐被青年人所喜爱。电影《街上流行红裙子》反映的是纺织厂的女劳模与漂亮裙子之间的矛盾冲突,成为那个年代中国人服装革命的写照。20世纪70年代末到80年代初,封闭的大门被打开,外面的世界使中国人眼花缭乱,别人的生活方式使中国女性开始以审视和怀疑的目光打量自己的穿戴:美是没有阶级性的。银幕上的"红裙子"使中国女性从单一刻板的服装样式中解放出来、开始追求符合女性自身特点的服装色彩和样式的一个标志性道具,一个多样化、多色彩的女性服装时代正式到来(见图10-26),人们对于服饰的多彩追求就像压抑多年的心情一样,敞开心扉,豁然开朗。

随着改革开放的深入,甚至在20世纪80年引发了一场大的、时间很长的争论,就是关于人们思想是否会"全盘西化"的影响。开始主要是受我国香港、台湾地区和西方文化的影响,很多青年人穿喇叭裤,留长发,穿港衫。所以风靡一时的牛仔裤也逐渐在青年人中间传播开来,甚至西方很多青年人的时尚观念也开始影响着我国的流行时尚,20世纪80年代的美国电影《霹雳舞》和迈克尔·杰克逊在当时曾引起很多青年人的效仿:头扎方巾或丝带,脚穿舞鞋、一身合体的运动衫,成为当时大街小巷青年人的时尚打扮。当时"港衫"和牛仔裤也是流行的装扮,所谓"港衫"就是由香港生产或由内地指

▲ 图10-25　《街上流行红裙子》电影海报（见彩图33）

▲ 图10-26　多色彩的女性服装（见彩图34）

定生产加工的一种文化衫，故名"港衫"，主要面料为化纤织物或涤棉织物。方领、贴袋、短袖，颜色主要分为浅色、深色。

　　由于当时的娱乐活动和娱乐场所比较少，任何一场电影或一部电视剧都能在社会上引起流行。如《少林寺》《霍元甲》等影视电视剧的播出，在社会上引起了强烈的反响，很多青年人在课外或工作业余时间自学习武，在当时引起了一阵的习武热，很多的练功服和手腕、护腕、练功鞋更成了脱销产品。电视剧《渴望》播出以后，在社会上刮起了"慧芳头"的热风。很多女子模仿慧芳的发型，现在看来也只是很简单的一种发型，但在当时来讲，确实是很时尚、很前卫的。

　　20世纪60～80年代，城市和农村的着衣观念也有很大的差别。许多城市受到我国香港、台湾地区影响很大，所以出现了对香港及台湾地区服饰的模仿，但服饰的穿着由于受经济条件和思想观念的影响，着衣打扮是很不讲究的。20世纪60～70年代也是生育的高峰期，无论是城市还是农村，一般家庭人口都很多，大多在5口人左右。每家的孩子最少也有两个，老大穿的衣服给老二穿，老二穿的衣服再给老三穿，而且衣服上都有补丁，膝盖上小补丁，屁股上大补丁。"新三年、旧三年，缝缝补补又三年"，也正是那时穿衣的真实写照。当时民间多用的面料主要是涤棉，劳动布、灯芯绒等。另外，的确良、人造棉、粗花印布、巴拿马面料也很流行。但是对于颜色的选择还是很少的。

在那个年代追求穿戴上标新立异的年轻人可能都受到过批评，批评的对象一般是喇叭裤、尖领衬衫等（见图10-27），与这个词汇意义和功能都相当接近的还有"崇洋媚外"、"思想腐朽"等。20世纪90年代是中国女性服装变化最快的年代，一种潮流还没有形成，几乎就要面临过时的尴尬，在大城市里，这一时期的女人都习惯到专卖店买衣服、鞋子，而低收入的城市女性则更多地光顾各种服装摊，那里有更大量的款式与花色的服装供人选择，价格也更加便宜，而统治了中国消费市场几十年的国营百货商店的服装柜台，一时门可罗雀，除了外地旅游者，几乎无人问津。昂贵的专卖店和便宜的地摊，成为20世纪90年代中国年轻女性们选购服装分化的两极，中间地带几乎不存在。这一时期，中国女性的日常着装意识发生了一次彻底的革命，她们从长期以来注重价格和款式变化为更注重品牌，着装的品牌档次成为女人品位、档次的主要标志——中国女性开始以更独立的身份出现在重要的社交及商务场合，一些国外的知名品牌相继落户中国各大城市，如皮尔·卡丹、范思哲等（见图10-28）。

进入20世纪80年代中期至90年代，中国大地上一片蓬勃发展，改革开放，使人们的思想焕然一新。经济的发展，带动了纺织服装产业的发展。尤其是服装行业从过去的计划生产到市场规模运作，成为中国国民生产总值的重要支柱。在计划经济时代，一般地，市级的城市有一个服装研究所，1～2

▲　图10-27　喇叭裤、尖领衬衫

▲ 图10-28 皮尔·卡丹、范思哲服饰

个被服厂。但进入市场经济后，一些服装研究所和被服厂，以及很多的外贸服装公司都纷纷自寻出路。很多的服装知名品牌也正是在这样的环境下步履艰难地走过来的。由原先单纯的外贸加工，发展到自创品牌。由小到大，尤其是改革开放以来，以珠江三角洲为主的服装产业几乎覆盖了全国的销售网络。珠江三角洲主要以广州、番禺、虎门、东莞、深圳为主。这一带的服装加工与生产量占据了全国服装产量的1/3以上，成为了我国改革开放初期引领服装流行潮流的领头羊，全国各地很多的服装生产商、批发商、代理商云集到珠江三角地带，向全国各地发货、批货。所以在广州、东莞、虎门等地都形成了很大、很成熟的服装原材料批发市场、成衣批发市场。款式新颖、面料、花色变化快成为了这一时期服装变化的重要特点，中小型服装加工企业在珠江三角洲也遍地开花，从小型的作坊式开始向中型、大型的企业化运作转型；一些小型的企业经不起市场变化而倒闭，故纷纷向大、中型企业靠近合并。国家纺织服装部门出台了一系列的优惠政策吸引外资，为刺激和带动纺织服装业的复苏，中国服装协会与设计师协会于1993年5月在北京首开了"中国国际服装服饰博览会"。皮尔卡丹、费雷、瓦伦·帝诺也都一起共聚北京国贸中心共贺这一盛事的召开。可以说，此次博览会的召开，对中国服装的影响和发展是具有划时代意义的。从此以后，中国服装产业的发展和运作才开始走上了规范化、专业化和国际化的道路。这次盛会不仅让世界服装走入中国，而且更多地让国内从业人员开始接触国际市场，无论是举办博览会的形式、专业的媒体打造、活动的举办方式、参加企业的组织、专业赛事的安排，更重要的是纺织服装企业的各种交流，都带动了国内纺织服装行业的思考和定位。以"杉杉"服装品牌为代表的中国服装品牌开始掀起了中国时装品牌的第一次世界宣言。

## 第五节　近现代典型服装裁剪方法与缝制工艺简介

如图10-29所示。

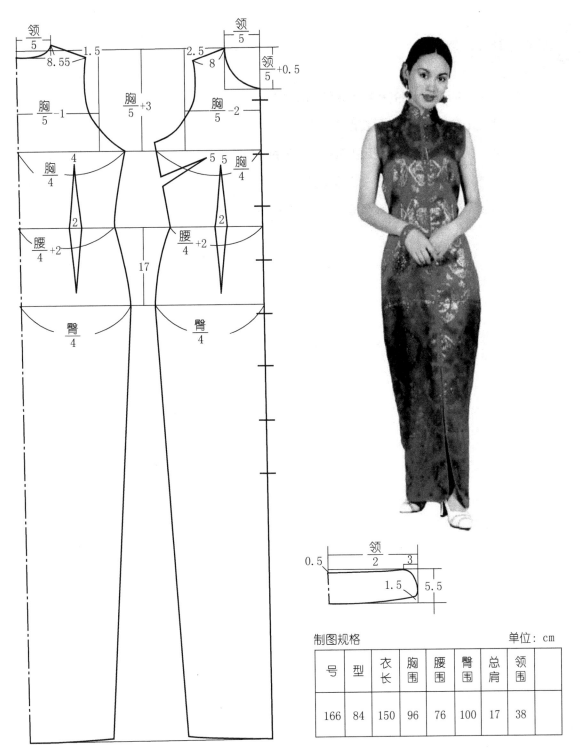

$$\frac{领}{5}$$

$$\frac{领}{5}$$

$$8.55$$　　$$1.5$$

$$2.5$$　　$$8$$

$$\frac{领}{5}+0.5$$

$$\frac{胸}{5}-1$$

$$\frac{胸}{5}+3$$

$$\frac{胸}{5}-2$$

$$\frac{胸}{4}$$　$$4$$

$$5$$　$$5$$　$$\frac{胸}{4}$$

$$2$$

$$2$$

$$\frac{腰}{4}+2$$

$$\frac{腰}{4}+2$$

$$17$$

$$\frac{臀}{4}$$

$$\frac{臀}{4}$$

$$\frac{领}{2}$$　$$3$$

$$0.5$$

$$1.5$$　$$5.5$$

制图规格　　　　　　　　　　　单位：cm

| 号 | 型 | 衣长 | 胸围 | 腰围 | 臀围 | 总肩 | 领围 | |
|---|---|---|---|---|---|---|---|---|
| 166 | 84 | 150 | 96 | 76 | 100 | 17 | 38 | |

▲ 图10-29　对襟无袖旗袍的裁剪制图

**思考题**

1. 了解辛亥革命时期的社会背景和文化背景。

2. 简述辛亥革命以后的男装和女装特色。

3. 简述旗袍的发展和演变历史及各个阶段的特色。

4. 简述新时期服装的历史变迁和发展特点。

5. 试以辛亥革命时期的服饰特点为依据进行设计训练。

# 第二篇　外国部分

## 第十一章　古代服装

- 第一节　古代埃及服装
- 第二节　古代西亚服装
- 第三节　古希腊服装

### 学习目标

比较全面地了解古埃及服装的发展历史和代表服装种类。掌握服装演变的发展规律。

# 第一节　古代埃及服装

## 一、地理位置与文化背景

　　古埃及的文明是地球上最早的文明之一，辉煌灿烂的文化至今让人赞叹不已。约6000年前，埃及在民族社会逐渐解体的过程中，形成上、下两个埃及王国。公元前3000年，上埃及国王麦尼斯征服了下埃及，建立了统一的埃及王朝。中期埃及王国，以它的技术、文字和实用艺术等方面的飞速发展和日趋完美而闻名于世，与此同时，服装的变化有着一定的改进。奴隶制的古埃及经历了31个王朝，孕育了埃及的远古文明。

## 二、服装种类

▲ **图11-1　丘尼克**（见彩图35）

### 1. 古埃及男子服装

　　古埃及男子的衣服主要是一块白色亚麻布，用于缠裹在腰上。形式种类比较多，有当腰带用的，还有一种是兜裆的。上层阶级的人也穿用一种兜裆的罗印·克洛斯，这种罗印·克洛斯就叫帕纽。中王国时期，罗印·克洛斯逐渐变长，织物就更加精细。上层阶级常用糨糊把布固定出很密的褶，这些褶是经过压折或熨烫定型后形成的直线褶。

### 2. 古代埃及女子服装

　　女子服装与男子的没有太大的区别。妇女们一般是穿丘尼克（见图11-1），它是古埃及妇女的正式服装，是一种从胸到脚踝的筒形紧身衣，形式也比较多。古埃及的女装比男装发展得快一些。这是因为古埃及社会的特殊性所决定的，因为在这之前财产是由母系来继承的。丈夫和妻子各自有可以自由处理的财产，就是现在所说的ＡＡ制。

## 三、服饰品

### 1. 假发

　　埃及人不分男女都将头发剪至最短的长度再戴上假发。而假发的长短与形状是用以区分阶级的。埃及人通常是留短发，戴假发，另一方面也是为了防晒。

### 2. 头巾

　　自第四王朝后，头巾成为法老王的重要装饰物。女性不戴头巾，但自新王国之后，贵族妇女采用发饰。

### 3. 冠饰

　　冠帽亦是古埃及社会阶级区隔之象征。一般埃及人是不能戴冠帽的。法老王与神祇带着不同的冠帽，也象征着不同的意义。古埃及的帽子常有厚棉帽、亚麻帽和羊毛帽子。帽子上有彩条或是绣上花纹。

### 4. 项链

　　项链是古埃及人普遍采用的装饰品。饰物主要是颈部与胸部的宽宽的颈饰，一般用宝石串成串排列起来，或是由陶器的磁片组成，这些装饰物除了有装饰服装的作用之外，就像中国的长命锁一样，具有避邪、祈求神灵保佑的含义。

### 5. 化妆

化妆术在埃及也是很发达的。眼影是埃及人脸上最明显的装饰。不论男女皆以矿物粉末画出大眼睛，据说以墨画眼能减少阳光的照射，因而具有保护作用。

# 第二节 古代西亚服装

## 一、地理位置与文化背景

古代西亚是最早的古代文明的发祥地之一。在这广大的地区中，先后出现过许多大大小小的国家。古代两河流域南部，是西亚最早进入奴隶制社会的地区。公元前3000年前后，在这里相继出现了十几个城市国家（城邦）。大约于公元前2340年建立的阿卡德王国是两河流域历史上出现的第一个统一的集权制国家。经乌尔第三王朝（约公元前2011～前2003年），到古巴比伦王国汉谟拉比时代（约公元前1792～前1750年），中央集权的专制制度已趋于完备，奴隶制社会进入鼎盛时期。古巴比伦王国衰落后，小亚的赫梯、地中海东岸的腓尼基各商业城邦以及巴勒斯坦的以色列和犹太王国，相继进入自己的繁荣昌盛时期，在历史上产生过相当的影响。公元前8世纪，亚述帝国第一次将西亚的大部分置于自己的版图之内。继起的新巴比伦王国统治时期（即迦勒底王朝，公元前626～前538年），两河流域的奴隶制经济达到了较高的水平。后来，波斯帝国（公元前538～前330年）兴起，征服了整个西亚、埃及以及其他地区，建立了横跨亚、非、欧的大帝国。这些国家都在这片土地上兴起、繁盛、交流和灭亡。

西亚各个时期的艺术、宗教、法律和语言在种族林立并相互影响下，其形式各异，根据服装的发展时期，可分为苏美尔人时期、古代比伦–亚述帝国时期和后来的波斯帝国时期。

## 二、苏美尔人的服装

苏美尔人从游牧生活转入定居生活，他们的城市以神庙为中心，在这里僧侣是社会管理者和权力的化身，他们主持宗教活动而且还有权处理生产、战争和外交等事务。

公元前2459～前2289年，男子穿"考纳吉斯"服（见图11–2），它质为羊皮，有层层流苏装饰，裙衣从背后向上拉紧，经过左肩到右肩下方，再绕过前胸，从左肩缠向背后，于后背系结。

## 三、巴比伦人的服装

巴比伦人的国家是在公元前20世纪的时候取代苏美尔人的，由于引进了棉和亚麻，织物就变得比较华美，出现了几何形织纹，衣褶也更加丰富。因此巴比伦人的服装最明显的转变就是衣服的垂褶增加了。女子所穿的衣服像现在印度人穿的纱丽。这种卷衣的缠裹方法就是将布搭在左胳膊上从肩上再到腋下再搭在左臂上将布尾掖进右腋下。

巴比伦王朝较注重衣服用色，常用一些红、绿、青、紫，并且常有流苏作装饰，织物的织纹工艺在这个时候有了很大的进步，同时产生了刺绣，织物上的花纹常是左右对称的。

## 四、亚述人的服装

亚述人的服装受埃及王国时代的影响，十分华美。最大的特征是使用大量流苏装饰，刺绣和宝石装饰技巧很发达，服装面料主要是羊毛织物，棉麻织物比较普及。

▲ 图11-2 苏美尔人的"考纳吉斯"服

贵族男子服装的样式，里面是有袖子的、长及脚踝的紧身丘尼克，丘尼克外披卷衣，腰系腰带，腰带上装饰有刺绣纹样，腰上挂两短剑，头裹筒形头巾，脚穿皮革或是凉鞋(见图11-3)。

◀ 图11-3 贵族服装样式（见彩图36）

丘尼克的衣长衣短，是社会地位的象征。女子在这个时候是没有地位的，贵族妇女是不能让外人看见自己的颜面的，要用薄布遮住脸。

## 五、波斯人的服装

波斯人是游牧民族的山岳人种，受高原寒冷气候的影响比较大，因此他们学会了鞣制皮革，并且裁制衣服的技术也比较好。

上身穿紧身合体的长及膝的丘尼克，下身穿紧身长裤，脚穿短靴，头戴圆形的帽山很高的无檐毡帽，这种样式既保暖又方便骑射。

征服两河流域后，服装又发生了变化。

上身是宽松的多垂褶的贯头衣——亢迪斯（见图11-4），帝王、达官贵人在祭祀和仪式等正式场合当作礼服穿用。亢迪斯构成简单，就是把两块双人床单大小的布在肩部缝合，留出脖子的领口，再从两侧低腰身处到下摆缝合，留出两个很大的袖口，穿时在腰身处一系就行。有一些袖子呈喇叭状，在后肘处做出很多褶裥，形成优美的下垂造型。那么这种造型也有一定的服用功能，就是这种衣服的通风性很好，比较凉快。

▲ 图11-4　波斯人的亢迪斯

织物比较有特色，多是几何纹样或是玫瑰花形连续纹样，色彩鲜艳，有黄、土黄、茶、蓝、紫等。

# 第三节　古希腊服装

## 一、地理位置与文化背景

古希腊文明首先在克里特岛获得发展。克里特文明以岛屿北部的克诺索斯为中心，在公元前2000年中期弥诺斯统治时期臻于极盛。显然是由于某种自然原因，该文明在这之后突然消失，古希腊文明发展移向巴尔干半岛，伯罗奔尼撒半岛西北部的迈锡尼成为新的文明发展中心。迈锡尼文明吸收了克里特文明的成就，同时在经济、文化、生产技术等方面达到新的繁荣，已见于克里特文明的线型文字得到了进一步的发展和更多的使用。著名的特洛伊战争发生在这一文明阶段的后期（公元前12世纪初）。战争结束后，迈锡尼文明衰落。希腊社会在经历了一段时期的历史倒退后，继而进入主要以雅典为中心的新的文明发展时期，取得前所未有的辉煌成就，成为古希腊文明发展的古典时期。公元前4世纪后期，希腊被新崛起的马其顿征服。亚历山大东征促进了东西方经济的交流和文化的融合，古希腊文明进入"希腊化"时期，在东方各国文明的影响下，在更为广泛的范围内得到了新的发展。古代希腊作为一个文明古国，曾经在科技、数学、医学、哲学、文学、戏剧、雕塑、绘画、建筑等方面做出巨大的贡献，成为后代欧洲文明发展的源头。公元前750年左右，随着人口的增长，希腊人开始向外殖民。在此后的250年间，新的希腊城邦遍及包括小亚细亚和北非在内的地中海沿岸。在诸城邦中，势力最大的是斯巴达和雅典。

## 二、主要服装种类

古希腊人的服装不是用来区分身份和地位的，简洁的款式没有任何过多的修饰，无需以华丽和复杂来表现某种权威性。服饰趋于单一化，男女服饰没有严格区别，以最自然形态包裹人体，多采用不经裁剪、缝合的矩形面料，通过在人体上的披挂、缠绕、别饰针、束带等基本方式，形成了"无形之形"的特殊服装风貌。

希腊文化圈的服装大体分为三个时期：第一时期为爱琴文明时期，第二个时期是荷马时代到希腊的古风时代，第三个时期即希腊的古典时期到希腊化时期。希腊服装从形态上大体分为"希顿"和"希玛纯"两种，从衣服的内外结构上看，希腊的衣服可分为贴身穿的内衣和披裹在内衣外的外衣两类。

## 1. 希玛纯

希玛纯是古希腊男女都穿的包缠型长外衣，与希顿一样是一块矩形的毛织物衣料（见图11-5），如果把希顿认作是内衣，那么希玛纯就是披在希顿外面的外衣。希玛纯没有固定的造型，从用途上可以分为有里子的外出穿用和没有里子的平常穿用两种，其大小种类也很多。穿时先搭在左臂右肩，从背后绕经右肩再搭回左臂背后，衣料四角缀小金属饰物，外出时可将它拉起，盖在头上防风雨，睡觉时脱下可以当铺盖。这些古希腊服装形式都具有潇洒、飘逸的基本特点，由于衣身系扎而布料较宽，所以形成无数条竖直的线条，这些线条的凹凸感觉又增加了服装的立体效果，本身就宛如一件雕塑。

▲ 图11-5 希玛纯（见彩图37）

## 2. 希顿

希顿是古希腊人的常服，男女皆穿，因不同的民族而分为多利安式和爱奥尼式两种。

（1）多利安式希顿

又称佩普洛斯如图11-6所示，衣料为一块长方形的白色毛织物，长度长于着装者的身高，宽度为着装者平伸两臂的2倍，由整块面料制成长达膝盖的短袖束腰外衣。着装方法是长方形的一条长边向外折，折的量为从脖口到腰际线的长度，然后把两条短边合在一起对折，把身体包在这对折的布中间，在左右肩的位置上从后面提上两个布角，在前面用大约10厘米长的别针固定起来，多余的布料自然地挂在身上。走动时，衣裙随风摇曳，健美的肌肉时隐时现。从整体上看，好像一件有披肩的长斗篷，十分潇洒。为了突出优美的衣褶，也为了便于行动，希腊人又在希顿毛制长袍上系一条腰带，

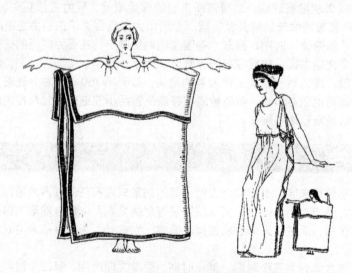

▲ 图11-6 多利安式希顿的着装方法

系扎胸围时把布向上提，以致自然下垂盖住腰带，制造出疏密随意的重褶，使衣服的胸部呈悬吊状，形成优美的垂褶（见图11-7）。

（2）爱奥尼亚式希顿

如图11-8所示，爱奥尼亚式希顿的构成为长方形的布，形似长达膝盖的短袖束腰外衣，长边等于两手平伸时手腕之间距离的2倍，短边为脖口至脚踝的距离，再加上系腰带时向上提的用量，上身没有向外大的翻折，只是凭腰带将宽松的长衣随意系扎一下即可，材料为薄麻织物、皱布。穿用时，将两个短边对折，侧缝除留出伸手的一段外，其余部分缝合成筒状，从双肩到两臂用多个安全别针一段段地固定起来，形成自然袖状。后来改用扣子固定或全部缝合，系上腰带，看起来很像有宽袖子的连衣裙。为了劳作方便，有时从肩到腋下用绳子扎上，有时用绳子在胸前交叉扎起来。

### 3. 克拉米斯斗篷

克拉米斯是一种短式的斗篷（见图11-9），比希玛纯要短小，可单独穿，也可穿于希顿外面。近似一个正方形，通常披在左肩，用扣针将两端固定在右肩或是胸前。

▲ 图11-7 多利安式希顿

▲ 图11-8 爱奥尼亚式希顿（见彩图38）

▲ 图11-9 披克拉米斯斗篷的学者（见彩图39）

# 三、服饰品

男子发型趋于短发，据一墓葬品中的花瓶来看，上面绘有一年轻的骑手，脚穿高至小腿肚的靴子，头发很短。

妇女普遍用束发带（见图11-10），用以拢发，覆盖并固定于脑后，用缎带、花环、宝石、金银装饰头部，显得十分华丽。在这时出现了阳伞，同时妇女还会佩戴大量的耳环、项链、戒指等。

▲ 图11-10 古希腊女子发饰

古希腊人早期是没有鞋的，到了公元前9世纪以后开始流行穿鞋，一般是拖鞋与凉鞋，多用木底和皮革底，另一种用皮条编成或是用皮革透雕而成的鞋，称为克莱佩斯，也有高底鞋，但是是妓女穿用的。男鞋通常为自然色和黑色，女子为红、黄、绿等色。士兵和猎人的鞋是长筒靴，靴里有毛皮衬里（见图11-11）。

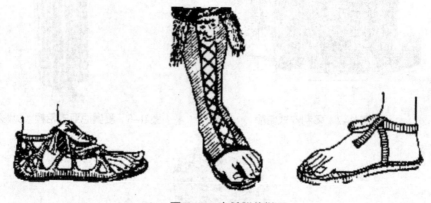

▲ 图11-11 古希腊的鞋子

## 思考题

1. 试述古埃及的社会环境对服装的影响。

2. 简述古埃及的男装和女装各有哪些品种。

3. 简述古代西亚主要服装种类。

4. 简述多里安式希顿和爱奥尼亚式希顿的着装方法及二者的区别。

# 第十二章　中世纪服装

## 学习目标

　　了解中世纪的西方服饰文化在继承古罗马的基础上，融合了东方服饰的特点；掌握深受宗教文化影响的中世纪服装，前后经历了文化黑暗时期、罗马时期、哥特时期的内容，以及历经一千多年的时间，形成的错综复杂的服饰风格。

# 第一节 拜占庭时期服饰

## 一、地理位置和文化背景

拜占庭帝国以6世纪查士丁尼（公元527～565年）统治时期为鼎盛期，独特的拜占庭文化通过来朝拜进贡的西欧贵族带回西欧，影响着西欧文明的进程。拜占庭文化是希腊、罗马的古典理念、东方的神秘主义和新兴基督教文化这三种完全异质文化的混合物。

拜占庭帝国的社会构成十分复杂，民族构成极为多元化，长时期以来，各族人民逐渐融合。在政治经济生活中起决定作用的是希腊人，4～6世纪帝国语言以拉丁语为主，7～15世纪以希腊语为主。拜占庭帝国融合罗马帝国的政治传统、希腊文化和希腊正教，创造了具有独特风格的拜占庭文化。拜占庭帝国将文字和东正教传给斯拉夫人，它所保存的希腊、罗马古典文化，对意大利的文艺复兴运动起了一定的作用。

## 二、典型服饰形象及特性

### （一）男、女服饰

拜占庭时期，服装的形式继续沿用了罗马帝国末期的样式，随着基督教文化的影响和普及，服装的形式也就逐渐失去了古罗马服装的质朴和流畅之美，而是变得造型呆板，色彩冷酷，宗教性的装饰元素越来越多。款式上由缠绕式开始向缝制式过渡，宗教的禁欲制度制约着服装的发展，特别是女子服装，人们不得不按照法令制度限制自己的服饰，不暴露身体，把身体包裹得严严实实。当时皇帝的服制带有明显的宗教色彩，皇帝就是教皇，是人间的基督，皇帝和皇后的日常生活、礼仪服饰都有严格的规章制度，社会地位高的人，使用的装饰品也相当高贵，如宝石、珍珠和丝绸面料，借以显示他们高贵的身份；在意大利拉韦纳的圣维塔列教堂墙壁上的马赛克壁画中就有皇帝查士丁尼一世和皇后狄奥多拉的描绘（见图12-1、图12-2）。

由于受基督教文化的影响，兼受东方服饰的影响，拜占庭时期的男女服装样式差别不大，仅在裁剪和服装装饰上有细节上的区分，在社会上流阶层和民间中最常见的、最典型的服装有以下几种。

#### 1. 达尔玛提卡（dalmatica）

公元391年，狄奥多西皇帝把基督教定为国教，富有宗教色彩的亚得里亚海沿岸地带（今意大利半岛对岸）"达尔玛提亚"的服饰被称为"达尔玛提卡"（见图12-3），由于此种服饰没有性别区分，而且普及面广，深受宗教的影响，所以很快成为人们的日常服装。在其款式构成上，线条单纯、造型朴素，一般是把面料裁成十字形，中间挖领口，在侧缝和袖下缝合在一起，形成宽松贯头衣，自肩至下摆装饰着两条红紫色的条饰。公元4世纪以后，衣袖的形状有所增加，直桶形的躯干部分也采用了腰带，胸围多余的量被去掉，特别是男子的袖子明显变窄，便于活动，这也是西方服饰追求裁剪技术的先兆性举动，人们的服饰开始向合体、紧身方向转化，人们的服饰观念开始向新的时期迈进。

#### 2. 丘尼卡（tunica）

丘尼卡是由古罗马的丘尼克演变而来的，也是在古罗马时从东方民族传入的一种服装，当用作

▲ 图12-1　查士丁尼皇帝与大臣们（见彩图40）

▲ 图12-2　狄奥多拉皇后与侍从（见彩图41）

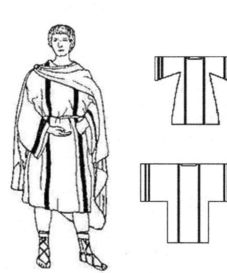

（a）罗马时期的女装造型　　　　（b）罗马时期男装造型　　　　（c）4世纪以后的造型

▲ 图12-3　达尔玛提卡

▲ 图12-4 查士丁尼皇帝身穿
丘尼卡与霍兹

内衣穿着时一般是白色，但它并不是专门的内衣，也可以当成外套使用。面料多为毛织物，长度在膝盖位置，系腰带，袖子长而细。拜占庭时期的丘尼卡袖子变窄，衣身加长，两侧开衩，有刺绣纹样的图案叫做塞葛门太，这也是拜占庭时期特有的装饰（见图12-4）。

**3. 贝尔**

在拜占庭时期，女装受古希腊、古罗马的希玛纯和帕拉的影响，女子一般是把头部包裹起来，伴随着基督教的盛行，女装的包裹程度愈演愈烈。由于拜占庭时期达尔马提卡的造型变得十分单纯，服装上没有多余的量去缠裹头部，所以，直接用一块方形的布料包头或披在头上又在女装中开始流行，这就是贝尔（见图12-5），也是面纱，是一块长方形的布料。这种布料大小、长短不一，根据需要可长可短，长的能遮盖住身体，甚至到脚踝或拖地；短的能搭到肩上。贝尔在用料上也很广泛，棉、麻、丝、毛均有，花色也很丰富，多以素色为主。在面料选用和织物织造过程中融进了拜占庭的装饰特色：在织物中掺进金线以显示豪华，边饰多为刺绣图案或流苏。以后演变为新娘子的面纱，在古罗马时期用深橘色，拜占庭时期受基督教的影响规定用白色或紫色，到今天为止，西方新娘子的婚纱还保留着这样的传统。

▲ 图12-5 头戴贝尔的女子

**（二）军服**

金甲骑兵的军服一律用锅形头盔或圆锥形头盔（带护耳），盔顶上有一簇彩色马鬃。身着锁子甲，由皮条、金属片编织而成，脚蹬铁履，上部为皮靴或轻甲保护小腿，手和腕部带有铁手套。铠甲外罩较轻的棉制披风或长衣，全副重装甲重30～50磅（1磅≈0.45千克），每支骑兵盔顶马鬃统一颜色，以区别其他部队，他们按照严格的部署来组织队列，队列前排马匹配有头、胸、胫甲（见图12-6）。

**（三）拜占庭时期的冠帽、鞋履**

拜占庭时期的男子一般不戴帽子，女子都戴着用丝织物包缠或卷成各种圆形的帽子，用填充物塑造出很丰满的造型，用带有珍珠的网状饰物缠绕在帽子或头发上。由于缠绕的方式不同而呈现不同的帽型，特别是皇后，在这样的发型上佩戴皇冠。皇帝戴王冠，农民戴宽檐窄帽。皇帝和贵族的鞋子一般是用软皮革制作的长筒靴，形制恰好合腿脚的结构，鞋面上镶嵌着珠宝，紧身的霍兹就塞在长筒靴里；贵族女子穿镶嵌珠宝的矮腰浅口皮鞋或平底凉鞋，工艺精细，装饰豪华（见图12-7）。

▲ 图12-6　拜占庭时期的头盔和护甲

▲ 图12-7　拜占庭时期的王冠、鞋、靴

　　拜占庭时期的首饰工艺品大量使用稀有金属和珐琅制造，并镶嵌珍珠、宝石，设计别致、精美而奢华，工艺水平高超，服装上常常衬以沉重的项链、耳饰、饰针等（见图12-8），珠光宝气，绚烂多彩，形成了拜占庭的奢华风格。

## 三、服饰材料、色彩和装饰纹样

　　拜占庭时期的服饰材料不仅吸取了东方的装饰特色，而且保留了罗马帝国的一些特点，历代

（a）公元5～6世纪拜占庭耳环　　（b）公元6世纪的手镯，表现希腊神话中羊角卷须

▲ 图12-8　拜占庭时期的首饰（见彩图42）

的俄罗斯皇帝装束也一直保留着拜占庭时期的特点。当时统治阶级的服装面料大多是丝制品，和罗马一样，或进口丝料或进口丝线以织成布料，公元552年，查士丁尼皇帝派遣熟悉东方情形的聂斯脱利派（基督教派）僧侣二人潜伏中国，将当时中国对外禁运的蚕卵藏在竹杖中带回了君士坦丁堡，从此以后，生丝在拜占庭开始兴起，促进了当时纺织业的发展。拜占庭服饰面料的特点不在面料本身，它的特点是总掺有金线一起织成，用金属线合织的面料，再点缀上珍珠和宝石，形成了典型的拜占庭服饰风格。

拜占庭的服饰面料，主要受中国丝绸面料的影响，当时拜占庭是东西方贸易交流中心，通过拜占庭将中国的丝绸传给西方各国。罗马贵族男女都以能穿上绸衣为荣。在拜占庭没有制丝业之前，西欧人把运来的丝织品再重新加以拆散，将粗丝线变成细丝线，经过加工织成极薄的衣料，使之更适应地中海区域的温和气候，同时又适合那里的流行服装式样。这些薄而轻盈的衣料，有些是用纯丝织成的，有的是同其他纤维混合纺织成的。

当时主要的图案形式是对称式的禽鸟纹样，这也是在希腊曾经十分流行的图案形式。通过拜占庭服饰图案的传播，中国汉、唐期间非常盛行对鸟纹。动物的相背或相对构成的图案为一个单位，外面环绕连珠纹（见图12-9），当时在西欧都很流行。除了这种图案以外，还有骑马的猎手、武士与雄狮搏斗等。

▲ 图12-9　动物相背或相对构成的图案纹样和面料

# 第二节 欧洲文化的黑暗期

**5～10世纪欧洲的地理位置和文化背景**

公元476年，西罗马帝国因奴隶起义和日耳曼人的入侵而灭亡，这也是欧洲奴隶社会结束的标志，从此以后，欧洲步入封建社会时期，日耳曼人成为欧洲历史舞台上的主要角色。因阶级分化，出现了贵族，并分为东、西、北三支向南辗转迁移，从而形成西欧的封建割据新局面。公元5～10世纪，由于封建割据势力的常年战乱，政治动乱，民不聊生。通常把这段历史时期称为欧洲文化的黑暗期，特别是统治阶级借基督教的盛行，大力宣扬宗教，实行愚民政策，以达到统治社会的目的。

**典型服饰形象及特性**

**（一）早期服饰**

早在史前的历史进程中，从服装的保护功能角度考虑，处于严寒地带的日耳曼人服饰最初是封闭式的窄小紧身的样式，为了便于活动又分成上衣和下衣两部式结构（见图12-10），这是受地域、气候的影响，不像受罗马宽衣文化影响的南方服饰，到16世纪中叶是出于自然的状态下产生的，而且

▲ 图12-10 北欧青铜器时代的两部式衣服

从一开始就要裁剪。与其原始的狩猎生活相应，衣料多为动物的皮毛和皮革，后来出现了粗糙的毛织物和麻织物。公元3世纪，男子上身穿无袖的皮制丘尼克，下穿长裤，膝以下扎着绑腿。女子上身穿短小紧身的丘尼克，筒袖长及肘部，裙子为筒形；用带穗的带子系扎固定，带子上装饰着用青铜或金做成的饰针。

### （二）8世纪以后的服饰

随着日耳曼人与罗马人的接触和交流，服装上也明显受罗马文化的影响。最终使欧洲服装出现了从简单向复杂、从宽衣向窄衣的发展趋势。

日耳曼女服也沿用了罗马末期的达尔玛提卡，把克拉比变成了沿领围做一圈的装饰，为了御寒，常把两件达尔玛提卡重叠穿用（见图12-11），内层多为紧身长袖，外层为宽松的半袖或喇叭状的宽袖，袖口装饰有带状刺绣纹样，系腰带，受罗马服饰的影响，头戴贝尔。

### （三）服饰品

服饰品有别针、皮带扣、臂饰、项链、项圈、发夹、手镯和戒指等，日耳曼人很注重项圈的装饰和佩戴。项圈的材料有金、铜等，是财富的象征，而且设计得很出色，工艺水平相当高。各种珍珠宝石、黑玉或湖泊常常镶嵌在项圈、手镯、戒指上。男子戴皮革或毛皮制的帽子，大多是无檐帽，帽子的造型很别致（图12-12）。

▲ 图12-11 日耳曼服装男子的萨古姆和
女子的两层达尔玛提卡

▲ 图12-12 早期日耳曼人的服饰品

## 三、服饰材料、色彩和装饰纹样

欧洲文化黑暗时期的服装时间跨度大，地域广阔，服饰的变化也十分丰富。由于受地理位置和气候的影响，日耳曼窄衣两部式结构与南方宽衣文化形成鲜明的对比，衣料多为动物的毛皮和皮革，后来才出现了粗糙的毛织物和麻织物。男子多穿方格纹的毛织物衣服和皮革的长裤，长裤的颜色多为红色。鞋子也为软皮革，随着日耳曼人与罗马人的接触和交流，服装也深受罗马文化的影响，开始出现了像萨古姆这样的罗马式的斗篷。在色彩上，上层妇女的服装通常是几种颜色搭配在一起，里面衬着镶金的长袍；玫瑰色的长衣外面披着浅绿色的斗篷。日耳曼人到达东方以后，掌握了制丝业，尤其是他们融合东西方的制丝技术，在花色和图案设计上独具特色，因而服饰也逐渐趋向华美，对西欧后世产生了重要影响。

# 第三节　罗马式时期服饰

## 一、地理位置和文化背景

"罗马式时代"（romanesque）在欧洲历史上是指公元11～12世纪这段时间，在1075～1125年期间，是罗马式文化的强盛期。1825年，法国考古学家荷蒙在自己的著作中把哥特式建筑之前的中世纪建筑式样称为罗马式（roman），从此，人们习惯于把romanesque这个英语词汇（即"罗马式的"、"罗马风格的"）泛指公元11～12世纪的绘画、建筑、雕塑、音乐、舞蹈和文学等所有文化现象。所谓的罗马式，实际上是日耳曼人在长期的吸收和学习罗马文化和拜占庭文化的基础上，以本民族的文化为根基，受基督教的影响，与十字军东征相融合而形成的多种文化综合的交织物。

在诸多文化内容的表现形式上，以建筑装饰最为明显：在拜占庭艺术的基础上，更加注重吸取古罗马时期的柱式风格和雕刻工艺表现，半圆形拱顶和十字形交叉拱顶，厚实的墙壁，窄小的窗户，前后配置塔楼，随处可见的圣像人物，形成一种宏伟的、超世的、神秘的感觉。

## 二、典型服饰形象及特性

在罗马式时代，女服中出现了收腰露体的曲线造型，这也是人性的一种体现，在当时的宗教环境下，人们对于服饰美的追求已经开始，特别是服装的性别差异显示初见端倪，预示着人类服饰文化新时期的到来。

### （一）男、女服饰

罗马式时代的服装特征是男女同型，除男子穿裤子外，几乎没有明显的性别差异，只是在服装的装饰细节上略有区别。在拜占庭时期达尔马提卡的基础上开始出现了收腰，并体现了爱奥尼亚式希顿的风情，一般用轻柔的薄型面料，形成飘逸、优美的旋律。在服装心理方面，人们又追忆当年古罗马时期的舒适、自然，但又顾忌微小暴露身体的复杂心态。

#### 1. 布里奥

布里奥是从达尔马提卡演变而来的一种外衣，也是长筒形丘尼卡式衣服。面料一般为织物或丝织物，形成细密绵长的褶皱外观，是颇具特色的大喇叭袖筒形衣裙，领口呈倒三角形，有边缘装饰，多为滚边和刺绣。一般情况下，布里奥的衣长及膝或小腿肚，女服略长于男服。袖子为七分袖或八分袖，袖口呈喇叭形，自然下垂而飘逸，可能是受东方服饰的影响。在腰部以下，臀胯位置系有绳状饰物，松松地缠绕两圈，在腹前打结下垂并缀有缨络（见图12-13）。

#### 2. 鲜兹（chainse）

鲜兹是长筒形丘尼克式白色棉、麻织物内衣，有窄长的紧身袖，袖口装饰着精美的刺绣和带子，领口多以数排丈绳或金银线滚边作缘饰，衣长及地。鲜兹主要是用于女装，窄长的紧身袖子与布里奥的大肥袖形成鲜明的对比，布里奥的衣长要比鲜兹短，从下摆处能看到衬在内里的鲜兹，即便是有袖长拖地的宽肥袖，鲜兹也要衣长及地。男装的布里奥内衬鲜兹，但也有与穿裤子搭配穿着的（见图12-14）。

▲ 图12-13　罗马时期的男、女装——布里奥

▲ 图12-14　内穿鲜兹的男、女装　　▲ 图12-15　穿竖褶的布里奥，外穿科尔萨基的女子

### 3. 科尔萨基（corsage）

十字军东征以后，男、女的布里奥出现了许多纵向的褶饰，女装带褶的布里奥常在外面穿一件紧身合体的背心式的外衣——科尔萨基，科尔萨基用三层布重叠，用金、银线纳缝，有时还镶嵌宝石，为了紧身合体，在后背开口扣结。科尔萨基下面还有连着的碎褶裙，这种装束成为以后欧洲女性之紧身胸衣和多褶膨裙的雏形。科尔萨基的领口和布里奥的领型相似，有宽边饰，领口滚边，恰好露出里面的领型，腰处系一皮带，使着装者更为纤细，姿态优美（见图12-15）。

## （二）军服

在罗马时期的教皇护卫队中出现和使用的铠甲仍以锁甲为主，但头盔改进为水桶盔，真正使用面广的还是锁子甲（见图12-16）。锁子甲是用细小的铁环相套，形成一件连头套的长衣，罩在贴身的衣物外面。所有的重量都由肩膀承担，可以有效地防护刀剑枪矛等利器，但弱点是其柔软。用打击武器猛劈力砸，穿着锁子甲一样难以幸免。制作相当复杂烦琐，造价高昂。一般来讲，铁环越细小，防护性能越好，每个铁环都要焊接相连，工作量可想而知。罗马人将锁子甲传到西亚，而阿拉伯人改进之后的锁子甲工艺，又随着十字军东征反馈回欧洲，自此之后，欧洲的铠甲制作工艺才真正地发展起来。

▲ 图12-16　身穿锁子甲的战士

## （三）发型、帽、服饰品

12世纪后半叶，女子流行两条长长的发辫，垂在胸前或垂至膝。罗马式时代初期，男子留长发，后曾一度剪短，但不久又流行长发。男子的帽子主要是曼特上的风帽，还有无檐帽，在选材上，地主用高档的亚麻织物加上毛皮的里子，并刺绣华丽的纹样，农民用毡或毛织物。主要的服饰品有镶嵌各种宝石的戒指、饰针、别针、和皮带扣等。另外流行一种在腰带上挂一个用丝绸或皮革制作的小口袋，叫做奥摩尼埃尔，可以装零钱、钥匙或食物。

## 三、服饰材料、色彩和装饰纹样

由于十字军东征，中世纪罗马时期已经有许多名贵的面料，除东方丝绸、锦缎之外，还有天鹅绒、高级毛料、珍贵的裘皮等。布料多采用高级毛织物、缎子、花布等，边缘使用带色丝线、金线等装饰，追求对比强烈，色彩艳丽的效果（见图12-17），衣服的颜色、款式均以法律规定，非贵族者不得穿金戴银，不能穿丝绒、毛皮衣服。农民只能穿黑、灰两色，贵族可以追求华美，是当时服装改革的推动者；但当时的服装仍然有不少缺陷，如无衬衣、睡衣，且男女衣服样式区别不大。

图12-17　身穿曼特的国王和王后（见彩图43）▶

# 第四节 哥特式时期服饰

## 一、地理位置和文化背景

"哥特式"一词源于中世纪的建筑,它包含对中世纪艺术样式的总称。意大利文艺复兴的学者把12 ～ 13世纪到14 ～ 15世纪之间的艺术称为"哥特式"（gothic）,即"野蛮、陈旧、丑恶的东西"。

哥特风格深深地影响了中世纪服装的服饰审美及服饰创造,哥特式服饰与其建筑相媲美,在男女服饰的整体轮廓上强调纵向的垂直线,服装左右非对称的奇异色彩刻画,衣服的袖子羽翼化的处理,以及绅士们穿着的长长的尖头鞋、贵妇戴的高高的尖顶帽等,都充分呈现出锐角三角形的形态,加大人体的视觉高度,造成一种轻盈向上的感觉,普遍把族徽或爵徽绣成图案,或用各种几何图形的彩色布片镶拼装饰,与教堂的尖塔和绚丽的彩色玻璃以及其宗教的思想相呼应（见图12-18）。

▲ **图12-18　哥特式时期的服饰**（见彩图44）

## 二、典型服饰形象及特性

### （一）哥特式的男、女服装

初期的哥特式服装男、女区别不大,以宽敞的筒形为主。13世纪后,罗马式的收腰合体意识得到发展,出现了立体化的裁剪手段,使包裹人体的衣服由过去的二维空间构成向三维空间构成的方向发展。

#### 1. "格陵兰衣裙"——划时代的裁剪法

受日耳曼窄衣文化的影响,早在拜占庭时期出现的达尔马提卡上,女装就开始把胸部多余的量裁掉,显露身体的自然形；罗马时期的布里奥在前后片衣身的两侧缝和后背的紧身处理,都表明了人们对于合体服装的需求。13世纪，受哥特建筑风格强调垂直线和锐角的影响，衣服的裁剪方法有了新的突破，此时在服装裁剪和缝制技术变革中最具有代表性的便是"格陵兰衣裙"，它是古代裁剪技术与近现代裁剪技术的分水岭（见图12-19）。此时的服装裁剪是将衣服的前、后、侧三个方向的胸腰之差多余的量去掉，而且从袖根到底摆出现多个纵向开刀线，加入数条键子板一样上窄下宽的三角造型，在腰身处形成了多棱形空间，恰好把腋下到腰部的多余量删除，像今天的女式多片连衣裙裁剪方式，这些三角形形成的多棱形空间就是我们现在服装上的"省"的雏形。正是这种技术的应用，才把衣服的裁剪方法从古代的二维空间构成的宽衣彻底地分离出来，确立了近代三维空间构成的裁衣方法。在这次的服装变革过程中，"省"的技巧的出现和利用发挥了至关重要的作用，它改变了以往筒状腰部出现的不合体的横向褶皱，彻底把人体躯干部分的自然形态表现出来，特别是在以后的服装发展进程中，女装展现出优美的姿态。

(a)　　　　　　　　　　　　　(b)

(c)

▲ 图12-19　格陵兰衣裙实物图与裁片图

## 2. 14~15世纪的服装

14世纪末至15世纪中期，当普尔波万与肖斯的男服两部式组合成为男子的常服以后，人们又在留恋过去宽松肥大的服饰，在统治阶级和贵族大商人中又开始流行一种宽松舒适的外衣——吾普朗多（houppelande），吾普朗多作为一种居室内衣最早在女子中流行起来，并很快发展成为室外穿的盛装。这可以说是西欧的最后一款男女通用式样的筒形衣服。从此以后，人们似乎更加在乎服装在性别上的区别和体现，但在穿用吾普朗多时，男装与女装的外形特点也初见端倪。造型上肩部合体，从

▲ 图12-20 吾普朗多的造型

肩部向下衣身变得肥大，男装衣长至膝，套头或前开穿，系腰带，下身穿肖斯；女装吾普朗多的特点是高位腰的宽松裙子，带一些曳襟，袖子宽大可达地面，后来随着上半身变窄，袖子也变成窄袖。似乎男装更加注重肩部的夸张，女装更加侧重胸部的可体，甚至有袒领的出现，披上一块长方形的披肩。初期的吾普朗多有很高的立领，长可及耳，后出现无领或翻领。这种衣服的另一个特点是装饰豪华，使用白貂皮领子和花样繁多的边缘装饰，各种锯齿形边饰出现在袖口和下摆，因为这种边饰形似花瓣或树叶，被称为"达更"（dagging，意为花形或树叶形）（见图12-20）。吾普朗多的用料有花缎、天鹅绒、织锦以及方格毛花呢等，贵族们常用黑色的缎子饰以金线或鲜艳的丝线刺绣面料，有的用毛皮作边饰或作里子。在颜色的搭配上，常常用左右不同的颜色，或者从左肩到右下摆斜线分割成两个颜色。吾普朗多把整个身体包裹起来，与同时期的科塔尔迪形成强烈对比，科塔尔迪类似于一种紧身衣，底领口有胸衬，也是这一时期的女装新样式，配以带有轻薄型面纱的尖顶高帽，名为安尼帽（hennin），安尼帽上的轻薄型面纱叫里里配普，最长的可垂至地面，是一位叫安尼的女子最先制作、穿戴的。

## （二）军服

哥特式时期的军服在中世纪是比较有特色的，主要的形式是以普尔波万为基本的造型。普尔波万本来是士兵穿在铠甲内保护身体的紧身衣、衲衣，是把多层布衲在一起绗缝的结实上衣，外穿盔甲以防止身体受到损伤，所以在军装中极为盛行，一是活动方便，二是能更好地保护上身。此时的头盔和铠甲延续了拜占庭和罗马时代的特点，但在材料和工艺制作方面都有了很大的改进。另外以科塔尔迪为原型的军装样式也很普及，但在肩部和前后身处则用皮革或金属的铠甲来保护身体，腿部也是以肖斯的形式为主，但一般都穿皮革的长筒靴，骑士则要外加金属护甲，甚至全身都要穿用金属甲衣（见图12-21）。

（a）罗马骑士　　　　　　（b）头戴钢盔、身穿护甲的士兵

▲ 图12-21 哥特时期的军服（见彩图45）

## （三）鞋、帽、服饰品

哥特式时代早期的鞋是一种尖头鞋，这种尖头鞋在12世纪就出现了，到14世纪末达到高峰，由

于受当时建筑风格的影响，鞋的造型多为尖细形，鞋很窄，鞋身的宽度刚好合脚，鞋的尖度很有特色，就像尖尖的帽子造型一样，但在尖头的长度上则有严格的规定，一般情况下，王族的鞋尖端长度为脚长的2.5倍以内，贵族的为脚长的2倍，骑士的为1.5倍，商人的为1倍，平民的为1/2长度。鞋子是尖头而翘起的，法语称为波兰那（poulaine），英语称为克拉科（cracow）。一般鞋尖长达60厘米以上，最长的有1米左右。材料为柔软的皮革，鞋尖部分用鲸须和其他填充物支撑，由于鞋尖过长，不便行走，只得把鞋尖向上弯曲，再用金属链拴回到膝下或脚踝处。这种陋习曾在1365年遭到查理五世的禁止，但仍未能阻止，这种习惯一直延续到15世纪中叶（见图12-22）。

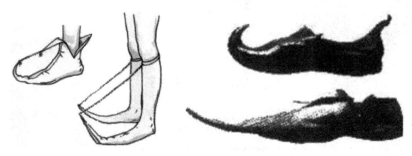

▲ 图12-22 波兰那

哥特式时期的帽子种类很多，男子的夏普仑帽子（chaperon），帽尖呈细而长的管状，披在肩上或垂于脑后，最长的可达地面，独具特色（见图12-23）。

▲ 图12-23 夏普仑帽子

女子的帽子主要以汉宁帽（hennin，或译为海宁帽、亨尼帽）为主，是一位叫安尼的贵族女子自行设计并首先戴起来的。这种帽子呈圆锥形，是哥特式尖塔的直接反映，也是出于同一种思想和审美观。帽子的尖顶上罩着薄纱，自上而下自然下垂，有时把整个面部遮盖起来。这种帽子的尖顶高低不等，有时还有双尖顶的造型。还有一种常见的白色亚麻织物做的平顶无檐帽——"特库"帽，上有宽窄不同的颏布系在下颌处（见图12-24）。

14～15世纪法国男女流行在脖子或皮带上挂各种奇特的小银铃，佩戴的链带又大又重。女子的金、银、宝石项链、十字架的耳坠、手镯和戒指也很有特色。14世纪女子时兴戴无指手套，以紫罗兰香水手套最为时髦。15世纪男子时兴用手杖，腰包、扇子从东方传来后已成为妇女的必备品。有象牙柄或金柄，饰有鸵鸟、鹦鹉和孔雀毛，还镶有宝石。

## 三、服饰材料、色彩

哥特式时期的衣料是有花样的缎子和当时流行的小四方格图案的毛织物，也有为贵族用的在黑缎子上以金线或彩色丝线刺绣的衣料、天鹅绒、织锦、丝绸等。饰以不对称纹章的上衣，经常出现在男

（a）汉宁帽　　　　　　　　　　　　　　（b）特库帽

▲　图12-24　女子帽子

女装上，其装饰种类繁多。在服装色彩上，哥特式教堂内的色彩深深影响人们的着装观念。男子的衣身，两侧垂袖和下肢的裤袜，常用左右不对称的颜色搭配方法。女子上衣贴体，下裙呈喇叭形，后裙裾有时在地上拖得很长，走路时需人拽起；它也常用不同颜色的衣料做成。上下左右在图案和色彩上呈现不对称形式，也在模仿或寻求哥特式教堂里彩色玻璃窗的奇异韵味（见图12-25）。

中世纪后期的欧洲人热衷于服装色彩的象征意义，追求服装的社会性符号功能，其中，绿色、蓝色和红色最为突出。特别是在5月，人们认为蓝色、绿色是大自然的色彩，节日的盛装几乎都是用蓝色、绿色的毛织物制作的。著名的《阿诺菲尼夫妇肖像》画面中，阿诺菲尼的妻子身穿绿色服装，暗示着两人的爱情关系和新生命的即将孕育（见图12-26）。

▲　图12-25　哥特式时期　　　　　（a）"五月节"　　　　（b）《阿诺菲尼夫妇肖像》
的女子服装（见彩图46）　　　　▲　图12-26　中世纪后期的服装色彩（见彩图47）

## 思考题

1. 简述哥特式时期的建筑风格与服装的联系。

2. 为什么说"格陵兰衣裙"是划时代的裁剪法？

3. 试以罗马时代的特色服饰为参考进行设计训练。

4. 试以哥特式时期的服饰特点为参考进行设计训练。

5. 试以日耳曼人的萨古姆和达尔马提卡的着装特点为依据进行设计训练。

6. 试以拜占庭时期的服饰特点为依据进行设计训练。

# 第十三章　文艺复兴时期服饰

- 第一节　文艺复兴时期的文化背景
- 第二节　典型服饰形象及特性
- 第三节　服饰材料、色彩和装饰纹样

## 学习目标

　　了解文艺复兴时期的文化背景，掌握意大利风时代、德意志风时代、西班牙风时代各自的服饰特点以及对后世的影响。

# 第一节　文艺复兴时期的文化背景

意大利是欧洲文艺复兴的策源地与中心，其国家的手工业，尤其是毛纺织生产十分兴旺。新生产力和新兴资本主义生产关系的产生发展，促进了社会经济的繁荣和都市生活的富庶。在此经济基础上，文艺复兴新思潮活跃在社会各领域，宣扬人生价值和人性自由解放，追求美饰美物、追求奢华富有的风气日益盛行。文艺复兴时期许多著名艺术家的作品则反映了当时社会的文化状态。应运而生的意大利花样丝绒，以其高雅的质感和高昂的价格被视作富贵和奢侈的象征，而受到社会特别是贵族和富有者的狂热青睐，成为许多重要人物的服饰穿戴样式（见图13-1）。

▲ 图13-1　文艺复兴时期的服饰一（见彩图48）

# 第二节　典型服饰形象及特性

文艺复兴时期的服装，可大体分为三个阶段：意大利风时代（1450～1510年）、德意志风时代（1510～1550年）、西班牙风时代（1550～1620年）。

 **意大利风时代（1450～1510年）**

意大利风时代服装的特色在于面料，一般情况下内衣多为白色的亚麻布面料，外衣的面料多为厚实的织锦缎、天鹅绒，以及华美的织锦金，在解决服装与人体结构的变化时，往往在关节处留出缝隙，用绳或系带连接，使里面的白色内衣显露出来，形成一种装饰效果（见图13-2）。

## （一）男装

### 1. 普尔波万和肖斯

文艺复兴时期的意大利男装还是普尔波万与肖斯的组合，衣长及臀底，系腰带，领子有圆领、鸡心领和立领，后受西班牙式影响，出现高立领；肖斯很紧身，有时穿半长靴。普尔波万的衣身比哥特时期的变宽，肩部加宽，出现了类似耸肩的造型特点（见图13-3）。

▲　图13-2　文艺复兴时期的服饰二（见彩图49）

▲　图13-3　文艺复兴时期的普尔波万和肖斯

## 2. 修米兹

一种变短的内衣，领子变高，并有褶饰，面料多为白色的亚麻面料（见图13-4）。

## 3. 大翻领嘎翁（gown）

嘎翁，一种外翻领的大袍子，外出时穿在普尔波万外面，长度及臀或膝或更长，常在伸胳膊的地方装饰有假袖子（见图13-5）。

## （二）女装

### 1. 罗布（robe）

罗布是在腰部有接缝的连衣裙，袒胸、大方形领、V形领或"一"字形领，高腰身，衣长及地，袖子有紧身筒袖，或用绳子一段一段扎起来的莲藕袖，在肘、上臂、前臂有许多裂口，从裂口处可看到里面雪白的修米兹。值得一提的是，虽然罗布的整个裙形是一体的，但在裁剪上是上下分开的，这在服装结构和裁剪上为今后女装的变化奠定了基础（见图13-6）。

▲ 图13-4 修米兹

▲ 图13-5 大袍子（嘎翁）

▲ 图13-6 露出内衣修米兹的罗布

▲ 图13-7 可局部拆卸的罗布、曼特

### 2. 曼特

虽然在男装中流行嘎翁，但女装中也流行带有华丽刺绣的曼特外衣，领子开得很大，高腰拖裾，色彩明快。袖子只垂挂在身上作装饰，系在曼特上，可以摘卸和更换不同的花色和袖形。在造型上继续了哥特时期女装的特点，上轻下重，头上经常围有与罗布相同的面料做的头巾，色彩呼应，整体协调（见图13-7）。

 **二** 德意志风时代（1510 ～ 1550年）

## （一）男装

### 1. 达布里特（doublet）

达布里特实际上就是普尔波万，在德国的男装中，普尔波万与哥特式时代的基本相似，只不过在德意志风时代改称为达布里特，无领，里衬多用细亚麻布，外面布料常取纹锦，内衣领子很高，有细小的褶饰。整个造型还是强调肩部，形成上宽下窄的倒三角形。

### 2. 茄肯（jerkin）

茄肯是在达布里特外面穿着的一种带裙身的上衣，茄肯常取代达布里特直接穿在内衣外面。因于达布里特外面，所以十分宽大，常用皮带在腰间收紧，领子有各种造型，如V形、U形和方领、高立领等，下摆有褶，或紧或松，袖子有长有短，甚至无袖，多以豪华织锦缎为主，并且用皮毛作装饰（见图13-8）。

▲　图13-8　茄肯

### 3. 夏吾贝（schaube）

夏吾贝即哥特时期的"曼特"，是当时男子的一种外出服，衣长及膝或踝，与哥特时期的曼特相比，衣身、袖子很宽松，有毛皮里子或毛皮边饰，大翻领；有假袖，强调或夸张肩部造型。经常与达布里特、茄肯一起搭配穿着（见图13-9）。

### （二）女装

德意志风时代的女装的领口上移，抽出碎褶，窄肩，细腰、袖子变瘦，使上身在视觉上缩小，同时加强下身裙部的膨胀丰满，常在里面穿几层亚麻内裙。这个时期，德国已经强调用填充物塑形，并基本确立了男子服装以上体为重心、女子服装以下体为重心扩张的基础。

### 1. 罗布（robe）

与意大利式的女装罗布在外形上区别不大，也是一种在腰部有接缝的连衣裙，袒胸、大方形领、V形领或一字形领，高腰身，衣长及地，只是在袖子上有变化，德国女装罗布的袖子在肩部多了斯拉修切口，多为紧身长袖，并且在袖肘处有白色碎褶装饰布（见图13-10）。

### 2. 科拉（koller）

由于女装领口变大，这时的女子喜欢在裸露的脖子和胸口装饰着叫做科拉的带立领的小披肩。后来领口缩小，变成高领，科拉也变成细褶的小领饰，这种小领饰是后来大褶饰领的先兆（见图13-11）。此

▲　图13-9　身穿有填充和切口装饰的夏吾贝（曼特）、茄肯的亨利八世肖像

▲　图13-10　有切口的罗布

▲　图13-11　由科拉演变的小褶饰领

时的女装裙子部分普利兹的褶饰增大，而且裙子上面罩上带有普利兹褶饰的围裙。莲藕式造型的袖子和紧袖口的对比，以及蓬松的袖形和宽大的裙摆形成优美的造型，使女装尽显婀娜。

## 三、西班牙风时代（1550～1620年）

男装的明显特点是轮状皱领和衬垫填充物，女装则突出表现为紧身胸衣和裙撑的使用，而且这种女装式样一直影响了西欧4个多世纪，直到今天，仍是女装的传统造型。

### 1. 填充物的使用

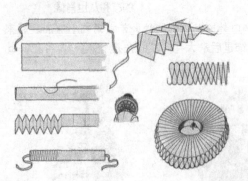

西班牙男服最大特点之一是大量使用填充物，男上衣的肩、胸和腹都塞进填充物使之膨起，使人体的整个造型呈现椭圆形（见图13-12）。填充物还用于外形像南瓜似膨起的短裤布里齐兹上，男子的肖斯到16世纪被分成上下两截，上部称为"半截裤"（trunk hose），下部称做"长筒袜"（nether stocks）。当时各个国家的造型虽然相似，但却各有不同。西班牙、法国的横款、圆鼓；英国的也很膨大，德国的虽然很宽松，但没有填充物；意大利的比较长，至膝下，但在填充物的表面大多装饰着斯拉修裂口。

### 2. 拉夫的流行

由于西班牙时期服饰的色彩凝重而单一，带有很强烈的宗教色彩，西班牙男女服饰总体上是封闭型的，在高高的立领上装饰着白色的褶饰花边，这是独立于衣服外的领饰——拉夫（ruff），流行于16～17世纪，成为这一时期男女服装装饰的重要元素，也是文艺复兴时期又一个独具特色的服饰部件。实际上，拉夫早在德国风时代就已经以小褶饰领的形式出现在高领上，只不过那时是与高领连在一起，并没有成为一种独立制作、可以拆卸的服饰部件。拉夫呈车轮状造型，这种领子成环状套在脖子上，周边是"8"字形连续的褶襞，外口边缘处用齿状花边和雕绣为饰。拉夫领制作十分复杂，技

▲ 图13-12 腹部填充成豆夹形的普尔波万

术难度较大，需要特制的工具来完成造型。制作时用白色或染成黄、绿、蓝等浅色的细亚麻布或细棉布裁制并上浆，干后用圆锥形熨斗烫整成形，为使其保形、用细金属丝放置在领圈中作支架。当时制作拉夫的技术是保密的，要学会这项技术，需付昂贵的代价。因为褶襞做得大而密，所以很费料，一个拉夫领用料约3～4米亚麻布或细棉布（见图13-13）。

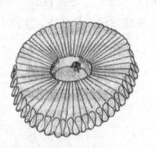

▲ 图13-13 拉夫领的制作图解

由于拉夫领饰过于宽大，套在颈部后不利于头部活动，迫使人们表现出一种高傲、尊大的姿态，就连吃饭时也得用特制的长勺子，或者是在下颌处空出一个三角形。可见，在文艺复兴时期，人们在追求个性的同时又把自身带入了一种极端。在伊丽莎白一世时期还流行"伊丽莎白领"，据说是伊丽莎白女王自创的为掩饰后颈伤疤的一种前开式、后颈处高耸的扇形领饰。拉夫出现以后，很快就在欧洲流行，法国、英国的贵族们争相模仿，成为正式场合不可缺少的服饰。

### 3. 法勤盖尔（farthingale）的出现与使用

16世纪后半叶，西班牙贵族创造了裙撑"法勤盖尔"，呈吊钟形圆锥状，在亚麻布上缝进好几段鲸鱼须做的轮骨，有时也用藤条、棕榈或金属丝做轮骨。很快，法国、英国的贵族女子争相模仿，于是又出现了法国式、英国式的法勤盖尔。法国式的法勤盖尔是用马尾织物做成的像轮胎一样的圆形物，里面用填充物充实，用铁丝定型，穿在修米兹或衬裙外，前低后高，腰部向四周呈平缓的自然下垂状。英国式的法勤盖尔是在法国的基础上罩上一个圆形的盖，盖的外沿用金属丝或鲸须等撑圆，内圈与轮胎状法勤盖尔相连，穿时身体靠近前侧，外形上和法国式的法勤盖尔区别不大，只是腰部向四周平伸得更宽阔，外沿的轮廓更清晰而已（见图13-14）。

▲ 图13-14　英国式的法勤盖尔（见彩图50）

### 4. 紧身胸衣

（1）紧身胸衣——巴斯可依奴（basquine）

巴斯可依奴实际上是一种嵌有鲸须的无袖紧身胴衣，原是做手术用的，后来女性为了强调细腰之美，开始穿巴斯可依奴，把腰部以上包括胸部全包在巴斯可依奴里面，塑造优美体型，成了女子不可缺少的整形用内衣。当时的女子追求细腰丰臀之美，连法国国王亨利二世的王妃卡特琳娜都认为女子最理想的腰围尺寸应是13英寸（约33厘米）左右，在她的嫁妆里面就有这种紧身胸衣，她本人的腰围是40厘米，而她表妹的腰围只有37厘米 。1577年出现了一种紧身胸衣叫做"荷尔·佩凯"，是用两片以上的麻布纳在一起，中间加入薄衬，在前、侧、后的主要部位都加入了鲸须，前中央下端嵌入硬木或金属，使之不变形。这种胸衣的开口在前或后中央，用绳或细带扎紧，荷尔·佩凯的下缘内侧有钩扣或细带连接下面的法勤盖尔。后来又出现了一种叫"斯塔玛卡"（stomacker）的装饰性胸布，主要是用一些高档织锦提花、镂空面料加以装饰（见图13-15）。

（a）西班牙风时代的紧身胸衣　　　　（b）荷尔·佩凯　　　　　（c）斯塔玛卡

▲ 图13-15　巴斯可依奴

（2）女子的着装顺序

① 先穿贴身的亚麻制修米兹，习惯上不穿衬裤。

② 在修米兹外穿上紧身胸衣荷尔·佩凯，下半身穿上法勤盖尔，用钩扣或细带在腰围线与荷尔·佩凯下边连接。

③ 把这些内衣整完形后再罩上精美的衬裙，衬裙外穿上罗布，然后带上领饰和帽饰，完成着装。

### 5. 女装"两部式"构成的形成

早在文艺复兴时期的意大利风时代，女装就出现了上下分体式的连衣裙式的服装——罗布，为了收腰，以腰围线为分界线上下分开后再缝合，或用细带连接，由于裙撑的大量使用和多层内衣与裙装的搭配穿着时尚，使文艺复兴中后期女子上衣与裙子分开裁剪与制作，这就预示着女装两部式构成已初见端倪，虽然人们的着装观念还是连体式的，紧身胸衣出现以后，更加速了女装两部式构成的速度（见图13-16）。

▲ 图13-16 女装"两部式"构成的形成

### 6. 军服

文艺复兴时期的军装，受德国斯拉修切口服装的影响，大多数的戎装都表现出切口的装束，将军和士兵也都是头戴钢盔和羽毛装饰，身穿护甲，基本的造型也来自于普尔波万肖斯组合或达布里特与肖斯组合。斯拉修本身来自于军装，后来在军装上更是达到了极致，夸张的肩部，填充物的使用，上重下轻的造型，切口的武力夸张展示，更显示出了军人的威猛与力量（见图13-17）。

（a）16世纪的欧洲戎装　　　　（b）切口士兵服

▲ 图13-17 文艺复兴时期的军装（见彩图51）

## 四、发型、鞋帽及服饰品

文艺复兴时期的男子流行留短发、短须或剃须，女子烫卷发，梳圣母式的发型。头发向后梳或中分，颈后绾髻，露出宽额。金色假发最流行，并时兴在前额中以丝绸、锦缎带子装饰配珍珠装饰（见图13-18）。

文艺复兴时期的鞋子鞋头多呈方形，鞋头横宽比脚宽得多，上面也装饰有斯拉修。有一种鞋子叫乔品（chopin），鞋底为木制，鞋面是皮革，做成拖鞋状，鞋底高度20～25厘米，最高达30厘米（见图13-19）。另外还有各种服饰品，如：手套、扇子、包、腰带等。

▲ 图13-18 文艺复兴时期的女子发式

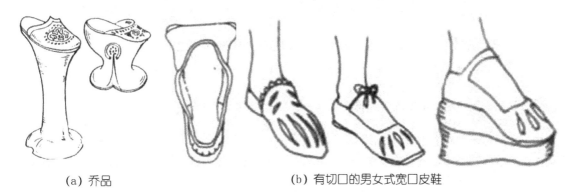

（a）乔品　　　　　　　　　（b）有切口的男女式宽口皮鞋

▲ 图13-19 文艺复兴时期的鞋子

# 第三节　服饰材料、色彩和装饰纹样

文艺复兴以来，随着服饰奢华程度的升级，人们受人文主义思想的影响，鲜艳、明亮的色彩受到人们的欢迎，摆脱了中世纪陈旧的、腐朽的宗教色彩，织锦缎和天鹅绒中还织进了闪闪发光的金银丝线。实际上，这种织造技术早在中世纪就已经盛行，但到了文艺复兴时期则更加精致，很多艺术大师既是艺术家又是制作者，在如此艺术化和追求奢华的环境下，人们的消费也在升级，高品位的艺术设计、工艺美术应运而生。在史料记载中常出现"意大利风格的缎子罗布"、"西班牙风格的塔夫绸罗布"、"德国风格的棉毛交织布"等。特别是当时意大利的佛罗伦萨，在美第奇家族的资助和带领下，艺术大师出杰作，工匠出精品。当然，意大利服装的特色是从面料开始的，由于十字军东侵，意大利的威尼斯、佛罗伦萨、米兰等城市都有高度发达的织物工场，天鹅绒、织锦缎及织进金银线的织金锦等华贵面料随处可寻。纺织品和刺绣品早已达到相当完美的地步，手工艺人的技巧十分娴熟，他们生产出色彩绚丽的上等纺织布料，为贵族成员及富有商人提供了多种选择的机会。

文艺复兴时期，法国人特别喜欢丁香色和蔷薇色，也很迷恋含蓄的天蓝色和圣洁的白色，特别是在宫廷贵妇们的服饰中弥漫着浪漫色彩。西班牙人崇尚高雅的玫瑰红和银灰色调，在中世纪的黑色中，西班牙人逐渐摆脱了宗教色彩而转向明亮。在英国，黑色被认为是神秘、高贵的色彩，特别是黑缎子和黑天鹅绒常是贵妇的首选（见图13-20）。但在16世纪，欧洲各国在正式场合使用黑色居多，原因是16世纪末兴起的新教思想，新教的教徒们认为服装上采用黑色或暗色是道德的要求和体现，衣服的颜色只能使用黑、白、灰、茶色。这种伦理观念对于黑色的流行是一个非常有利的支持，逐渐形成了一般市民社会的伦理观和价值观，特别是在欧洲，黑色也逐渐成为正式场合服装的传统色彩。

▲ 图13-20　内穿高档面料茄肯，外披夏吾贝的英王亨利八世、王妃（见彩图52）

当时的上流社会十分注意服饰的搭配，把各类晶莹的宝石与珍珠镶缀在高级的天鹅绒衣上，常以贵重的山猫皮、黑貂皮、水獭皮等装饰在衣服上，显得雍容华贵、富丽堂皇。当这些还不能满足着装者寻求奢华服装的心理时，在衣服的领子、袖口、下摆、帽子或衣片上刺绣花边和金银花边被大量应用，那些被精心绣制的透孔网眼以及五彩斑斓的花纹系带，装饰在服装或手袋上，配以或粗或细的项链，使着装者尽显富贵。16世纪，法国政府出于经济的考虑曾下禁令：只准王族使用金、银和天鹅绒。原因是因过剩的消费在织金锦、金线刺绣和金缠子等豪华饰物上的巨大金额大量流向生产国和敌对国——意大利。从面料的质地上来看，文艺复兴时期的面料以厚重、悬垂的面料居多，男装、女装的两部式结构，衬托出男性的潇洒和女性的妩媚。

## 思考题

1. 试述文艺复兴时期各阶段的服饰特点。

2. 简述女装两部式结构的形成特点。

3. 文艺复兴时期的服饰面料和色彩纹样的特点有哪些？

4. 以文艺复兴时期的服饰特点为借鉴进行设计训练。

# 第十四章　巴洛克时期服饰

## 学习目标

　　了解巴洛克时期的文化背景对服饰变化的影响。掌握巴洛克的服饰风格特点。掌握荷兰风格时期和法国风格时期典型服饰形象及特性。掌握巴洛克时期的服饰特征在现代服装设计中的运用。

# 第一节 巴洛克时期的文化背景

　　"巴洛克"的字义源自葡萄牙语，意指"变了形的珍珠"，也被引用作为脱离规范的形容词。巴洛克虽然承袭矫饰主义，但也淘汰了矫饰主义那些暧昧的、松散的形式。由于受到巴洛克艺术风格的影响，在西洋服装史上，甚至用"巴洛克风格"一词，来代称17世纪欧洲的服装款式（见图14-1）。巴洛克服装既没有古希腊的典雅，也没有文艺复兴时的严谨，巴洛克式服装呈现的是一种柔美而奇异的风格。不过，19世纪以前，用作贬义，一般指违反自然规律和古典艺术规范的做法，一直到19世纪末，这个词才成为一种艺术风格的名称，也代表着西方艺术史上的一个时代。其特点是气势雄伟，生气勃勃，有动态感，气氛紧张，注重光和影的效果，擅长于表现各种强烈的感情色彩和无穷感，颇有打破各种艺术界限的趋势。

▲ 图14-1　17世纪欧洲的服装款式

# 第二节 典型服饰形象及特性

　　巴洛克时期的服饰具有虚华矫饰的风格，尤其在男装上极尽夸张雕琢之能事。服装史将这一时期划分为两个阶段，前阶段以荷兰风格为主，在整体上注重肥大松散的造型，服色以暗色调为主体，配白色花边和袖口，以求醒目。男服采用无力的垂领，肥大短裤，水桶形靴，衣领、袖口、上衣和裤的缘边、帽子以及靴的内侧露出很多缎带和花边。后期以法国宫廷风格为主，盛行欧洲。短上衣与裙裤组成套装，袖口露出衬衫，裤腰、下摆及其他连接处饰以缎带，在宽幅褶子的帽上装有羽毛。而女子服装先有重叠裙，后有敞胸服，并饰花边，体现出女性的纤细与优美。巴洛克服饰造型上强调曲线，装饰华丽，不乏男性的力度，而活泼奔放中也难免矫揉造作，其华丽的纽扣、丝带和蝴蝶结以及花纹围绕的饰边，成为最显著的特点。

## 一 荷兰风时代(1620~1650年)

　　在服装设计方面，17世纪的荷兰人把上个世纪流行的分解的服装部位重新组合起来，变僵硬为柔和，去锐角成圆弧形，解紧缚显宽松，进行了大刀阔斧的改革。在生活态度方面，荷兰人奉行"节约就是美德"，所以废除了皱领、填料、紧身胸衣和裙撑，服装是以市民化、实用化为开端的。然而17世纪后期，男装又开始转换形态，成为装饰过剩的市民式贵族服，并以男子留长发(longlook)、服装上大量采用花边(lace)和皮革(leather)制品为特色，所以荷兰式时期又叫"三L"时代（见图14-2）。

荷兰式时期的特征主要是领子。因为那时荷兰盛行（直到现在荷兰民族服装也可以看到，那种花边一般都称为荷兰花边，因为荷兰的针织花边是最有名的）大的披在肩上带花边的方形领子，这种领子叫做拉巴领（rabat）（见图14-3）。外衣特征是繁多装饰性强的排扣，同时裤子延长到（相对于文艺复兴时期来说）膝盖，裤腿紧绷着大腿，下面是长袜。

▲　图14-2　荷兰式时期服装（见彩图53）

▲　图14-3　拉巴领女装

## （一）男装

在荷兰式时期，由于填料的取消，服装造型与原来相比显得松弛垂落。上衣达布里特因衣身松弛而垂挂下来，但是人们并没有因此改变衣身的长度，而是抬高了腰节线，并在腰节线处留明显的剪接线。这样腰节线以下部分看起来像是相对独立的附加衣摆，人们给这种衣摆取名叫佩普罗姆(peplum)，意思是女式外衣或上衣腰部以下的褶襞短裙，又称为垂尾。17世纪的褶襞短裙通常是指缝接到波蒂克或夹克衫腰节线的裙状附加物，有皱褶、波浪形等不同造型。17世纪的达布里特通常采用前开襟式，门襟上缝有间距较密的纽扣，背部也有纽扣，以调节松紧，衣服上保留有16世纪流行过的切口装饰。

原来被特别塑造的肩部棱角也被肩线平滑的大溜肩所取代。皱领变成了用花边或带花边的亚麻布制成的平折领，松弛地垂落在大溜肩上，所以，被人谑称为"扫帚领"，不过书面语一般写作拉巴托领(rabato)。拉巴托领不仅流行于荷兰，而且在法国也大受欢迎。路易十三因为喜欢而常披戴这种领，故又有路易十三领(Louis XII collar)之称。这种领子还被称为凡·戴克领、花边大翻领。哈尔斯作品《笑骑士》中描绘的骑士就是穿戴这种拉巴托领式的大翻领，领口收省，领缘和领面上罩饰有花边。

荷兰式时期流行的男裤不再是紧身裤加纳斯和膝口有扣的灯笼裤，而是一种膝口宽松的半截裤。宽松的裤子长及膝盖，在膝上用吊袜带或缎带扎口，饰有蝴蝶结，裤子的下半截为丝袜或长筒靴。1640年前后，又出现了长及小腿肚的裤子，有人认为这是西方服装史上首次出现的长裤，显然这种说法是不正确的。确切地说，它是与现代西裤概念接近的一种与上装配套的长裤，这种裤子与配套的上装一起穿着，在面料、色彩以及图案或装饰方面相统一。它区别于具有轻松感的，可以与不同色彩、不同质料的上衣一起穿着的便裤，也不同于泛指的长、短裤（见图14-4）。

▲　图14-4　荷兰贵族男子服饰
（见彩图54）

## （二）女装

在流行荷兰风格的时期，女子的服装不再像文艺复兴时那样厚重、僵硬，而以圆润、丰满的整体造型为美。上衣变得较宽松而舒适，它比较短且与裙子分体。服装的领口有大胆袒胸的，也有戴披肩领、穿波蒂克、领口紧扣的。敞开的领圈上装着蕾丝做的宽大的翻领（见图14-5）。女装袖子仍流行藕节袖，但不再等距地分段地系扎，而是上疏下密地富有变化，取上臂膨大、肘以下收小的造型。

这个时期女装选用的面料不再以华丽的织锦为主，而是流行选用轻薄柔软的绸缎。服装色彩常用单色。红、黄、白、蓝、绿等这些鲜艳的色彩颇受妇女们的欢迎，她们常将白与绿、黄与红、黑与黄搭配在一起使用。衣着形式最具个性化的是三层裙，三层裙从内而外重叠穿，一般来说，里层裙的色彩明度高，艳度也高，中间层裙的色彩比较深，相对比较稳重，外层裙以柔和、色彩纯度较高的轻薄面料为主。利用重叠方法体现女性的丰满和性感，是巴洛克时期服装设计的一个重要特征（见图14-6）。但17世纪的大多女性也许还不擅长于打扮，所以给人留下的总是一个体态臃肿、笨手笨脚的印象。然而这种服装的搭配组合方法却颇有些可取之处，因为它既含蓄又有变化，需要露出些内裙时，只要稍稍提起外裙的一角便可。另外，由于外层裙质地轻薄，色彩妖艳，朦胧透出内裙深沉的色彩，因此，一些人将外层裙称为"荡妇式"，里层裙则称做"隐私式"。

▲ 图14-5 17世纪更加多样化的女用拉夫领

▲ 图14-6 袒胸女郎

# 二、法国风时代（1650 ~ 1715年）

## （一）男装

### 1. 短上衣和衬裙式马裤的组合装

达布里特（前身为普尔波安）自中世纪后期开始流行，而后衣身逐渐变长，17世纪中期又忽然变得十分短小。变得短小的达布里特的衣身仍具有原来达布里特的基本特征，如小立领、前襟扣以及腰饰等。此时的达布里特多为无袖或中长袖，中长袖上常有切口装饰，袖口通常饰有折返的袖口布或翻边，无袖的达布里特上面常见佩有绶带以表示身份地位。由于达布里特缩短，所以腰节处可以看到露在外面的一大截内衬衣。从切口和外露部分可以看出，当时男子衬衣有碎褶或折叠状的直褶，质地柔软并有刺绣装饰。在17世纪的前30年中，男人们特别重视服装上的装饰品。裤子两侧、紧身上衣边缘及袖口处饰有一排排的穗带或几十颗纽扣。领子及袖口的花边比以前更宽、更精致。靴口向外展开着，长筒袜起着很重要的装饰作用（见图14-7）。17世纪末，随着达布里特变得越来越短小，这种款式退出了服装历史的舞台。

17世纪中叶，普尔波万极度短缩，衣长及腰更短，袖子变成短袖或无袖，小立领，前开，密密麻麻地排扣，外套的扣子只扣上边几个，下面全是摆设用。后来下摆还加了衬垫使衣服下摆向外翘起来，裤子流行灯笼裤，也是到膝盖扣住，下面是紧身长袜。鞋子一般是方头，鞋跟很高。巴洛克晚期的时候出现了鞋扣代替装饰（见图14-8）。

### 2. 长外套与背心的组合装

17世纪后期一度非常流行的达布里特渐渐地因为变得过于短小和紧身而不再实用，于是人们舍

▲　图14-7　17世纪男子精致的服装

▲　图14-8　戴高帽子、穿方头鞋、穿着
饰有蕾丝花边服装的男子

弃了达布里特，取而代之的是一种从波斯人军服基础上发展起来的、非常合乎人体形态的束腰长外套，或叫弗拉克(frock)。弗拉克有多种款式，款式特征是：长袖、衣长过臀、有领、背部开衩、双排或单排扣，弗拉克端庄大方又合身，所以适合作日常礼服大衣。

## （二）女装

　　女装的变化也表现出巴洛克的特征，流动的衣裙，变幻的线条，缎带、丽丝、刺绣、饰纽等多种装饰在罗布上竞相争艳。法国式时期，箍裙再度流行。17世纪的箍裙由叫苛尔·巴莱耐的紧身胸衣（见图14-9）和叫巴黎臀垫的裙撑组合而成。这里的苛尔·巴莱耐、巴黎臀垫这两个名称都源于法语。

　　欧洲妇女使用巴黎臀垫开始于17世纪末。它是一种用马毛做的半月形臀垫，使用时置于后腰线位置裙子的下面，起到使臀部膨大翘起的作用。不仅如此，一些妇女常还将外裙撩起，搁在翘臀上面，部分用缎带固定，余下裙摆任其拖曳下来，从而更加增强了女性优雅美观的外观。这种夸张后臀部的样式是西方服装史上第一次出现，并且，这种样式在18世纪末和19世纪末反复出现（见图14-10）。

　　女装典型的大帽子，带羽毛装饰，高领花边，臃肿的裙子。巴洛克时期女人流行带着侍童。侍童分成两种，一种是身份低贱的；另一种是贵族子弟，暂作侍童是为了学习上流社会礼仪，所以打扮得格外华丽（见图14-11）。

▲　图14-9　世纪宫廷少女装
（玛格丽特）

▲　图14-10　欧洲妇女

▲　图14-11　巴洛克时期
女子所带的侍童（见彩图55）

# 第三节 服饰材料、色彩和装饰纹样

巴洛克风格时期，服装面料生产和图案设计大都是在画家的直接参与下完成的。法国美术学院院长兼国王首席画家夏尔·勒布仑曾是葛布兰织物工场的总监督，不少葛布兰织花壁毯借勒布仑的素描改成织毯样稿。画家参与染织业是里昂染织发展的重要原因之一，正如《织物二千年史》一书所叙述的："里昂成为丝绸生产的中心，是由于生产者与艺术家保持了密切的合作关系，画家用巧手提供样稿，与织工们优异的织造技术交相辉映。"巴洛克风格时期的服装面料图案明显受到当时美术风格的影响。巴洛克风格的染织图案，前期以变形的朵花、花环、果物、贝壳为题材，后期则采用莲、棕榈树叶、莨苕叶形为题材。图案采用贝壳形曲线与海豚尾巴形曲线，这种曲线是巴洛克图案重要的特征之一。

17世纪服装面料的另一重大革新是花边的推广和应用。花边是用一根以上的线带或绳等编织而成的并具有镂空花纹的纤维制品，它包括针绣花边、梭结花边、刺绣花边、钩编花边、打结花边、针织花边六大类。15世纪时，意大利出现了抽纱。抽纱是在中世纪民间刺绣基础上发展起来的一种花边生产工艺，它利用亚麻布或棉布等材料，按照图案要求，将花纹部分的经线或纬线抽去，形成透孔花纹织物，使用时可以根据需要连缀成一定大小或形状的日用品或服饰品。16世纪，抽纱的实地部分减少，透孔的花部增多而显得玲珑剔透，出现了被当时人们称为"在空气中刺绣"的花边。17世纪，意大利又出现了编结花边和梭子花边，前者是将刺绣的花纹逐块拼接，经洗烫整理完成，成品虽是手绣但有编结效果；后者类似于钩针制品，它是用线缠绕在一桃形小梭子上，用手工编结完成的。这些花边生产技术的出现和应用，使意大利花边名扬世界。

## 一、巴洛克时期的发型、化妆和服饰品

▲ 图14-12 戴假发的绅士和夫人

巴洛克风格时期妇女妆饰的重点主要放在发式和脸部。17世纪的妇女们总是喜欢将头发高高地束起，上面缀满各种珠宝饰物，或以假发造型，追求豪华、繁缛的装饰趣味。这种风气一直延续到18世纪。男子的发式流行用丝绸扎起的波浪形长卷发，然后再配上一顶用羽毛装饰的海狸皮宽檐帽或一种三面帽边向上翻的三角帽。三角帽作为男子的帽子一直流行到19世纪（见图14-12）。

除了发饰和脸部化妆以外，颈部装饰对于17世纪的男女来说都很重要。17世纪时，法国男子流行起了戴领巾，妇女则只是在领口增加一些细碎的褶充当装饰。流行的领巾有两种式样，即克拉瓦特领巾和斯坦科克领巾，斯坦科克出现在克拉瓦特之后（见图14-13）。

17世纪前期，一种源自西班牙、鞋面呈凹形的浅色低筒靴和荷兰式水桶形的长筒靴风靡一时。长筒靴有很大的花式靴口，并有花边装饰。17世纪后期则以法国式的窄高跟尖头女鞋最流行，鞋子的头向前弯曲，鞋舌高，扣带窄，扣结很小，配套的袜子流行红色（见图14-14）。在冬天寒冷的天气，欧洲人习惯一层又一层地同时穿上好几双袜子保暖，并流行用精美的毛皮做的皮手笼暖手。

此外，如适应当时缩短的袖子而设计的齐肘长的手套和流行的各式及膝袜子、扇子、意大利皮伞、中国纸伞等也是那个时代妇女所虔诚追求的时尚。男子服装在领、袖、上衣和裤裙的下摆，以及帽子、长靴的内侧都装饰有花边和饰带。花边主要依靠意大利进口，但是在1660年前后由于法国与西班牙建立了良好的外交关系，法国一度流行起了西班牙风格的黑色花边。17世纪的其他服饰品还有佩刀、系扎兼装饰作用的金属环钩等。

▲　图14-13　流行的领巾

▲　图14-14　有金绳子纽扣装饰的
军官和女子服饰（见彩图56）

## 二　巴洛克的审美意识与17世纪的服饰文化

人们总结巴洛克艺术风格时，一般总会归结为绚丽多彩、线条优美、交错复杂、富丽华美、自由奔放、富于情感；或是装饰性强、色彩鲜艳且对比强烈，在结构上富于动势，因而整体风格显得高贵豪华，富有生气等。从美学角度去分析巴洛克风格的建筑，可概括为几个主要特征：一是炫耀财富，大量使用贵重材料；二是追求新奇，标新立异，创新在于建筑实体和空间能产生动感；三是打破建筑、雕塑和绘画的界限，并不顾结构逻辑，采用非理性组合，取得反常效果，同时趋向于自然，追求一种欢快的气氛。由于巴洛克风格几乎概括了17世纪总体艺术风格，因此多少年来，它始终是人们热衷于讨论的课题，结果褒贬不一。而巴洛克风格本身确实存在着许多矛盾的倾向，所以，历来被评论家们认为，它勇于创新，但过于诡诞奇谲；它欢乐豪华，又过于堆砌；它的立面雄健有力，但往往形体破碎……不过，不论当代和后代，巴洛克风格受到怎样的肯定或否定，都无损于巴洛克风格本身的光辉，而且恰恰说明了它在人类文化发展史中的独特意义和重要位置。

# 第四节　巴洛克时期服饰专用名词图释

（1）普尔波万

17世纪中的上衣普尔波万极为短小，衣长只及腰际或更短，变成短袖或无袖，小立领，前开，门襟上密密一排扣子，右肩斜向下挂着绶带表示身份（见图14-15）。

▲　图14-15　法国女王储的朝服和花花公子服

▲　图14-16　穿朗葛拉布裙裤的荷兰绅士和女子

（2）朗葛拉布

裙裤"朗葛拉布"在此时出现，长及膝，基本形式是宽松的半截裤（见图14-16）。

（3）鸠斯特科尔

西服的始祖，意为紧身合体的衣服。由衣长及膝的宽大军服卡扎克演变而来。17世纪60~70年代被用作男子服，并成为19世纪中叶以前的男服基本造型（见图14-17）。

（4）巴斯尔样式

17世纪80年代起，使用臀垫，使后臀翘起来，把罗布的裙子卷起来集中放在后臀，然后从这里垂下来形成拖裙，或把前面的裙子掀起，用缎带在两侧固定，露出里面美丽的衬裙（见图14-18）。

▲ 图14-17  法国将军和穿骑士服的女子

▲ 图14-18  巴斯尔样式的公爵夫人

# 第五节  巴洛克时期典型服装裁剪方法与缝制工艺简介

在欧洲，以中世纪文艺复兴时期为起始，出现了突出胸部、收紧腰身、突出人体立体感的服装造型，其流行中心也进一步移向法国。经过巴洛克时代直至近代，伴随着时代的发展服装的立体化造型经过演变逐渐提高完善。到现代，则有夏奈尔、奥尔、圣罗朗等难以计数的设计师们将多种多样的立体美不断地创造出来。在服装行业兴旺发达的今天，设计师们期望自己不仅仅是掌握平面裁剪技术，而是更迫切地希求掌握立体裁剪技术。

以下介绍礼服裙实例。

## 1. 款式造型特征

衣身作交叉波纹状抽褶，特别具有趣味性，裙身分两层，内裙身为抽褶裙，外裙身为荷叶边形。整体造型装饰性很强，袖身亦可作泡袖、垂褶袖、荷叶边波浪裙等。材料宜选用薄纱、软缎类织物。

## 2. 缝制工艺步骤

第一步：在人体模型上标出衣身波纹交叉造型的标志线。取长＝120厘米、宽＝4倍臀围的经向布料复合在人体模型上，在腰部做成折裥，每个折裥量＝6厘米宽，做成内裙（见图14-19）。

第二步：取长＝80厘米、宽＝1.5倍臀围两块经向布料分别在左、右两侧做折裥，折裥量＝5厘米，做成外裙（见图14-20）。

第三步：将内、外裙腰线修剪齐整，外裙修剪圆顺（见图14-21）。

第四步：取宽＝15厘米、内口长＝2倍外裙底边长的弧形布料，在内口做折裥，使外口呈自由卷曲的荷叶边状，然后将布料固定于外裙底边（见图14-22）。

第五步：取长＝80厘米、宽＝1/2胸围＋15厘米的经向布料，标出前中线、胸围线、胸点，然后与人体模型复合一致（见图14-23）。

第六步：在前中线处做前切口，剪至腰线附近（见图14-24）。

第七步：在前中线左侧做斜形折裥，形成斜形波纹，注意外侧的折裥形成的波纹线要有松度，以便形成自由舒展的波纹线（见图14-25）。

第八步：在前中线右侧做斜形折裥，亦形成斜形波纹，注意左、右两侧波纹要求一致（见图14-26）。

第九步：后衣身取长＝30厘米、宽＝1/2胸围＋10厘米的经向布料，做出后中线、胸围线，与人体模型复合一致后做折裥（见图14-27）。

第十步：用软尺量袖窿弧长，一般袖窿弧长取5/10胸围－2厘米左右。将软尺做成椭圆状，然后按此形状在衣身上画出袖窿弧线（见图14-28）。

第十一步：按一片袖的做法做出内袖。即取长＝70厘米、宽＝1/5胸围＋6厘米的经向布料，标出袖中线、袖山线，然后与布手臂复合一致，在布袖山上做袖山形状，定出袖肥后将袖山、袖身剪修整齐（见图14-29）。

第十二步：取长＝50厘米、宽＝50厘米的布料，在一头剪去20厘米的尖角，做成45°斜向布料，然后固定于内袖山上，要求做出5条折裥以形成环形布浪（见图14-30）。

第十三步：将环形布浪袖的下口剪修光顺，做成美观的环形袖（见图14-31）。

第十四步：按前述的泡袖的做法，做成两种泡袖。这两种泡袖前一种较平坦自然，后一种较蓬松耸起，关键是袖山的折裥量（见图14-32）。

第十五步：取宽＝15厘米左右的弧形布料，布料为45°斜布料，将布料内口固定于袖山，要去边，拉出波浪边，固定布料于袖山上（见图14-33）。

第十六步：做成波浪袖后，将沿袖山多余的布料剪去，最后完成波浪袖（见图14-34）。

第十七步：波浪袖可做成多层，以增加造型的感染力（见图14-35）。

第十八步：在袖山上做较大的袖撑，然后在袖山四周做折裥，在袖侧中心做螺旋状折裥，做成风轮状泡袖（见图14-36）。

第十九步：最后做成波纹袖礼服整体造型的前视、侧视、背视图。

▲ 图14-19 礼服制作（一）

▲ 图14-20 礼服制作（二）

▲ 图14-21 礼服制作（三）

▲ 图14-22 礼服制作（四）

▲ 图14-23 礼服制作（五）

▲ 图14-24 礼服制作（六）

▲ 图14-25 礼服制作（七）

▲ 图14-26 礼服制作（八）

▲ 图14-27 礼服制作（九）

▲ 图14-28 礼服制作（十）

▲ 图14-29 礼服制作（十一）

▲ 图14-30 礼服制作（十二）

▲ 图14-31 礼服制作（十三）

▲ 图14-32 礼服制作（十四）

▲ 图14-33 礼服制作（十五）

▲ 图14-34 礼服制作（十六）

▲ 图14-35 礼服制作（十七）

▲ 图14-36 礼服制作（十八）

**思考题**

1. 简述荷兰风时期和法国风时期男装、女装的特征。

2. 简述巴洛克风格服装的主要特点。

3. 试以巴洛克风格的服饰文化为依据进行设计训练，画出彩色效果图。

# 第十五章　18世纪服饰

- 第一节　洛可可时期、新古典主义时期的文化背景
- 第二节　典型服饰形象及特性
- 第三节　服饰材料、色彩和装饰纹样
- 第四节　洛可可时期服饰专用名词图释
- 第五节　洛可可时期典型服装裁剪方法与
　　　　　缝制工艺简介

学习目标

　　了解洛可可时期的文化背景对服饰变化的影响。理解洛可可风格的女装特点。掌握洛可可时期的服饰特征在现代服装设计中的运用。理解新古典主义时期的服装风格以及对现代服装的影响。

# 第一节 洛可可时期、新古典主义时期的文化背景

## 一、洛可可时期的文化背景

18世纪初，西班牙王位继承战争导致了全欧洲战争的发生，战争结果使法国和英国成为欧洲的两个主要强国。到18世纪中期，这两个欧洲强国又因为商业竞争发生了历史上著名的"七年战争"。法国的统治者们因为采取了当时被人们称之为"愚蠢政策"的策略，从而招致了灾难性的失败，这在很大程度上为1789年的大革命准备了条件。与此相反，英国则因为战争的胜利和商业发展带来了工业革命的成功。但是从1715～1770年左右这段时间里，法国宫廷生活似乎远离战争，充满着绮丽和浮华，从绘画、建筑、音乐以及服饰上都能感到与当时宫廷生活相适应的洛可可(rococo)艺术风格的存在。

18世纪以法国为中心的洛可可式服装的发展大致可以分为三个阶段：1715～1730年为服装发展的过渡期，1731～1770年为成熟期，1771～1790年为衰落期。但这个分期不是绝对的界线，中间还有一些缓冲过渡的变化。

洛可可时期，路易十五宫廷化的生活闲散安逸，贵族们举止文雅，为法国社会文明树立了榜样。服装的风格紧随其后与之相适应。首先是服装的面料要求柔软而有光泽，其次是服装的造型注重衣褶的变化和表现，体现优美自然而又不失幽雅的风格。这使我们看到了与文艺复兴时期完全不同的服装设计风格。文艺复兴时期服装的造型特点，是利用服装各部位的块面组合来显示明确的外形，以铸造模型般的刚直和建筑般的严密构造为基础，表现出静态的华丽和庄重的艺术风格，洛可可服装的造型特点包括前面的巴洛克时期，服装乃至衣料图案都以流动的曲线为特征，把原来被肢解的形体又重新糅合在了一起。洛可可与巴洛克有所区别，巴洛克艺术是以其热情奔放、运动强烈和装饰华丽而与16世纪文艺复兴的典雅庄重相区别；洛可可则以曲线趣味、非对称法则、色彩柔和妩媚、崇尚自然、飘逸谐谑等特点而相异于路易十四时代那种盛大、庄严的古典主义风格。

## 二、新古典主义时期的文化背景

新古典主义兴盛于18世纪中期，19世纪上半期发展至顶峰。新古典主义一方面强调要求复兴古代趣味，特别是古希腊罗马时代那种庄严、肃穆、优美和典雅的艺术形式；另一方面它又极力反对贵族社会倡导的巴洛克和洛可可艺术风格。新古典主义又不同于17世纪盛行的古典主义，它排挤了抽象的、脱离现实的绝对美的概念和贫乏的、缺乏血肉的艺术形象。它以古代美为典范，从现实生活中吸取营养，它尊重自然，追求真实，以及对古代景物的偏爱，表现出对古代文明的向往和怀旧感。

# 第二节 典型服饰形象及特性

## 一、洛可可时期的服装

### （一）男装

17世纪形成的三件套到18世纪在款式上逐渐向近代的男装发展。18世纪初，鸠斯特科尔改称"阿比"，造型同前，收腰，下摆向外张，呈波浪状，为使臀部外张，在衣摆里加马尾衬和硬麻布或插入鲸

须。后中缝和两侧缝在下摆都有开缝，一般无领或装小立领。阿比（见图15-1）的色调和用料比以前柔和许多，大量使用浅色的缎子。由于阿比变得朴素，穿在里面的贝斯特就装饰得豪华起来。衬衣袖口装饰有丽丝或细布做的飞边褶饰，从阿比的袖口露出来。

下半身的克尤罗特采用斜纹裁剪，做得十分紧身，因而不用系腰带，也不用吊裤带。男上衣去掉多余的量，衣摆不那么向外张，缓解紧束的腰身，这种上衣称夫拉克。其最大的特点是门襟自腰围线起斜着裁向后方。有立领或翻领，后开衩，衣身两侧自袖隆起有公主线，前门襟的扣子一个也不扣，袖子为两片式，袖长及手腕，袖口露出衬衣的褶饰，袖克夫上的那几粒扣子作为装饰一直延续到现在（见图15-2）。

▲ 图15-1　朴素的阿比

（见彩图57）

法国男服已经用没有过多装饰的宽大硬领巾取代了领结，也减去了衬衫前襟皱褶凸起的花圈儿。1710年左右，时髦的年轻人开始使用当时军装上的一种宽领饰"耐克斯特克"，1730年普及于一般男子直到19世纪末。18世纪50年代以后，持续了几十年的服装流行款式开始出现变化，最突出的一点是服装的造型趋于纤巧。18世纪后期，男服中的外衣越来越紧瘦，致使赶时髦的年轻人，穿着瘦袖紧腰身的服装，前襟看起来不可能合拢，那密密的纽扣不过是装饰品罢了（见图15-3）。男子服装开始趋于严肃、挺拔、优美同时富有力度。男服在18世纪中走过了一个由女性化回归到男性化的全过程。

## （二）女装

洛可可风格的女服主要是由宫廷贵妇率先穿起的。她们对东方的景物纹样和吉祥文字非常感兴趣，想通过精致秀丽之风表达出自己对大自然的渴望。这种对服装的趋新趋异思潮，自然又是洛可可风格在服装上的体现，呈现出一种多元化的倾向。宽大的皱褶、纤细的腰身和肥硕的裙裾使她如同美神维纳斯。每一处都经过制作者的精缀细缝，色彩上舒适明快，图案上精巧玲珑，卷曲的内衬和无尽的繁复细节相得益彰，使洛可可风格的服装艺术得到了最完美的体现（见图15-4）。其特点是袖口制作得精致而复杂，并且带有饰边；带翼的袖口为细丝褶边取代。褶边通常分为两层，上层镶着穗、金属饰边和五彩的透孔丝边；袖子下面是两层，有时是三层皱褶。褶纹由细而宽，褶边的尽头还镶着更豪华的边饰。

▲ 图15-2　18世纪中叶男装夫拉克

▲ 图15-3　男子夸张的帽子
和更为紧瘦的外衣

▲ 图15-4　英国洛可可
时期的麻制长裙

▲ 图15-5 瓦托罗布

（1）奥尔良公爵摄政时代（1715～1730年）

这是巴洛克时期向洛可可时期的过渡，此时女装有两个明显的特征。其一，宽身女袍的流行。17世纪后期至18世纪，欧洲上层社会的妇女普遍流行起了穿宽身女袍。这种宽身女袍通常选用光彩闪烁的绫罗绸缎制作，典型的瓦托式宽身女袍的基本款式特征是大领口，无腰节线，衣长及至脚踝，后背领窝处有分量很大的箱形襞褶，从肩部直至地面，造型优美流畅。常用花边、丝带以及褶边作装饰。穿瓦托式宽身女袍的妇女，多开襟不扣，行走时任其迎风展开，宽大的衣身随人体移动有飘逸之感，故宽身女袍又有飘逸式罗布之称。这种优雅的样式特别受到路易十五的蓬巴杜夫人的喜爱，宫廷及贵夫人竞相穿用而流行了几十年（见图15-5）。其二，一百多年前的裙撑又一次出现，并成了后来几年中女服不可缺少的重要道具。作为洛可可式时期女装的重要特征之一，箍裙的出现是在18世纪的第20个年头前后。1819年，来自于英国的传统舞蹈表演团在巴黎公演，演员身穿的一种内装轮形撑架的连衣衬裙给巴黎人留下了深刻的印象。最初，习惯于穿宽身女袍的贵妇人们对这种撑裙并不以为然，但是一些年轻的女性却很快地效仿起来，随后渐渐流行起来，成为社会普遍的时尚，由法国开始向欧洲其他国家传播。而上衣则是紧身样式，胸衣上镶有珍珠宝石。

（2）路易十五时代（1730～1770年）

洛可可风在这个时期达到鼎盛，1740年后，裙撑逐渐变成前后扁平，左右横宽的椭圆形，据说最宽竟达4米，这就是巴尼尔裙撑（见图15-6）。18世纪中期，宽身女袍的款式开始向半紧身的式样过渡，这种半紧身的女袍习惯上称为法国式罗布。其款式特征是，上身紧身合体且平挺，大领口，衣身常有切口装饰。法国式罗布的腰围以下部分常被撩到臀部，前面小腹部位常系有镶花边的装饰性围裙，围裙多用白色丝绸料，与深色的袍服形成鲜明对比。上身的后背还有两个明显的大衣褶，用以束紧或调节上身形体，而撩至臀部叠积的衣服就像使用腰垫一样有助于使臀部凸翘，使得女性形态更加优雅。法国式罗布多限于路易王朝宫廷及其周围贵妇人穿着，而且特别受路易十五的情妇蓬巴杜侯爵夫人的青睐，是18世纪有代表性的女袍式样，也是后来欧洲重要的社交礼仪场合服饰参照的范本。此类女装从制作到穿着都费时麻烦，但贵妇人们却乐此不疲（见图15-7）。

法国洛可可式女装表现为有撑环的长裙和紧束腰身上装相结合的式样。撑环用鲸骨框制作，造型如同背篓、驮篮，即形如马骡在身躯两侧背负驮篮状，故名驮篮式裙撑，法语称为帕尼耶(partier)，即裙笼。撑有裙笼的长裙选用棉布、毛料、丝绸等面料，造型从腰以下开始向外扩开，最大圆周尺寸近5米，以至于带来许多问题，如上下马车不方便，行走时影响交通等（见图15-8）。

▲ 图15-6 18世纪复兴的带裙撑的裙形

▲ 图15-7 蓬巴杜夫人

▲ 图15-8 穿法式裙撑的女子

（3）路易十六时代（1770～1789年）

这是洛可可风结束、新古典主义服饰样式兴起的转换期。18世纪中，意大利那不勒斯两大古城的发掘，引起人们对古代文化的关注。开始从洛可可"优美但轻薄"的文化向"朴素、高尚、平静而伟大"的古典文化转移，此倾向被称为新古典主义。18世纪后期流行的宽身女袍则结合了一些箍裙的造型特征，即上体紧身，下体膨起，著名的有切尔卡西亚式袍服和波兰式袍服（见图15-9）。前者是受黑海东海岸切尔卡西亚地区少女装启发而设计的，以外裙上编织着可用以撩动裙子的3根绳子为特征；后者吸收了波兰式袍服的特点，腰线以下用异色衣料分两段缝合，外面罩以黑色轻薄罩裙，通过罩裙可能看到女袍的衣料花色，所以有透明装之称。此外还有英国式袍服，此类袍服腰身较低，依靠褶裥将裙摆撑开，领围饰以柔软的三角形披领，袖子有长短变化。18世纪民间的妇女也穿宽身女袍，与宫廷贵妇们不同的是，民间妇女穿的是棉布制作的服装。

1776年受波兰服装影响出现了波兰式罗布，其特征是裙子在后侧分两处像幕布或窗帘似的向上提起，臀部出现三个柔和地鼓起的布团（见图15-10）。

▲ 图15-9 穿波兰宫服的女子

▲ 图15-10 路易十六及皇后

## （三）附属品和妆饰

18世纪妆饰的特点突出表现在假发的流行。男、女戴假发可以说从16世纪末就已经在法国开始了，那时法国国王就是一个热衷于戴假发的人，他在起床、做弥撒、吃午饭、去狩猎、进晚餐等不同场合都有相应的假发佩戴，一天中有多次的换发仪式。到了17世纪，戴假发成了遍及整个欧洲的一种社会时尚。18世纪，假发进入了全盛期，并有"假发时代"之称（见图15-11）。

（1）男子发型

洛可可初期，男子继续流行的白色假发较路易十四时代的小。到路易十五时代，流行灰色假发，向后梳，在脑后梳成辫子或做发髻，发髻装在丝绸袋里，系上黑缎带（见图15-12）。

▲ 图15-11 18世纪男子短式假发

▲ 图15-12 男子流行的灰色假发

由于假发的流行，人们不再担心秃头，帽子也被扔到了一边。17世纪的女性虽然也有的像男性一样满头假发，不戴帽子，但喜欢戴高大的头饰，如像喷泉一样造型的瓦伦西(valley)假发。在1760～1780年间，女性发型的制作技术极其高超，假发师成了人们心目中的艺术家。假发似乎已经变得不再像是假发了，而是成了复杂的堆砌物，填料、假发、卷发、辫子等纵横交错，还有的用一串串的珠宝甚至玻璃珠子挂在头上，如同珠子吊灯，美不胜收。19世纪以后，男子的假发虽然已经不再流行，但作为职业用假发仍在一定范围内存在，如医生、法官、牧师等。

（2）女子发型

在服装如此精美、奇特而且款式多变的形势下，妇女的头饰异军突起。18世纪70年代，喜爱时髦装束的妇女开始对别出心裁、标新立异的发型和头饰穷追不舍。有一种头饰，是为纪念美国独立战争中海军取得辉煌胜利而设计的。造型是在头上用不同材料制作而成的一艘扬起风帆在羽毛的海洋中行驶的轮船。再加上五色的彩带随风飘扬，头饰简直是一件巧夺天工的工艺品（见图15-13）。这时，无论是人物、马车、花园等，只要是与最新发生的新闻事件有关的事物，都会一一出现在妇女的头饰上。

### （四）洛可可时期的鞋子

18世纪路易十五统治时期，法国最流行的女鞋是路易跟鞋，这是一种高跟鞋，鞋跟的外侧向内弯曲，底稍微展宽，鞋跟一般在4厘米左右。女鞋的鞋面大部分都是采用丝绸、织锦或亚麻布制作的，但也有采用柔软的山羊皮等材料制作的（见图15-14）。

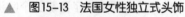

▲ 图15-13　法国女性独立式头饰　　　　▲ 图15-14　路易高跟鞋

## 二、新古典主义时期的服装

新古典主义艺术风格兴起于18世纪的中期，其精神是针对巴洛克与洛可可艺术风格所进行的一种强烈的反叛。它主要是力求恢复古希腊罗马所强烈追求的"庄重与宁静感"之题材与形式，并融入了理性主义美学。这种强调自然、淡雅、节制的艺术风格，与古希腊罗马的题材形式结合所发展出来的服饰，也随即在法国大革命之后，跃升为服装款式的代表。

特别是在女装方面。例如，以自然简单的款式，取代华丽而夸张的服装款式；又如，排除受约束、非自然的"裙撑架"等。因此从1790～1820年之间，所追寻的淡雅、自然之美，在服装史上被称为"新古典主义风格"。

### （一）男装

法国出现了前襟自腰节开始向后斜着裁下去的夫拉克，夫拉克有两种形式。一种是前腰节水平向两侧截断，后边呈燕尾式。燕尾服是由前襟短、后身长，并且很难系上纽扣的服装式样演变来的。外衣紧瘦的样式非常时髦，并已经形成一种潮流。不是通襟敞开着，露出里面的绣花背心，就是上面系扣，而腰腹以下的衣身敞开着，整件外衣有向后延伸的倾向（见图15-15）。另一种是晨礼服，前襟从高腰身处斜着向后裁下来的大衣，也就是现在晨礼服的前身。有单排扣或双排扣，双排扣有翻领的条纹面料贝斯特常常翻出来压在外衣领子上。

拿破仑以罗马的共和制为理想，模仿罗马式，企图复兴罗马精神，着装上追求华美的贵族趣味。男装又回到路易十六时代，一般资产阶级仍是夫拉克、基莱、庞塔龙的组合。

男装夫拉克，大翻领宽驳头，前片从腰节处横向切断的燕尾服样式，1810年左右，后下摆变短，腰身变低。修米兹（内衣）出现了现代型的白衬衫"夏次"（shirt）的原型，领子相当于现在衬衫领竖起来的样子，领带——卡拉巴特流行小型的，袖口的克夫做得很挺括。庞塔龙时瘦时肥；克尤罗特为紧身，下穿白色高筒袜，上穿丝绸夫拉克和明快色、富有装饰性的基莱，头上编发辫。

▲ 图15-15　外衣紧瘦的燕尾服

## （二）女装

这种新古典样式的特点是：造型极为简练、朴素，与装饰繁多、矫揉造作的洛可可风格形成强烈对比；女装向古希腊、古罗马的自然样式倾斜（见图15-16）。

一种用白色细棉布制作的宽松的衬裙式连衣裙——修米兹·多莱斯（罗布·修米兹），腰际线提高到乳房底下，内有护胸层，袖子很短，袖形为帕夫袖或爱奥尼亚式希顿的样子，戴长手套，裙子很长垂到地上，形成悬垂衣褶，下摆刺绣花卉。行路的裙子长达3米，社交场合的裙子长达八九米。穿着的女人被称为"麦尔贝幼兹"，与时髦男子"昂克罗瓦依亚布尔"并称于世。新古典主义时期女装解下了紧身的胸衣和笨重的裙撑及臀垫，内衣也不再穿着，出现了能够透过面料看到整个腿部的薄衣型服装样式，服装史上把这个时期称为薄衣时代。

拿破仑对古罗马的崇拜主要反映在此时的女装上，是前一时期新古典主义样式的延续和发展。造型特点：强调胸高的高腰身，细长裙子，短帕夫袖，方形领口开得很大、很低。后来裙子变短，下摆变宽，有褶、飞边、蕾丝的缘饰，领口方形为主，胸口袒露，肩部露得不多，沿领窝装饰叫"苛尔莱特"的领饰有两层或三层细褶，还有高领、拉夫领（见图15-17）。

▲ 图15-16　女装样式一

▲ 图15-17　女装样式二

# 第三节 服饰材料、色彩和装饰纹样

服装的设计风格与服装面料的设计密切相关。面料风格是通过织物质地、图案题材及其构成形式、色彩的搭配等几个方面的因素综合体现出来的，不同的面料风格势必影响到服装的外观。

从面料图案的表现手法来看，如果说中世纪以前的织物图案是以织花面料为主，那么文艺复兴时期则是织花面料向印花面料过渡的一个转折时期，而到了17世纪和18世纪，印花面料逐渐占据主导地位。欧洲的织物显花技术由原来的以提花技术为主，发展成为以印花技术为主。欧洲各国完成从织花为主到印花为主的这一转折，在时间上有先后，但转折的重要理由都是因为经济技术的发展和印花技术在图案表现上的便利性。

18世纪中期，15世纪发展起来的铜版印刷技术也开始在织物印花上发挥作用。18世纪后期，在法国凡尔赛东南边的朱伊，一位很有名的染织图案设计师格里斯特·奥培尔肯普利用铜版印花技术，把中国、日本式样的写实花鸟、庭院风景和有情节的绘画题材，通过明暗、透视及运用自然色彩的表现手法应用于织物，深受人们青睐。直到今天，人们还在使用着那些美丽的具有写实风格的纹样。

与此同时，作为服饰的重要手段之一，刺绣技术也得到了更加广泛的应用。16世纪时，印度的刺绣发展得很快，17世纪末和18世纪初，它通过东印度公司传到了欧洲，对欧洲刺绣的艺术风格产生了一定的影响。17～18世纪，伊朗流行的几何纹刺绣影响到欧洲，改变了欧洲一贯以动物纹作为刺绣纹样主题的传统。18世纪中叶，欧洲各国一度流行花草纹样的刺绣，18～19世纪又流行起了贴片绣。在18～19世纪的希腊刺绣中也出现了具有异国风味的各种几何纹刺绣。当时，约旦生产的多色彩绣也非常有名。印度向西欧各国输出了大量带有金属镶片的绣品，欧洲人以此作为衬衣的装饰而使之广泛流行。在美洲，17～18世纪的刺绣受到了来自欧洲的影响。南美各地受西班牙的影响，以盛行西班牙风格的刺绣为主。在中美洲，来自欧洲的刺绣技术与当地传统的刺绣相结合，产生了多种针法综合运用的羽绒绣。

▲ 图15-18 装饰有中国纹样的服装（见彩图58）

洛可可风格的服装纹样题材广泛，人物、动物、亭台楼阁、几何图案一应俱全，尤其引人注目的是中国的宝塔、龙凤、八宝和落花流水等纹样被广泛采用（见图15-18）。

17世纪中期以后，羊毛织物在市场上的占有率逐步提高，特别是英国羊毛织物的出口，为欧洲男装设计提供了很好的面料。早在15世纪末，以英国为代表的地主用暴力大规模夺取农民土地，围上篱笆让土地长草，以便放牧成千上万的羊群，致使农民无法生活，扶老携幼到处流浪。因此，英国空想社会主义者托马斯·莫尔把这种现象比喻为"羊吃人"，这就是历史上著名的圈地运动。圈地运动从15世纪末开始，直到19世纪上半叶才结束，极其迅速地发展了英国的毛纺织业，所以从16世纪开始，英国毛料的质量一直在世界上占有重要地位。1767年，詹姆斯·哈格里夫斯（James Hargreaves）发明了珍尼纺纱机。1785年埃德蒙·卡特赖特（Edmund Cartwrlght）将他发明的水力织布机注册专利，这种织布机的出现和发展又及时地解决了当时棉纺织业中人力不足的问题。这些发明给英国的纺织业带来了新的生机，至19世纪，英国已以优质毛料和制作精致的男装闻名世界。

## 第四节　洛可可时期服饰专用名词图释

（1）洛可可风格

指18世纪欧洲范围内所流行的一种艺术风格，它是法文"岩石"和"贝壳"构成的复合词（rocalleur），意即这种风格是以岩石和蚌壳装饰为其特色；也有翻译为"人工岩窟"或"贝壳"的，用来解释洛可可艺术善用卷曲的线条，或者解释为"受到中国园林和工艺美术的影响而产生的一种风格"，它对中国特别是清代服装也影响甚巨。

（2）潘多拉

从17世纪后期至18世纪中叶，法国每周都有服装玩偶"潘多拉"（pandora）送往伦敦，"潘多拉"是希腊神话中主神宙斯命火神用黏土制成的人类第一个女性的名字。这种玩偶起源于14世纪末，流行于法国宫廷的一种风俗。1391年，法国国王查理六世的妻子伊莎贝拉用木材以及黏土等作为材料制成人形玩偶，为它穿上当时宫廷流行的服装款式，并将其送给英王查理一世的妻子安妮王后。渐渐地，用玩偶模特儿作为交流服装信息的做法在欧洲流行起来。到了17世纪以后，一些玩偶模特儿被制成与真人等高的尺寸，并且在法国巴黎的圣德浓街有了"潘多拉"设计和生产的中心，其生产的数量和质量都远远超过了前几个世纪的玩偶制作。

（3）高发髻

高发髻是用马毛做垫或用金属丝做撑，然后在上面覆盖自己的头发或加上假发，并挖空心思地做出许多特制的装饰物，如山水盆景、田园风光和扬帆行驶的三桅海军战舰等。

（4）华托式

为蓬巴杜夫人喜欢的女裙，其外裙像窗帘一样从两侧吊起，造成半高的堆褶并有细碎的褶皱饰边，这种裙形据说是从波兰传入的。另外一种据传是画家华托亲自设计的女裙，被称为华托式。

（5）立体裁剪

服装立体裁剪是相对于平面裁剪而言的服装造型分析的方法，也是纸样设计的一种直观形式。立体裁剪在人台上或人体模型上直接进行造型分析，确定服装衣片的结构形状，完成服装款式的纸样设计。

## 第五节　洛可可时期典型服装裁剪方法与缝制工艺简介

18世纪法国艺术是洛可可的天下，洛可可风格是宫廷艺术，而且已经成为欧洲近代文明中心的法国宫廷，把这种靡丽之风传出国界，甚至传到中国的圆明园。洛可可服装的款式裙装较为庞大，在裁剪方法上是把平面裁剪和立体裁剪相结合地使用，才能达到效果。立体裁剪是在三维空间中进行造型、裁剪，面对人体模型，直接感受面料的特征及可塑性，可任意造型，这是平面裁剪所无法做到的，其不仅可独立操作，而且可以与平面裁剪相结合，达到完美的效果。更能突出服装效果，裙装的裙撑一般都用竹子条来做，根据裙子的大小来弯成型。

洛可可服装风格确立，强调三围差别，注重立体效果的服装造型。文艺复兴后，立体裁剪技术有了很大的发展。最大程度地显现和推动了礼服隆重、壮丽的风格。

礼服作为一种正式的礼仪性服装大致经过200多年的历史和变迁。礼服的最初雏形是法国路易王朝时代（17～18世纪）的宫廷贵族穿着的宫廷服。这种在王妃玛丽·阿托露莱德肖像画上见到的宫廷服便是今日礼服的原型。当时宫廷服的造型特点是腰部收缩、裙摆很膨松、上面做很多刺绣及各种美丽的饰件。

进入20世纪后，人类社会进入科学发展最迅速的时期，各种艺术文化与服饰文化的结合，服装的分类多样化及追求功能与装饰的统一都进入了变化最大的时期，作为社教服也分化为较隆重场合穿着的礼服和较轻松场合穿着的礼服。作为前者婚纱和部分晚礼服仍然保留袒胸、束腰、大裙摆、高臀的基本造型，继承其典型、华贵的造型美。作为后者大部分晚礼服和昼礼服形体者为多样化，或者高领或者低胸，或者束腰或者宽身，或者大裙摆或者贴身型。

## 思考题

1. 试述洛可可艺术风格及其特点。

2. 试述洛可可风格服装的主要特点。

3. 简述洛可可时期女装的造型特点。

4. 试以洛可可时期的服饰特点为依据进行设计训练，并画出效果图。

5. 试以新古典主义时期的服饰特点为依据进行设计训练，并画出效果图。

# 第十六章　19世纪服饰

## 学习目标

　　了解19世纪的文化背景对服饰变化的影响，掌握19世纪的服饰风格特点。掌握帝政时期、浪漫主义时期、新洛可可时期、巴斯尔时期、S形时期典型服饰形象及特性。掌握19世纪时期的服饰特征在现代服装设计中的运用。

# 第一节 19世纪服饰文化背景

19世纪是一个社会、政治、经济飞速发展的时期,1760～1914年分别进行了两次重大的经济变革。我们把1760～1860年间的经济变革称为工业革命,而把1860～1914年的阶段称为第二次工业革命。1767年,詹姆斯·哈格里夫斯发明了以他妻子的名字命名的"珍妮"纺纱机。1769年,理查·阿尔克莱特发明了水力纺纱机,生产出适合织布的经纬两种纱线。

当棉织业的纱线问题解决以后,人们很快就意识到要发明自动化的机械以取代手工纺纱机织布。1785年,卡特赖特发明了水力织布机并注册专利,至1820年左右,它大规模地取代了原有的织布机具,使得织布效率大大提高。

1870年发电机的问世和1878年电力发动机使用以来,现代机械工业为地球上的人类迎来了一个快节奏、高效率的新时代。机械工业的高速发展,无疑对服装款式、面料和纹样产生了巨大的影响。交通工具的改善,运动场的开辟,还有渐趋现代化战场的需要,都不允许人们再穿以前那样烦琐的服装。更重要的是,飞速发展的机械化使人们的审美观念发生了根本的变化,人们不再热衷于巴洛克、洛可式的烦琐与华丽,而是开始崇尚率直、简洁、大方和整体感。整个社会生活的节奏随着蒸汽机的带动而突然加快,随之而来的自然是对以前繁复服装的大刀阔斧的改革。简洁的男装,充满古今情趣的优美女装与新式纺织产品面料是19世纪服饰风格的主旋律。每一次剧烈的社会变革都会给女装带来明显的样式变化。19世纪被称为"流行的世纪",这里主要指的是女装,而且正如19世纪也同时被称为"样式模仿的世纪"一样,女装的变迁几乎是按照顺序周期性地重现过去曾经出现的样式。

# 第二节 典型服饰形象及特性

## 一、帝政时期服饰(1804～1825年)

### (一)男装

帝政时期拿破仑以罗马的共和制为理想,模仿罗马式,企图复兴罗马精神,在着装上追求华美的贵族趣味。拿破仑宫廷中的男装又回到路易十六时代,一般资产阶级仍是夫拉克、基莱、庞塔龙的组合。

### (二)女装

拿破仑对古罗马的崇拜主要反映在此时的女装上,是前一时期新古典主义样式的延续和发展(见图16-1)。

造型特点是强调胸高的高腰身,细长裙子,短帕夫袖(帝政帕夫),方形领口开得很大、很低。

后来裙子变短,下摆变宽,有褶、飞边、蕾丝的缘饰,领口以方形为主,胸口袒露,肩部露得不多,沿领窝装饰叫"苛尔莱特"的领饰(两层或三层细褶),还有高领、拉夫领(见图16-2)。

▲ 图16-1 帝政样式时代的女装

▲ 图16-2 "苛尔莱特"领饰

## 二、浪漫主义时期服饰（1825 ～ 1850年）

1825 ～ 1850年，由于长期战争，法国财政极其匮乏，人们心底弥漫着一种不安的情绪，因此，许多人缺乏上进心，逃避现实，憧憬浪漫的空想世界，倾向于主观的情绪。这种思潮无论在文学、艺术，还是在服装上都有明显表现。特别是女性，为了强调女性特征和教养，社交界的女士们经常怀揣着中药，手里拿着手绢斯文地擦拭眼泪或文雅地遮在嘴上，故作纤弱、婀娜的娇态，好像是久病未愈，弱不禁风。与之相应地，女装也创造出一种充满幻想色彩的典雅气氛。甚至男装也受其影响，出现收细腰身的造型。因此，服装史上把1825 ～ 1850年这一段历史称做浪漫主义时代。

### （一）女装

正是"七月王朝"时期，处于法国路易·菲利普时代，女子服饰向浪漫主义风格迈进，日渐完善的紧身胸衣，增大裙撑围度，再度使裙子变成大钟形，上衣领口线开得更低，把双肩露出于外面，领口边缘施各种花边和褶裥装饰，袖子膨大至极呈横宽造型，仿佛与先裙呼应，形成19世纪30年代左右最流行的造型。

19世纪40年代再度受到英国田园风格的影响，袖体回收出现宝塔式袖子，强调女子上体娇小、下体膨大的形象。从1822年前后开始，女装的腰线逐渐自高腰身位置下降，在19世纪20年代中后期降到自然位置，在用紧身胸衣强调纤腰的同时，裙子又开始膨大化，呈现出X形（见图16-3）。

▲ 图16-3 英国女装款式

▲ 图16-4　浪漫主义时期的男装

### （二）男装

受浪漫主义女装的影响，男装也另行收紧腰身，肩部耸起，整体造型看起来很精神。男装的基本构成仍是夫拉克、庞塔龙和基莱的组合。夫拉克驳头翻至腰线处，前襟不系扣，露出基莱，后面燕尾长短至膝部稍上，肩胸向外扩张，垫肩很宽，袖山蓬松，与此相比，强调细细的腰身，整体造型呈倒三角。为了使造型更加完美，男士开始用紧身衣来塑形（见图16-4）。

## 三、新洛可可时期服饰（1850～1870年）

从1850年一直到1870年，法国进入近代史上的第二帝政时代。1850～1870年，短短二十年间工业生产几乎增长了两倍，法国资本主义迅速完成了工业革命。在经济迅猛发展的环境下，大规模改造巴黎市区，宽敞笔直的林荫大道、巨大的百货商场、华丽的歌剧院、优美的公园、豪奢的富人宅第相继修建起来，显示出帝国的繁荣。与此同时，在"帝国就是和平"的口号掩饰下，大肆向外扩张，频频发动对外战争，加紧殖民地掠夺。由于这个时代又一次掀起了18世纪的洛可可风潮，因此在服装史上把1850～1870年称做"新洛可可时期"。又因这个时期女装上大量使用裙撑"克里诺林"（crinoline），所以，服装史上也称其为"克里诺林时代"。

### （一）女装

#### 1. 克里诺林

新洛可可时期的女装在这个时代具有典型意义，拿破仑三世的第二帝政一方面复辟旧的风习，一方面推崇路易十六时代的华丽款式。当时，除了为生活所迫而劳作的下层妇女外，女性是不参加劳动的，人们理想中的上流女子是柔弱的、面色白皙、乖巧可爱的形象，是男性欣赏的"洋娃娃"。这种女性美的标准，束缚了女装向行动自由的方向发展。裙子沿着浪漫主义时期出现的膨大化倾向继续推向极端，新的裙撑"克里诺林"诞生了。并在裙子的造型中发挥着极其重要的作用。最初的裙撑是圆顶屋形的，1850年底，英国人发明了用鲸须、细铁丝或藤条做轮骨，用带子连接成的鸟笼子状的新型克里诺林，1860年传入法国，受到法国宫廷和上流社会贵妇的喜爱，进而流行于整个欧洲。新型克里诺林由过去的圆顶屋形变成金字塔形，裙子越来越大。上面的装饰也越来越多。19世纪60年代末，又一次出现了类似洛可可末期的波兰式女装，外裙被用带子卷起，形成几个大布团，接着向后臀部凸起的巴斯尔样式转变（见图16-5）。

▲ 图16-5　克里诺林

## 2. 紧身胸衣

在这个时期紧身胸衣仍是女装中不可缺少的整形用具。强调女性的凹凸曲线，上衣前面在腰腹部成锐角尖下去，强调腰部的纤细，有的服装自腰部起有长长的外张的裙摆，在上衣也有与之呼应的华丽装饰（图16-6）。

## 3. 袖型

浪漫主义时期流行的袖根极端膨大的羊腿袖完全消失，出现了袖根窄小，袖口呈喇叭状张开，用丽丝或有刺绣的织物一段一段接起来的宝塔袖（见图16-7）。

▲ 图16-6　紧身胸衣（见彩图59）　　　　　　▲ 图16-7　宝塔袖

## （二）男装

上衣有四种形式。①白天穿的常服夫罗克·科特，前门襟为直摆，双排扣，衣长至膝围，翻领用同色缎料。后来，这种常服变成昼间正式礼服。②夜间礼服泰尔·科特，即燕尾服。戗驳领，驳头部分用同色缎面，前片长及腰围线，后片分成两个燕尾，长至膝围。③白天穿的晨礼服毛宁·科特，这种衣服来自骑马服前襟向腰部斜着裁下去，腰部有横切断缝，后片一直开到腰部的开衩，开衩顶端有两个装饰纽扣衣长至膝，袖口有四粒装饰扣。④19世纪50年代流行的一种便装贝斯顿，有称拉"拉翁基·夹克"的，这就是我国人们称为西服的款式，腰部没有断缝，衣身稍收，衣长至臀部，平驳领，单排扣，也有的是双排扣（见图16-8）。

▲ 图16-8　新洛可可时期的男装

## 四、19世纪末服饰（1870 ～ 1900 年）

19世纪70年代，去掉了裙撑克里诺林，出现了合体的连衣裙式的普林塞斯·多莱斯（princess dress），17世纪末和18世纪末两次出现过的臀垫——巴斯尔，又一次复活流行于19世纪70 ～ 80年代，因此，这一时期称为"巴斯尔时期"。

### （一）男装

① 仍是上衣、庞塔龙、基莱组合的三件套形式（见图16-9）。

▲ 图16-9　巴斯尔时期的男装

② 现代型的衬衣和领带，衬衣领呈有领座的翻领，袖口有浆硬的袖克夫。克拉巴特分为大的斯卡夫（scarf）和小型的耐克塔一（necktie，领带），1890年耐克塔一变成今天领带的形式，系扎方法固定下来，这种领带被称做"夫奥·印·汉德"（four in hand，意为四头马车）。

③ 男装（包括女装）可以分化出市井服（逛街服）、运动服、社交服这些不同场合穿用的不同品种。

④ 印巴耐斯·凯普——有披肩的长袖大衣，腰部长系腰带，还有毛织物的短大衣，帽子有软呢帽、硬壳平顶草帽。

### （二）巴斯尔时期的女装

如图16-10所示。

① 克里诺莱特——由波兰式罗布发展而来，后半部用铁丝或鲸须做成撑架使之后凸的衬裙，上蒙马尾衬布，罩裙流行托裾形式。

② 普林塞斯·多莱斯——上、下都很紧身，下摆变窄，紧身裙上配一条别色罩裙，或缠卷在腿部，或装饰在腰部，多余部分集中于后臀部，下摆呈美人鱼一样的托裾形式。

③ 1883年，裙子又逐渐变大，巴斯尔样式重新复活，开始用后凸状的克里诺林，后发展成臀垫，法国称巴斯尔为托尔纽尔，法国以外的国家称之为"克尤德巴黎"。

④ 巴斯尔时代女装，除凸臀特征外，另一特色是托裾。

⑤ 紧身胸衣把胸高高托起，把腹部压平，强调"前凸后翘"的外形特征，到19世纪90年代变为优美的S形。领子白天为高领，夜间为袒露的低领口。

▲ 图16-10 巴斯尔时期的女装

⑥ 强调衣服的表面装饰效果是巴斯尔样式又一大特征。褶襞、普利兹褶、活褶飞边、流苏装饰等。不同色、不同质地面料相拼接、相组合，搭配成为流行。

⑦ 泰拉多·斯茨（女西服套装）——男式女服，女服又一次向男服靠拢。女性运动服促进了女服现代化的进程。

# 第三节　服饰材料、色彩和装饰纹样

在19世纪，由于纺织工业发达，织物品种丰富，女装常用两种或两种以上的不同色彩、不同质地的面料相拼接组合，如：素色织物与印花、织花、刺绣织物的组合，亮色织物与暗色织物的搭配，有光泽的与无光泽的、棉与毛、棉与丝、毛与丝等不同质地、不同织纹组织、不同厚薄的面料组合等，人们追求女装上的各种装饰和变化。这个时期流行的面料有轻而柔软的薄棉布、织纹较密的白麻布、波纹组织的薄纱、凹凸丝织物、提花丝织物、格纹、条纹的轻质毛织物和有刺的蝉翼纱等，尽管在服装造型上装饰复杂，但女装给人的总体印象却是轻盈飘逸的，以上面料的使用发挥了重要的作用。另外，女士喜欢用宽幅不同的各种披肩来装饰自己，披肩有开司米，也有东方进口的双皱等丝织物。这一时期流行的色彩以粉色为主，除此之外，还有黄、蓝、淡紫和紫色等。

裙撑的使用对于塑造女装造型起到至关重要的作用，从克里诺林的广泛使用到臀垫的再次复兴，再到拖裙的流行，裙子的外部形状完全依靠裙里起控制作用的支撑物来保持。为了做出裙子前部平展的效果（因为这符合时尚），裙撑结构不得不作些相应的变化，而且三角形布条取代了前腰上过多的布料。但是，后腰上却堆积着众多织物打成的花结，再加上身后裙体像鸟尾一样拖在地面上，整个裙体似乎都集中到了后面，形成一个个优美的背影。

## 一　19世纪的发型和服饰品

19世纪30年代，女士风行像男士那样骑马兜风，骑马服饰开始出现。女士在宽敞的长裙里穿用细棉布做的紧身马裤和长筒靴，戴高筒礼帽和鹿皮手套。手套是女士们不可缺少的服饰品。黑色蕾丝和金属做的珠子相配，充满香艳风情。

19世纪，男装变得更加女性化，背心、外套和长裤是最常见的组合。为了凸显身材，男士们开始使用紧身胸衣。男士的主要配饰有领结、桶形礼帽、文明杖。

浪漫主义时期的靴子流行轻骑兵靴和陆军卫兵长靴，高约15英寸（1英寸=2.54厘米）。在19世纪

20年代末，出现了男女均穿的低跟高帮鞋，鞋帮高出踝关节3英寸，鞋面用本色布和皮革制成，在脚内侧用带子系扎，鞋尖细长。19世纪40年代中期以后出现了松紧布的便鞋。

## 二、19世纪的审美意识与服饰文化

19世纪的时装业有两个值得关注的变化：工业的进步和更高级裁剪技术的出现，使服装的面料和款式更为多样化；由于彩色印刷术的出现，时装样本开始出版，它是现代时装杂志的"鼻祖"。它的出现使原本由宫廷贵妇引导流行的时代一去不复返，时装样本和舞台剧中的女演员成为新的时尚代言人。

# 第四节　巴洛克时期服饰专用名词图释

（1）棒耐特

用布或麦秆制成，上面装饰人造花或缎带，戴时用缎带系在下巴底下。由于这种帽子很可爱，一直流行到19世纪中叶（见图16-11）。

（2）普多尔

1827年，时髦的纨绔子弟中出现一种叫做"普多尔"（poodle，长毛狮子狗）的幻想性装束，这可是现代蓄长发的年轻人的始祖。他们穿着腰部有大量碎褶的白色宽裤子，夫拉克领子很高，腰细，里面穿着条纹衬衫，乱蓬蓬的长发上歪戴着一顶大帽子，样子十分古怪。

（3）克里诺林

随着裙子膨大的不断加大，为了保持造型，人们又在硬衬裙中加入了细铁丝圈，这种衬裙叫做克里诺林。初期的克里诺林像是一个硬硬的圆顶屋壳，出门乘车很不方便（见图16-12）。

▲ 图16-11　棒耐特（见彩图60）

▲ 图16-12　克里诺林衬裙

（4）泰尔·科特

燕尾服。戗驳头，驳头部分用同色缎面，前片长至腰线，后片分成两个燕尾，衣长至膝围线。面料一般使用黑色或藏青色的驼丝锦、开司米或精纺毛织物（见图16-13）。

（5）毛宁·科特

白天穿的晨礼服，这种衣服来自骑马服，前门襟斜着向后裁，腰部有横切断缝，后片有一直到腰部的开衩，开衩顶端有两粒装饰扣，后片衣长至膝，袖口有四粒装饰扣，用料与泰尔科特相同（见图16-14）。

▲ 图16-13　穿着泰尔
科特的男子

▲ 图16-14　穿着毛宁
科特的男子

▲ 图16-15　泰拉多斯茨

（6）泰拉多斯茨

1880年由男服裁缝店模仿男服制作的男式女服（tailared suit，女西服套装），女服又一次向男服靠拢，向现代化发展（见图16-15）。

# 第五节　19世纪服装裁剪方法与缝制工艺

## 一、款式特征

19世纪50年代，流行穿用的外出便装，英语称为拉翁基·夹克（lounging jacket）意为休闲夹克（见图16-16），这就是我们现代西服的雏形。拉翁基·茄克为四粒扣，驳领很小，在穿着中通常四粒扣全系或只系最上面一粒扣，前片下摆为直的或圆弧形，有的在右片大袋上面的部位设有小钱袋，这种小钱袋用于装给服务员的小费，是英国绅士的象征。搭配相同面料和颜色的背心和裤子，里面穿着立领衬衫。现在的领型可以是平驳领、戗驳领或苹果领，前门襟可以是单排扣或双排扣。

## 二、裁剪缝制技术

到18世纪末，英国裁缝因做工考究、选材精良，在世界上享有盛誉，已成为男装流行的领航者。

因为他们长期积累的缝制经验和对面料的广泛认识，提升了他们的缝制技术。服装板型方面的欠缺逐渐被改进，裁缝们在裁剪服装时逐渐摸索出一套使其优雅合体的方法。19世纪初出现的卷尺，引发了裁剪方式的变革。卷尺的使用引起了人们对身体各部位比例关系的关注，他们试图寻找人体各部位与身高之间保持不变的比例关系，意在减少测量部位，提高制图效率。

根据人体之间的比例关系，人们发明了一种简单的制版系统，从此开始一种全新的裁剪方式——比例裁剪法，这是建立在几何规则和人体计测比例的原理上的。尽管服装的裁剪方法有了巨大的进步，但这种计算方法最初还很简单，不是很完善，覆盖率比较低，只适合比例好的标准身材，对于复杂多变的人体来说，大多数情况下需对尺寸进行一定的修正，裁剪时对裁缝来说仍然存在很多困难，因此没有得到广泛的应用，但为以后裁剪方法的发展指明了方向，具有重要的意义。

▲ 图16-16
拉翁基·茄克

235

## 三、结构设计分析

　　胸部、腰部和臀部的放松量都比较大，使得外形宽松舒适。腰线处无分割线，只在腋下设一胸腰省，使侧面腰线处贴合人体，造型比较利落，但无胸腰省，后中缝、侧缝的收腰量都比较少，整体收腰效果不是很明显，胸腰差仅为7厘米，为宽松的H造型。

　　前衣片的冲肩量为6.2厘米，袖窿仍然有较大的前倾度，因此装袖后袖子的前斜度也较大。

　　与现在相比，最显著的不同是前后肩斜度的处理。前肩线斜度为23.2°，后肩线斜度为46.4°，平均肩斜度为34.8°，肩斜度比人体大，斜肩的造型效果比较明显。同时，这种后肩线斜度较大、前肩线斜度较小的肩线结构使肩点位置后移，这样使肩缝线为斜丝，从而使肩部线条柔和，穿着舒适，满足肩部活动的需要，是符合人体运动机能性的结构设计。从前后横直开领的量上也可以看出，颈侧点设计在偏后的位置。这样从前面将看不到肩线，服装外观的整体性较好。而且由于肩线的后移，使后肩线在相同的缝缩量的情况下可以分散更大的肩胛骨角度。这种肩线造型既符合当时的审美要求，也具有一定的结构功能。

　　前中心线呈弧形，使用撇胸结构处理，虽然当时的资料记载中没有撇胸这一概念，但人们已经能很好地处理胸省，使胸部看起来饱满、挺括。

　　侧缝线的斜度影响到西服整体的和谐，此时的服装制图中已经注意到了这一点。腰线上的分割点位于距后中心$B/6$（1/6胸围）的位置，省量在2.5～3.8厘米（1～1.5英寸）之间，这样可以避免侧缝上部过于饱满而影响外观。

　　前后片分割点位于袖窿底线向上2.5～3.8厘米的位置，这样可以有效防止在缝制和穿着过程中，刀背缝在起始位置处因拉伸而产生的变形。

　　袖子应与袖窿相匹配这一最基本的原则，在以往的制图中往往被忽略，这里所采用的是直接从袖窿上获得袖子尺寸的方法。这样不仅可以使袖子与袖窿匹配得较好，而且在制图的过程中也可以很方便有效地根据体型进行调节。但制图方法比较麻烦，且操作过程中容易出现误差，这也反映了当时单量单裁的精工细作之处。

　　袖子的大、小袖片之间在前面的分割线处没有借补的量，这样会使分割线暴露在外面，且缝合后袖子的造型为扁平状，但这种结构对于大袖的工艺要求比较低，袖子的前弯度可以自由设计。由结构图也可以看出，此时袖子有较大的前弯，甚至大于人体胳膊的前弯度，这种前斜前弯都比较大的造型符合了当时的审美要求。

　　男士服装在19世纪已变得程式化，款式上的变化不再显著，而是随着流行在领型、肩型、口袋和扣子等细节处进行风格的变化，并在实用功能上不断改进。

　　此时的结构制图基本是按照人体尺寸，并在制图过程中使各个部位的制图方法尽量与测量时的方式相吻合。虽然人们已总结出人体几个部位之间的相关关系，并且有简单的人体尺寸规格表，但在制图中还只是简单地使用。

　　此时的缝制、熨烫设备都比较简单，主要为手工缝制，结构线也是在此基础上设计的，因此对现在的单量单裁有一定的指导和借鉴意义。

### 思考题

1. 简述新洛可可时期男装、女装的特征。

2. 简述19世纪风格服装的主要特点。

3. 试以19世纪风格的服饰文化为依据进行设计训练，画出彩色效果图。

# 第十七章　20世纪服饰

## 学习目标

　　了解20世纪特定历史条件下服装发展的规律、服装设计师及设计风格的特点，掌握时代背景及人类文明进步对服装的影响。

# 第一节　文化背景

第一次世界大战造成西方社会文化严重的冲击，在服装上也同样产生剧烈的变化，而这种改变特别显现在女装上。之前以"Art Nouveau"（新艺术运动）为风格的特色，自此快速地消退，女性裙摆长度变短，服装的机能性提高。

男士服装到了20世纪，仍延续固定化、标准化的特色，正式服装主要以"西服外套"、"短背心"、"衬衫"、"领带或领结"、"西裤"为标准的组合，塑造的"方正挺拔、威武庄严、坚定不移、英俊潇洒"的形象，一直保持到20世纪中期。

20世纪20年代女性在外观形象上，以"年轻、幼稚、苗条"为主。而"chic"所代表的"帅气、潇洒"，自此开始转为形容女性正面的评价，取代了之前女性仅有"优雅"作为单一正面评价的局限。"bonnet"（浅边或无沿的帽子）是此时代表的帽型。而俗称"boyish haircut"，像男孩的短发，取代柔性的长发成为主流的发型。在女装服饰方面，以"平直、简洁、不强调腰线、长到膝盖"的洋装为主（见图17-1）。

1929年10月，发生在纽约华尔街的金融崩溃预示着经济大萧条的开始。股票暴跌，欧洲市场陷于极度萧条的境地。随之失业、贫穷和饥饿在大西洋两岸越来越严重，社会骚乱接连不断。在这样的历史背景下，女装设计明显地反映出经济危机带来的影响，表现出阴郁、沉闷和怀旧的审美倾向。女装形式的变革大约在20世纪20年代末就开始了，外形轮廓加长，变得更加柔和与优雅，一种更自然、更传统的女性化风格出现。这种风格使女性显得更加苗条，上衣和袖子都更紧，腰线不再被注重强调，且又逐渐回升到自然的位置，并用一根细腰带系紧，裙摆也下移到脚踝处，具有下坠感的裙子和高高的腰线，使腿显得特别修长。整体外形以"流线型"取代了以前的"直线型"，以"成熟、妩媚"取代了20世纪20年代的"年轻、帅气"（见图17-2）。

▲ 图17-1　强调平直、简洁，不强调腰身的女装（见彩图61）

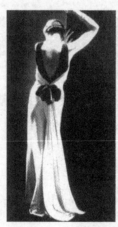

▲ 图17-2　20世纪30年代女性体态美所表现的曲线

# 第二节　典型服饰形象及特性

## 一　现代女装的形成

20世纪20年代人们的生活环境发生了巨大的变化，生活节奏加快，社会更加民主化，道德标准也逐渐放宽。与此同时以美国为首又一次掀起了世界范围的女权运动，女性在政治上获得了与男性同等的参政权，在经济上则因有了自己的工作而能独立，女性生活状态出现巨大变化，许多妇女涌入就业市场。这种男女同权的思想，在20世纪20年代特别地得到强化和发展。女性角色和地位的改变，造成了西方女性服饰的变革，强调功能性成为女装款式发展的重点，出现了否定女性特征的独特样式，职业女装也应运而生。

这时的服装简洁而轻柔，没有花边或其他累赘的装饰。裙子短到露出膝盖。衣服和裙子是直线裁剪，忽略了腰部、臀部和胸部的曲线。此时的妇女已经使用着现代材料制成的胸衣，当时女性时尚像男孩一样胸部越平越好，新女性把头发剪短，在公共场合抽烟，在表现出男性化自信的同时也不乏女性的优雅。

20世纪20年代是西方女装发展的重要时期，现代形态不仅得到了确立，其设计理念也对整个20世纪的服装设计产生了重要影响。其重要意义之一是女装中性化概念的提出。当时，法国女装设计上出现了男性化的设计趋向。19世纪之前，女性服装的重点是突出女性特征，而这个时期，女性服装反而以突出男性化为设计中心，使服装风格与传统有极大的差距，而这正是设计师的创意理念。他们首先提出男性对于妇女的性的欣赏立场不应作为女性服装设计的思考中心，女性自己的舒适感受才应该是中心，这样，时装设计走上了一个更高的阶段，第一次从妇女自身而不是从男性的角度来设计服装，这在时装发展中具有重要意义。

## 二、迪奥时代（1947 ～ 1957 年）

当战争结束之后，女装的发展就在"庆祝和平，找回欢乐，期待复原，建立新时代"的气氛下出现转变。以重建女装"华丽、奢华"的"女子柔性"（feimine），取代了"简单、实用"的"男子气概"（masculine）。就在这种时代背景之下，造就了法国服装设计师Christian Dior（迪奥，1905 ～ 1957 年）。1938年Dior的才华得到时装界巨头罗波特·皮凯的赏识，被聘为助理设计师。1946年在棉花大王马赛尔·布萨克的资助下他开办了自己的设计室。此后十几年中，他在高级女装设计方面获得了极辉煌的成就，并成为誉满全球的时装设计大师（见图17-3）。

(a) 1955年春夏发表 "A-line" 款式　　(b) 1954年推出 "H-line" 款式　　(c) 1955年秋推出 "Y-line" 款式

▲ 图17-3　Dior服装作品

他一生的经典作品不胜枚举，因其不断创新的服装轮廓而改变了时装的进程，因此，在他驰骋时装界的十年，被称为"形的时代"或"字母的时代"。他的每一次发布会，都会介绍一种新造型。继"新风貌"后，1948年春他又举行了以"飞翔"命名的发布会，设计了不对称、在侧边和后边打褶、下摆像翅膀一样张开的裙子；1948年秋他推出"Z"型女装，用硬制金属线绕于人体周围，有的部位贴身，有的部位距人体50毫米，使女子形体显得十分活跃；1949年春他推出"喇叭"型女装，利用各个分开的曲面给人造成丰满的错觉；1950年他设计的"垂直"型女装，利用垂直的线迹及打褶效果使女子显得更高挑；1954年秋他发表了"H"型女装，这是一组更为年轻的时装造型，腰部不再受到约束；1955年他又推出了当时最有影响力的"A"型女装，收肩和放宽的裙下摆，形成与艾菲尔铁塔相似的轮廓。

## 三、流行的多样化时代

从社会进程来看，这个时期世界发达国家已从工业化时代迈向后工业化时代，而发展中国家则从半工业化走向现代化，人类社会比过去任何时代都更加复杂、多样。文化方面，摇滚乐、流行音乐、流行艺术（波谱艺术、欧普艺术）以及后现代艺术，已成为大众不可缺少的一部分。服装的发展呈现出前所未有的多元化趋势，不同服饰的风格和表现形式可以在同一时间相互并存，改变了过去某一历史时期只有一种设计风格的局面；世上流行不再以巴黎为中心，而出现了多个中心平分天下的局面；同时世界上不同文明形式的持续存在使服装发展的多样性更加鲜明。服装市场消费对象的变化打破了20世纪上半叶高级时装一统天下的格局，成衣业兴起，并得到迅速发展，几乎主导了整个20世纪后期的服装产业，以至于人们将这个时期称为"成衣的时代"。后工业时代背景下的生活观念和生活方式，开创了服装界新的设计格局，导致了设计理念的一场深刻革命，以简约取代烦琐，以平民化取代贵族化，以商品标识取代血统标志，以标新立异取代循规蹈矩。这种状况直接影响着20世纪末到21世纪的服装走向。

# 第三节 服装设计师的影响

### 1. Armani Giorgio( 乔治·阿玛尼 )

Armani 1935年出生于意大利的Piacenza。虽然他在米兰大学时就读医科，服完兵役后，于1957年进入"La Rinascente"百货公司担任橱窗设计；1961年，他转行为"Nino Curruti"服饰公司担任男装设计；1974年首次举办个人男装设计发布会；1981年，他推出"Emporio Armani"和"Armani Jean"两个品牌（见图17-4）。

从20世纪80年代开始，他的设计正式影响国际的流行舞台。他的设计特色是推出"不分性别"的设计款式，特别是他在女装设计中，常导入男装款式的精神，以表现女性"帅气、潇洒"的阳刚美。另外，他将"休闲"、"非正式"、"简约"的观念导入设计之中，以构建一种属于"个性美"的服饰美学观。其最具代表性的服装款式，是20世纪70年代与20世纪80年代推出的"Power Suit"风貌，以及在20世纪80年代推出的俗称"Blazer Jackets"的款式。

### 2. Balenciaga Cristobal( 巴伦夏加，1895 ~ 1972年 )

Balenciaga出生于西班牙的Guetaria。他14岁时就展现出仿制高级服装的能力（见图17-5）。

▲ 图17-4 乔治·阿玛尼与他的设计　　　　▲ 图17-5 巴伦夏加与他的设计

1916年他在Sebastian开设了一家从事制作与销售业务的服装裁缝店；20世纪20年代他在西班牙以"Eisa"之名成立高级女装店；20世纪30年代初期，他已快速位居西班牙高级服装界的领导地位；1937年他转而进入流行之都——巴黎寻求发展，其做工细致、款式高雅的特色，受到当时巴黎高级女装界极高的评价。他的女装外套设计特别强调自然的腰身及宽大的袖子；1956年他从"Chenise Dress"款式中得到灵感，并运用在他的服装设计上，这就是相当著名的"Sack"款式；20世纪50年代中期，他发明了"Semifit"（半合身型）裁剪法表现在"Sack dress"款式的设计中；20世纪60年代，他以"Dolman Sleeve"款式的袖型，表现在宽大的女装之中。在1963年，他以"Body Stockings"作为主要的设计款式。

Balenciaga在服装设计上，不仅在裁剪、缝纫、制作中表现出精湛的技巧；而且不时以古典绘画艺术中人物的穿着款式，作为其设计的重点，这也是他在设计美学方面的一大主要特色。

### 3. Ballmain Pierre（皮埃尔·巴尔曼，1914～1982年）

Ballmain出生于法国St Jean de Maurienne，曾就读于建筑系，但并没有完成学业。在1934～1939年期间，他为设计师Nolyneux工作；转而为服装设计师Lelong工作两年；1945年，Balmain正式开设女装店，并首次发表"细腰长膨裙"的款式。而这种设计款式，也被视为是启发Dior在1947年提出"花冠型"款式（即被喻为"New Look"款式）的基石。在1951年他以成衣的方式，将服装事业扩展至美国，而且深受美国成衣市场的欢迎。Balmain的另一项重点设计就是开发运动服的生产。

无疑，"Bloomers"这款裤装对维多利亚时期女性必须穿着"膨裙以及裙撑架"所造成的服饰变革，有着重大而关键性的影响（见图17-6）。

### 4. Cardin Pierre（皮尔·卡丹）

法国籍服装设计师，1922年出生于意大利的威尼斯。14岁时，在法国中部的一个小山城的裁缝店当学徒；17岁时离家，赴"Vichy"裁缝店工作，先学习制作男装，继之学习女性套装的制作。在第二次世界大战期间，他担任红十字会的会计工作，这对他日后的理财能力有极大的帮助。1945年他赴巴黎，先后为Paquin和Schiaparelli两位设计师工作，这一年他为"美女与野兽"这部电影设计服装与面具，这让他有机会与明星往来（见图17-7）。

▲ 图17-6 皮埃尔·巴尔曼与他的设计

▲ 图17-7 皮尔·卡丹与他的设计

1947年，他为服装设计师Christian Dior工作；1949年他决定自己创业，并随即在1950年买下一家刚倒闭的服装店"Pasco"，正式开设自己的服装店；1953年他首次举办个人女装发表会；1954年他推出"Bubble Skirt"的设计主题；1959年，他又鉴于高级时装市场的有限性，开始设计"大众化女装成衣"，并授权一些工厂，使用他的设计与商标。这年巴黎各大百货公司大量出现以Pierre Cardin为商标的成衣。在20世纪60年代他推出了受国际流行界相当瞩目的设计主题"Space Age"太空服（见图17-8）；1960年，他正式设立男装部门；从20世纪60年代开始他也将品牌扩展到其他的设计项目，这为他在设计的范畴内建立了极高的声望。

从1964年载有他的商标25项，到1974年扩展为120项，小到巧克力，大到喷气式飞机内部设计，都有他的品牌。1977年他进军家具设计，举办大型现代家具展；20世纪80年代，Pierre Cardin更在95个国家拥有了750项许可事业，关系企业580家，从业人员17万人，创造了"卡丹帝国"。1977年、1979年、1982年，他分别荣获法国最高荣誉"金顶针奖"，展现出他在设计上的成就与地位。

### 5. Chanel·Coco(夏奈尔，1883 ~ 1971年)

Chanel出生于法国，家境贫寒，1895年母亲过世后便住进修道院。1902年担任针织店店员；1905年于"圆亭"登台主唱，并以"Co Co"为艺名，这个艺名也成为她正式的别名（本名为Gabrielle）；1910年，她以"Chanel"一名挂牌开设女装店；1913年，她开发妇女运动服与休闲服；1918年她以短发形象引起众人质疑。Chanel在当时所推出的女装款式与女性形象，还被讥讽为"Poor chic"。在1920年她推出"Chanel No5"的香水；1939年Chanel关闭店铺，直至1954年她已70岁时又重新开张，推出俗称为"Chanel Suit"的款式（即圆领、对襟、滚边的外套）。无疑，Chanel女装款式，可以说是20世纪20年代西方女性流行服饰最主要的代表款式。她不仅带动女性表现出一种"少男风格"，而且渗透女装服饰束缚的解放，让女性得到自由的意识与行动，这都说明了Chanel对女装服装文化变革所带来的重大贡献（见图17-9）。

▲ 图17-8　皮尔·卡丹设计的太空服

▲ 图17-9　夏奈尔及其设计

### 6. Courreges Andre ( 安德烈·古雷基 )

Courreges于1923年出生于法国Pau。1951年他开始服务于Balenciaga的服装公司，直到1961年他才离开这家服装公司，开设了自己的女装店；20世纪60年代，他积极开发迷你裙搭配白色短靴的服装款式，而这也成为他主要的代表作之一。另外，他将"太空、科技、未来、现代"组合而创立的"Space Age"设计美学，也成为他最主要的设计理念。

### 7. Dior Christian (迪奥，1905 ~ 1957年)

Dior出生于法国Normandy的Gramvolle。在他放弃政治学转而学习音乐的这段时间，他进行了一趟艺术之旅，并受到启示。他从1935年开始卖自己的服装画给报社；1938年，他到服装设计师Robert Piguet的服装店工作；1942年，他转而为服装设计师Lucien Lelong工作。而后又服务于Pierre Balmain的女装店。他一生最大的转机，是棉花商人Marcel Boussac给他提供资金开店；1946年，他正式开设属于自己的女装店；1947年2月12日，他首次举办个人的服装发表会，会上他以"Corolla line"（花冠型）为主题（即后来被誉为"New Look"的款式）而声名大噪，造成服装革命性的影响。当然Dior的成功，除了是他引导女装流行又恢复"华丽、柔美的女性化"款式外，还有从1947 ~ 1957年在Dior设计生涯中不断有新的设计主题出现，例如：A-line、Y-line、H-line、Free line、郁金香型等，以轮廓线为主题的设计款式，这都对流行文化造成了相当大的影响。对流行设计界另一项重要的影响就是他培育了许多新一代年轻的设计师。当然 Dior 的品牌并不因为 Dior 的逝世而有所衰退，却反而在国际流行文化中一直扮演着领导者的角色。这个品牌在不同阶段，在不同设计师的引导下开创出具有特色的设计（如20世纪80年代的 Gianfranco Ferre，20世纪90年代的 Joan Galliano 都为这个品牌建立了新机）（见图17-10）。

### 8. Dolce & Gabbana

两位意大利籍设计师，分别出生于1958年 Sicily 的 Domenico Dolce(多米尼科·多尔西)以及1962年 Milan 的 Stefano Gabbana（斯蒂弗诺·贾伯纳）。他们在1982年成立工作室；1985年以"Dolce & Gabbana"之名于米兰正式开创品牌。1986年，他们以"Real Woman"为主题，发布首次服装发表会。早期他们的设计是以"凌乱、反结构"的设计精神来表现创作特色；1987年，Dolce 与 Gabbana 受到意大利古典戏剧的影响，转而发展出以浪漫为主题的设计。在1990年，他们首次举办男装发表会；1994年，他们推出针对年轻人为主的"D & G Dolce & Gabbana"副牌，深获广大年轻人的喜爱；1991年，美国歌星 Madonna 穿着他们所设计的服装，更提高了他们的知名度，一跃成为20世纪90年代最具代表性的流行品牌之一。

▲ 图17-10 1947年、1948年、1950年 Dior 与他的设计

# 第四节　20世纪服饰专用名词图释

（1）aesthetic dress

指"唯美式服饰"款式，又被称为"artiestic dress"。这种款式主要风行于19世纪70～80年代的英国，穿着者最具代表性的人物，是 William Morris 的太太 Jam Morris。

"artiestic dress"其渊源起因于英国 William Morris 所发起的"美术工艺运动"（The Arts and Crafts Movement）以及受"前拉斐尔派"（Pre-Raphaelites）艺术家的影响，所产生在服装上的"the aesthetic movement"。而无论是受到"美术工艺运动"影响表现在设计作品上的人物造型，还是在"前拉斐尔派"风格的绘画作品中，有关描绘女性的形象，都表现出穿着这种款式"不受拘束"的服装。这款服装，其另一项重点特色就是一反当时主流性的女装款式（即完全排除掉"束腹"、"臀垫"或裙撑架这类具束缚性的服饰）。

"aesthetic dress"这种款式，对女性服饰朝向"舒适、机能性"发展，有着相当重要的影响。同样，这对西方女装向"reform dress"（改革式服饰）、"ration dress"（理性式服饰）以及女性穿着"bloomers"（灯笼裤）的发展与变迁，都有着相当大的助益。

（2）baby doll

是在衣服的边饰坠以缎带蕾丝，以表现小女孩天真无邪、活泼的特质。是20世纪50年代后期一种称呼当时女性形象的形容词，其渊源是来自于1956年一部名为"baby doll"的电影及其造成的流行风潮。而且特别强调服装款式具有"舒适、自然"的穿衣感受。

（3）bikini

俗称"比基尼泳装"。这种两件式泳装，是法国服装设计师 Louis Reard 和 Jacques Heim 于1946年推出的，称之为"atome"的式样。同年，美国将这种款式称为"bikini atoll"。"比基尼泳装"在20世纪50年代的法国使用已相当普遍，直到20世纪70年代才在国际间流行（见图17-11）。

（4）brassiere

指女性的胸罩。起源于20世纪初期，是由一种名为"bust bodice"的束腹款式演变而来的。设计者是美国的 Mary Phelps Jacob(Caresse Crosby)，他于1914年开发出来一种罩杯式的女性内衣，这种款式从20世纪20年代开始流行之后，便一直成为女性最主要的内衣款式（见图17-12）。

▲　图17-11　1970年、1979年"bikini"样式

▲　图17-12　brassiere

（5）haute couture

指高级、精工、具有流行感的订制服。"couture"一字来自法文，其原意是"裁缝与刺绣"。而"couturier"则是指强调做工细致、追求高品质的女装设计师。"haute couture"一词也往往与"raed-to-wear"（成衣）作相对语。

（6）hot-pants

俗称"热裤"。这款裤型是指超短的短裤，它的取名源于1970年"Women's Wear Daily"的流行杂志。

（7）jeans

指"牛仔裤"。其材质主要是以蓝色粗布为主，它原本是作为美国淘金工人的工作服。但在1850年时，由Levi Strauss将它加以推广，而成为一款相当普及、耐穿、实用的裤装。在20世纪50年代，"牛仔裤"于美国跃身成为流行款式；20世纪70年代牛仔裤流行全世界，造成国际流行风潮，且延续至今未曾衰退。从20世纪80年代开始，一些设计师甚至更将这种款式表现在高级女装的设计之中，例如Gianni Versace就是其中一位具代表性的设计师。

（8）mini skirt

指迷你裙。这款短裙的设计是英国服装设计师Mary Quant在1958年所发动的一次服装革命。这款裙子颠覆了传统女性在穿着裙子上的规则，把裙子的长度基准缩短为膝盖以上10厘米左右。"迷你裙"表现出女性"年轻、活泼、富有朝气"的特质。20世纪60～70年代初期，迷你裙是女装最主要的流行代表（见图17-13）。

（9）ready-to-wear

指"成衣"。以"大量生产的观念来推出成衣"，是从工业革命之后的19世纪才开始的。但到了20世纪，甚至一些高级女装设计师，为能扩大市场占有率，一改以精工订制服的方式，而推出批量生产的成衣款式。这使得流行不再只是专属于上流社会少数人士所享有的特权，而能广为被一般人普遍接受与使用。

（10）sailor suit

即"水手装"。它起源于19世纪，原本是属于英国海军水手的标准服饰。但在1840年之后，这种款式逐渐成为"童装"或"学生制服"的一种式样。到了20世纪20年代转而成为一款女性服装的样式。而"sailor collar"则是指"水手领"。

（11）sporting clothes

泛指"运动装"。女性穿着运动服的风气，是从第一次世界大战之后开始的。它的形成主要是由于女性在战后积极地参与户外运动所致。为了配合不同运动方式的需求，也发展出不同款式的运动服。到了20世纪80年代，运动服更在美国的带领及推动下，成为一种"并非在运动时所穿"且相当普遍的流行款式。如球鞋、棒球装都是代表（见图17-14）。

▲　图17-13　mini skirt的样式

▲　图17-14　20世纪80年代的运动装

# 第五节　20世纪服饰典型服装裁剪方法与缝制工艺简介

20世纪服装业飞速发展，尤其是高档时装、高级成衣、社会行业职业制服、休闲服发展迅速，品牌名牌服装形成了自己独有的版型与工艺体系。

## 一　服装裁剪方法

### （一）直线裁剪与曲线裁剪

裁剪法是为制作各种所需要的衣服而创造的裁剪衣料的方法，主要是指在缝制衣服之前，事先对所需衣服造型的设计，对衣料性能、纺织物的经纬线的巧妙利用，以及根据预想造型对各种缝制技巧的预先设定。

从裁片形状和衣服造型的构成上可把裁剪方法分为两大类型：直线裁剪和曲线裁剪。如欧洲中世纪以前的邱尼克（tunic筒形长袍），近东诸国及伊斯兰文化圈的卡夫坦（caftan、kaftan，阿拉伯的袍子），我国古代的深衣、袍、衫以及世界大多数地区现存的民族服装，因各部衣片多呈直线状，故均为直线裁剪。其所构成的衣服具有一种平面性造型特征。衣服并非合体地包裹人体，与立体的人体之间形成不规则的多余空间，显得宽松而用料量也较大。与直线裁剪相对的是13世纪以来西欧出现的根据人体体型的凹凸起伏立体地包装人体的裁剪法，因其裁片不再局限于简单的直线，特别是由于"省道"（dart）的出现和运用，去掉了衣服与人体之间多余的空间或根据设计需要增大空间，使所构成的衣服合体地呈体型形，故称之为"曲线裁剪"。文艺复兴以来的西方服饰文化，发展并完善了这种裁剪法，因此也有把前者称为"东方式"，后者称做"西方式"的说法。

### （二）平面裁剪与立体裁剪

平面裁剪是指通过平面制图的方式绘制出"板"样，再把这个板放在衣料上裁剪的方法。这原是男装的裁剪方法，现多用于批量生产的男女成衣。与此相对，把衣料或其代用品（平纹组织白色生棉布或棉麻交织布）直接在人体或人体模型上用大头针和剪刀一边进行衣服造型一边裁剪的方法称做"立体裁剪"（draping）。这也是女装裁剪法，因女装使用的衣料较软，悬垂感强，褶饰（drape）柔美，西方传统一直采用这种裁剪方法。无论是平面裁剪还是立体裁剪，得到理想的"板"是其共同的目的。平裁需要缝制工艺经验，立裁需要造型美的感觉。平裁中，有一种直接裁剪的方法在民间应用甚广，即不用在纸面上画衣片的展开图，而是根据量取身体尺寸和造型目的，依靠裁剪者的经验加入适当的放松量，直接用画粉在衣料背面画裁剪图，留出缝份直接裁剪。这种方法多用于简单的量体裁衣和既定样式的复制。

### （三）原型裁剪法

原型裁剪法是先根据本人的体型尺寸绘制出"原型板"，再按照款式要求对某些数据进行增减，以达到理想尺度。使用原型裁剪方法比较便捷，可以免去"一件衣服一张图"的烦琐，只要有一张数据准确的"原型板"即可以此为准，裁剪出千变万化的各种款式的服装。原型裁剪是日本人普遍使用的一种服装裁剪方法。

绘制原型板有两种尺寸选择，一是自身的尺寸；二是参考标准尺寸。第一种采集数据的方法是量取三个主要部位规格：背长，量取背长规格要由后脖根第七颈椎骨往下量至腰围最细处的尺寸；胸围，围量胸围一周不松不紧的尺寸；袖长，由左肩外端量至手腕的尺寸。第二种数据采集法是日本文化原型正常标准体参考规格，原型板有"文化式"和"登丽美式"两种形式。

## 二、缝制工艺

20世纪由于工业革命的发展，现代化流水线工艺作业冲击着传统手工工艺。使用缝纫机制作服装，不但速度快，而且针迹整齐美观。从家用缝纫机的普及到逐步淘汰，工业平缝机的兴起，电脑智能化缝纫设备的使用，更新换代冲击着服装行业。

机缝工艺通过平缝、分缝、缉缝、倒缝、搭缝、闷缝、贴边缝、别落缝、漏落缝、来去缝、包封等基础工艺、零部件工艺、男女装工艺流程，改变了服装的外造型，突出了国际标准要求的成品规格。

### 思考题

1. 20世纪现代女装社会形势及其对服装的影响表现在哪些方面？

2. 简述20世纪著名的服装设计师及其风格。

3. 简述迪奥尔时代。

4. 简述20世纪后期服装流行的多样化特点。

# 第十八章　东方其他国家的服饰文化

- 第一节　日本服装
- 第二节　韩国服装
- 第三节　印度服装
- 第四节　越南、泰国、马来西亚服装

## 学习目标

　　了解日本、韩国、印度等中国之外的其他东方国家的服饰文化及其发展演变过程，掌握东西服饰融合前后各国本民族原创服装的特色。

# 第一节　日本服装

## 一、和服的历史

推古天皇十一年十二月，宫廷制定冠服和朝服制度，模仿中国隋代的服装制度，布料选用粗厚棉绸，以服色区别等级贵贱。即大·德位服紫、大·小德位服青、大·小礼服赤、大·小信服黄、大·小义服白、大·小智服黑，并以青象征木，以赤象征火，以黄象征土，以白象征金，以黑象征水，再以木火土金水的五行之色结合五伦之说，五伦之中以德为先。

以后虽然时代变迁，但是服制的基本形式没有大的改变，只是加长了上衣尺寸，衣料还是粗厚棉绸，衣服上的装饰随官位的升高而增加相应不同的内容（见图18-1）。

天武天皇十年开始，日本人开始使用革带。正式场合穿有襕服，系长带，上衣的衣腋合缝，下摆开横衩，前襟系带从右边垂下长长的结。非正式场合的简便服装为无襕短带，开腋，下摆无横衩，襟带也颇短（见图18-2）。

从持统天皇四年开始，高官贵族冬穿绫绸夏穿罗，绫罗底上以团窠图案作为装饰。窠是鸟巢之意，形如涡状。色彩也根据官位来选定，从粉红、黑紫、紫红、深绿、深蓝到浅蓝色，贫民服装为黄色，奴仆为黑色（见图18-3）。

▲　图18-1　贵族官服（一）
（女官服为窄袖唐衣）

▲　图18-2　贵族官服（二）（女官服
为大袖唐衣；男官服为文官的缝腋袍）

▲　图18-3　贵族的服装

## 二、和服的类型、佩饰

和服是日本大和民族的服装，它在形成的过程中虽然接受了一些外来服装，特别是受中国服装的影响，但是我们今天所看到的和服服装的形式却是中国所没有的。有人说日本的和服非常适合于日本这个个子矮小的民族和它所处的地理环境，这是有一定道理的。和服是采用直线造型，它取门幅约36厘米的布料，采用直裁法，经缝合完成。和服可以在一定程度上补正日本人在体形上的不足，它同时也适合于不同体态的人穿着。

和服的种类很多，从使用功能上分，有礼服和日常服两大类。根据具体穿着的场合、目的和时间的不同又有许多区别。以下是最主要的和服类型（见图18-4）。

（1）黑留袖

黑留袖是已婚妇女在庆典中的正式礼服。结婚仪式上，新郎新娘的父母及亲戚朋友中的夫人，都

(a)黑留袖　　(b)色留袖　　(c)付下　　(d)色无地　　(e)丧服　　(f)小纹

▲　图18-4　日本和服类型

是穿黑留袖参加婚礼仪式的。黑留袖为黑色，上印五纹，下摆的纹样华丽，格调高雅，题材多寓意吉祥。带子取袋带，面料采用金银丝织锦、斜纹地纬花织物、缂丝等。

（2）色留袖

除黑色以外的有色留袖都称色留袖。色留袖的下摆装饰纹样、衣服上的五纹以及采用比翼缝合等都与黑留袖相同。所谓的比翼缝合，就是指双层缝，即在领、袖口、下摆部位将和服的衬里和面料缝合在一起。色留袖原来是皇宫内一些贵妇人参加集会或上流社会妇女们穿着的比较贵重的服装，现在作为普通妇女的华丽礼服，用于披露宴和各种聚会。

（3）振袖

振袖就是长袖，振袖的袖子长度可至脚踝，是一种较有情调的和服式样。它是未婚妇女在成人式、毕业典礼、谢恩会、结婚仪式、正月以及各种重要聚会场合中穿着的正式礼服。其中黑色振袖通常被认为是最高贵的振袖。振袖的纹样一般采用友禅染和扎染工艺，同时结合贴金箔和刺绣，装饰得非常华丽。振袖的带子采用袋带，打成豪华的装饰结。鞋、拎包等附属品也要求尽可能地靓丽一些，青春一些（见图18-5）。

（4）访问服

访问服是继留袖和振袖之后的一种礼服，也称简式礼服，一般是在结婚披露宴、茶话会、一般聚会、拜访上司等场合穿用的。访问服的绘羽纹样面积较大，从胸前开始及至后肩、两袖、下摆，而且要求衣服接缝处的纹样连贯不能中断。纹样的题材内容往往根据穿着的兴趣爱好，没有特别的规定，但是色调和纹样风格要求高雅不落俗套（见图18-6）。

▲　图18-5　振袖（见彩图62）

▲　图18-6　访问服（见彩图63）

（5）付下

付下是一种与访问服风格接近，但应用范围更加广泛的简式礼服。付下纹样指的是与和服配套的纹样，即通常所谓的件料纹样，纹样依据和服的前后身、大襟、袖等不同的部位进行安排。付下纹样由于巧妙地利用布局和形、色的分配，使和服的款式结构和纹样完美地结合在一起。与付下配套的带子最常见的是名古屋带。

（6）色无地

除黑色以外的单色和服叫色无地。色无地有一纹的色无地和三纹的色无地，前者称为简式礼服，后者比前者尊贵。色无地既可在喜庆、披露宴等场合穿着，也可在丧葬、祭祀等场合穿用，不同场合的色无地主要在于和服纹样上的区别。用于喜庆时的色无地纹样一般是龟背纹、扇面纹等吉祥纹样，而云纹、编织纹等色无地则是庆吊两用的纹样。此外，在孩子入学仪式、毕业典礼，特别是在与法律事务相关的一些场合通常也穿色无地。

（7）小纹

是指采用型染工艺印制完成的匹料制作的和服。传统的型染技术如型友禅、江户小纹、红染等都非常著名。小纹是一种应用非常广泛的和服式样，它可用于访问、聚会、看戏等不同的场合。

（8）**䌷**（绸）

即用**䌷**（绸）材料制成的和服。**䌷**（绸）是一种低档粗丝，制作**䌷**（绸）是一般是先染色线，然后织成条纹与格子纹等织物制作成和服。**䌷**（绸）可以平时在家里穿，也可以作为外出服。具有代表性的**䌷**（绸）有大鸟**䌷**（绸）、结城**䌷**（绸）、上田**䌷**（绸）等［见图18-7(a)］。

相对于女子和服来说，男子和服的类型则简单得多。男子和服有三种最常见的类型：浴衣、日常服、礼服。

（9）浴衣

通常是在夏天的祭祀活动、纳凉晚会、盂兰盆舞上穿着的和服。年轻男子的身材比较单薄，穿和服时要补正腹部［见图18-7(b)、(c)］。

（10）日常服

是正月第一次谒拜和平时在家中穿着的服装［见图18-7(d)］。

(a) 䌷　　(b) 浴衣　　(c) 男子浴衣　(d) 男子日常服

▲ 图18-7 其他日本和服款式

（11）礼服

男子的礼服，已婚、未婚、喜丧都没有明显区别。

（12）儿童和服

是日本和服中一个比较特殊的门类，主要因为儿童和服的尺寸比较特殊。制作的关键在于儿童和服肩上的窝褶和窝边处理，这方面的工艺非常讲究。从种类上看，以儿童浴衣、七五三节和服最为常见。七五三节是庆祝儿童成长的非常重要的节日，孩子三岁时有"发置之仪"，举行此类仪式的目的是祝贺孩子在仪式上剃头以后开始正式长发，男女都是如此；五岁主要是祝贺男孩穿上裙裤，称为"裙装之仪"；七岁主要是祝贺女孩解下和服带子开始打结，故名"带解之仪"，这就是七五三节的由来。

和服之美是需要用许多物件加以配伍和组合的。

除了袷、带、结的组合外，和服的配件也起了很大的作用。和服的配件主要有带扬、带缔、带板、带枕、伊达缔、腰纽、胸纽、比翼等。另外还有与和服配套的内衣，穿和服时、进行美容时的一些辅助用具以及鞋和其他附属品。带扬和带缔是和服整装中十分重要的小配件。带板是置于带子前方，防止带子起皱的一种整形用的配件，宽度比带子窄一些。带枕是制作太鼓的带山和塑造变化带结造型时用的，一般选用标准形的。伊达缔是系在和服领窝以下的胸口位置，以防止穿着走样的一种和服配件。腰纽、胸纽是和服着装

▲　图18-8　和服的配件

时用于比试和服的长度，或者作为胸口的假纽之用。比翼是留袖上的一种特定的装饰，为的是让和服两层缝合能看得出来。和服的内衣主要指足袋、肌襦袢、衬裙、长襦袢、半领（见图18-8）。

随着人们生活习惯的变化，现在除了上述传统的附属品以外，还出现了一系列现在美容用具，包括美容时的贴身内衣、美容领、美容补整帽、美容乳罩、美容短裤、美容吊袜、美容纽、和服带、美容枕、美容带板等；屐物与其他服饰品，包括草屐、下驮、手提包、带扣、发饰等。

## 三、和服的穿法与创新

（1）和服的穿法

和服的穿法比较繁复，不同的和服有不同的穿法，虽然在大致步骤上有一定的相似性，但细节处则很有讲究，和服穿着的技术也就表现在这些细微的差别上。例如和服的底襟离鞋跟的位置，浴衣是7～8厘米左右，留袖在25厘米左右，而中振袖、小纹等都是在15厘米左右。衬领外露的多少也是不相同的，丧服的衬领外露约1～1.5厘米，访问服的衬领外露约2厘米，中振袖一般外露3厘米左右。

穿和服一是要了解和服的基本知识，如和服各部位的名称、和服的种类以及和服的面料，同时还要了解和服带的形式、特征、质地和性能；在和服必要的配件中要了解附属的小物品、内衣、现代美容用具、屐和包等；在和服与带的组合方法中要了解不同质地的配合、不同色彩的搭配以及TPO的组合方法。这些基本知识在我们前面的章节中都已不同程度地提到。二是要了解操作步骤和程序。为了达到美的着装效果，首先要对人体进行补正。着装人对自己体型特征的优缺点要比较清楚，这一点十分重要，因为服装是人体的第二皮肤，人体的缺陷会影响着装的效果。所以在着装前，要补正人体的缺陷。人体的基本造型可以粗分为A、Y、I、S等。一般来说，A型的人体是用贴身长方形短裤补正，Y型的人体是在领肩和腰围部分补正，I型人体补正是用略带倒三角的短裤补正，S型的补正重点在人体中心的胸腹位置和腰背部位。此外，个子偏高或偏矮，胸部凸、平等，也要采取相应的补正方法。

（2）和服的创新

和服自江户时代起基本成形，历经明治、大正才形成如今的和服样式。但是，服装的发展总是依存于生活方式的发展。明治维新时期，随着文明的开化，西方的思想、文化、生活方式不断传入日本，使日本的服装也受到了冲击，和西洋混淆的款式也曾流行一时。1860年，中浜万次郎氏从美国买入缝纫机，洋服裁缝的技术开始在日本传习开来。由于洋服有举动自如、穿着方便的优点，明治政府在1870年（明治三年）规定了海军服制、陆军徽章采用西式的；明治四年规定邮政制服采用洋服；明治五年，规定大礼服和平常礼服全部采用洋服，同时连铁道制服也采用了洋服。而女子采用洋服则始于明治十六年东京的鹿鸣馆夜总会。这是日本政府为了推进外交政策，建立的一处社交场所。每夜举行的舞会，使它成为西方的风俗文化及生活方式在日本传播的一大据点。但尽管政策如此欧化，女性服装的西洋化还是仅仅停留在一部分上流阶层。不久，由于外交条约的原因，掀起了批判欧

化主义过热的热潮。明治20～30年代，复古风又回潮。据当时风俗画报的报道，1889年男子服装的比例，洋服为40%，和服为60%。女子服装除一部分贵族之外，其余都为和服。因此，明治时代基本上还是一个以和服为中心的时代。

# 第二节　韩国服装

韩服是能按服装的颜色和衣料演出各种感觉的衣服。一般来说，上衣用亮色、下衣用暗色最为古典。韩服可根据身份、功能、性别、年龄、用途、材料分类。现代观点中、用途上的区分最有代表性。根据生活风俗用途，韩服分为婚礼服、花甲服、节日服、周岁服等。

 **韩服的特点**

（1）女子韩服

传统的色彩安排是红色裙子、淡淡的浅绿色或白色、蓝色短上衣，蓝色裙子则配红色或白色、黄色短上衣。此外，紫色裙子配浅紫色短上衣，深紫色裙子配粉红色或玉色短上衣（见图18-9）。

（2）裤子

裤子指男性所穿的下衣。根据体形宽松制作，以适合坐式生活为特点。

（3）勾背鞋

朝鲜族古代多穿草鞋、木屐，后发展到浅口勾背鞋。勾背鞋，口浅，呈船形，造型别致，线条流畅，颜色也不限于纯白色。其中，全红色勾背鞋为绸缎面料，上绣"蝶恋花"图案，勾头为蓝色，为婚礼场合穿用。勾背鞋是传统的女性鞋履。采用刺绣的绣花鞋，对衬托韩服有重要作用，可修饰裙边线条（见图18-10）。

▲　图18-9　**女子韩服**（见彩图64）　　　▲　图18-10　**勾背鞋**（见彩图65）

（4）短衣

相当于上衣，男、女装有差异，男式以线条粗、平坦为特点；女式以装饰华丽曲线短而美丽为特点。

（5）领沿

领沿指领子部位白色的线，笔直但围绕颈部和整体曲线很协调。

（6）长衣带

为扣好短上衣，在两个前衣襟上各缝有长带，女性短上衣的长带垂落在长裙前面，也有装饰的作用。

（7）袖口

袖口是指短衣的袖子下方，其特征为传统韩屋飞檐的曲线似的自然柔美。

（8）裙子

裙子为女性的下衣。裙子做成褶皱型和背心相连而成，分为单裙、衬裙、套裙等。

（9）纹样

和优雅的线条、色彩一起，更加突出韩服美的是花纹。裙子的边、袖、领、肩等部位加上花纹，更加突出华丽的风格。纹样有植物、动物、自然等。

## 二、韩服的穿法

韩服是韩国的传统服装，优雅且有品位。

传统韩服因穿戴复杂烦琐（见图18-11），只有在特殊的日子里穿。因此，最近出现追求简单便利的生活韩服。生活韩服种类繁多，根据材料的多样性和设计的差异生产各种各样的样式。但是作为韩国优秀传统文化之一的服饰文化是经久不衰的。

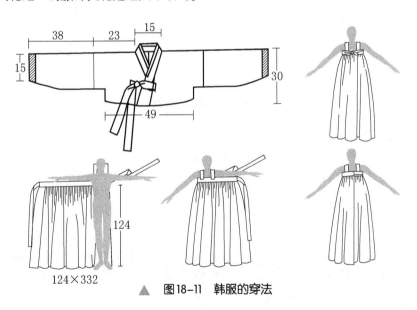

▲　图18-11　韩服的穿法

# 第三节　印度服装

## 一、印度男装

印度人穿上衣大约是在7世纪前后，这是受伊斯兰教的影响，现在印度人上身穿一种无领、前开门、衣长及臀的白棉布衬衫"库尔塔"（kurta），也有在库尔塔里面穿汗衫的。赤裸着上半身，下半身只穿多蒂的也非常普遍。也有不穿多蒂而穿一种叫"夏尔瓦"(shalwar)的跟睡衣一样的宽松长裤的。还有穿一种叫"丘里达"（churidar）的裤子的，是一种在膝下收紧裤口的裤子，是印度男子着装的一款。

"夏尔瓦"是印度语或波斯语，指伊斯兰教徒穿的像睡裤一样的肥裤子，裤腰非常宽，裤腿从裆部向裤口逐渐收细，穿时在腰部用绳系。男性的常服是用白棉布做的夏尔瓦，由于裤腿肥，面料不接触皮肤，因此很凉爽。这是典型的下重型衣服，非常适合从西亚到中东地区的干燥型气候，与湿润地带的东南亚那种注重通风透气性的裤子形成对比。

男子的"多蒂"是指印度教的男教徒穿用的长腰布，是一块白色棉布，也有的有边饰纹样。多蒂的着装方式因地区而有差异，但总的来看可分为从两腿间穿过去的兜裆式和像纱丽一样只在身上缠裹两种形式（见图18-12）。多蒂的起源可追溯到4000年前的古代印度文明，从那些遗址当中可以看到当时的人们已经开始穿用类似多蒂一样的衣服。马克•波罗在13世纪末访问印度时，看到当地人用一块布未经裁制就在身上缠裹，或把一块布搭在肩上的情景，就曾惊叹不已。

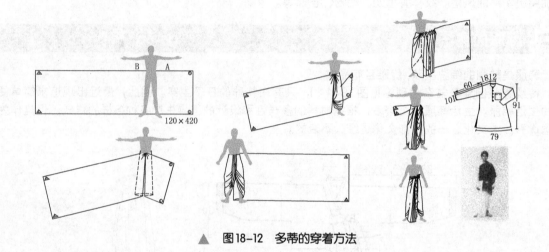

▲ 图18-12 多蒂的穿着方法

印度男性着装以白色为主，传统的男子服装叫"拖蒂"（一块缠在腰间的布），上身则穿古尔达（肥大过膝的长衫）。男子在家一般都穿这种传统服装，舒适宽松。由于气候炎热，男子出外流行穿穿猎装。上班时政府职员和教授则西服笔挺，头发上抹了发蜡，油光闪亮。老百姓很少穿袜子，多数人即使在寒季也是穿凉鞋，有时穿皮鞋也不穿袜子。印度的民族正式服装类似于中山装，小竖领，一排扣子很醒目。由于印度长期作为英国的殖民地，西服很流行，穿印度正式民族服装的反而不如穿西服的多。

## 二 印度女装

印度女性服装（见图18-13）色彩艳丽，传统服装主要有纱丽和旁遮普服。"纱丽"是一块长约6米、宽近2米的布料，穿时配有叫"贝蒂果尔"的衬裙和叫做"杰默帕尔"的紧身胸衣，裹在身上，露出两臂和腰部。"纱丽"的缠法也因地区和种族的差异而不同，劳动妇女和养尊处优的贵妇人穿纱丽有不同的风格。纱丽有各种质料，有纯棉、化纤、真丝等，颜色五彩缤纷，图案千变万化，有的富丽华贵，有的典雅大方。印度最有名的纱丽是丝绸纱丽和产于古吉拉特邦的印染细麻布纱丽，价格自然不菲。

据说，纱丽出自印度一位织布能手，她在长期织布与裁剪过程中，根据女性的体态，织出一种能裹住女性体态的服装，而不需一针一线。印度的纱丽多种多样，穿着者的贫富也有不同。历史上，亚历山大大帝入侵印度时，有过改变印度妇女服装的想法。但印度妇女还是偏爱无需针线缝制的纱丽。最早的纱丽只是在举行宗教仪式时穿，后来逐渐演变为妇女的日常普通装束。由于部落、语言、风俗、信仰和习惯各不相同，印度纱丽的式样也多种多样。有的因生活环境和职业的不同而不同，比如渔家女喜将纱丽的衣片折叠在两腿之间，塞在腰后，便于水上生活；农村妇女因农活较脏，爱穿短纱丽。再有由于地理、民族的不同而不同，比如孟加拉国地区的妇女常常是用纱丽的折边遮掩头部，因为当地礼仪限制她们不得在男子面前抛头露面，卡拉邦的妇女所穿的纱丽则是一头张开成扇形。纱丽因穿者的贫富也有不同，穷人穿的纱丽大都是棉布或粗麻所做，贵妇人则穿的是丝绸或薄纱的纱丽，上缀以金丝银线织成的图案装饰。纱丽的佩饰有项链、耳环、戒指、脚环、腰饰、鼻环（nath）、头饰（mang tika 或 tikli）等。

纱丽与气候、环境、习惯关系密切，也是着装者身份、地位的象征。纯白的，没有任何边饰的纱丽是寡妇穿的，表明她还在为丈夫服丧；披在肩上的布端也有各种讲究，一般情况下垂挂在左肩，但祈祷或外出时，常把布端戴在头上；已婚女性遇见长辈时或在寺庙中拜佛时，常把布端当披肩，从左肩围披到右肩，把里面穿的紧身短上衣"乔丽"（见图18-14）遮掩起来；在工作时，常把垂在左肩后面的布端从后右腋下绕到前面，再把其披在左腋下。在南印度的西海岸地区，有一种12米长的纱丽，这种纱丽的着装方式称为"卡恰式"，其特点是把缠绕在腰部的布端像"多蒂"一样从两腿中间穿过，在背后披进腰里。这是一种适应环境的生活智慧。乔丽的领窝形状和衣长因流行而变，但一般短得露出肚脐的较多。袖子有半袖、连袖和无袖等，很少有长袖的；衬裙一般用棉布做，上等的衬裙是用塔夫绸或缎子做，上面还有刺绣或蕾丝作装饰，一般以六片裙为多，裙长及踝，腰部用棉布带系扎，以白色为多，也有的与纱丽同色。

▲　图18-13　印度女子的纱丽（见彩图66）

▲　图18-14　乔丽

纱丽无需裁剪与缝制处理，从过去到现在一直没有变化，保持着旺盛的生命力。很重要的原因是这里存在着宗教这个大背景。在印度教当中，没有接缝的无缝衣被认为是"净衣"，即使现在，宗教场合，还一定使用这种无缝衣。

印度纱丽庄重、大方，充满了异域风情。泰戈尔有一句形容纱丽的诗："长发飘柔的妇人，把纱丽从屋顶栏杆上拉下来……"

除纱丽外，印度女性最爱穿的是另一种民族服装，叫"旁遮普服"。上身是一条宽松的长及膝部的外衣，一般都在领口、胸前和袖口绣有美丽的图案，下身穿一条紧身的裤子，脖颈上从前往后披一条薄如蝉翼的纱巾，走起路来，纱巾随风拂动，显得潇洒飘逸。

"嘎拉拉"是一种有很多波浪飞边装饰的裤口很宽的裙裤，是莫沃尔帝国时代宫廷中穿用的时髦衣服。上身穿克尔塔，再披上叫"多帕塔"的长围巾，非常优雅。这种装束在巴基斯坦的信德省也可看到。这种嘎拉拉也是古波斯伊斯兰教女教徒服装的原型。现代城市里的女孩子喜欢穿宽大的T恤衫和牛仔裤，校园里一些时髦的女学生则穿紧身衣和超短裙，或穿西式长裙。

纱丽，印度最有特色的国服。

# 第四节 越南、泰国、马来西亚服装

## 一、越南服装

越南在服饰上，尤其是宫廷礼服，皇帝、大臣的朝服，几乎就是中国汉族王朝宫廷礼服，皇帝、大臣朝服的翻版，试以越南末代皇帝保大所着之弁冠、衮服来看，与明朝宗藩服饰如出一辙，只不过比之明朝皇帝，其造型显得小一号而已。

"奥黛"(aodai)（见图18-15）是越南最具传统的民族服饰，多为丝绸制作，其最初的样式借鉴了中国汉服的特点，但又加入了越南人自己的民族特色。后来，包括法国设计师在内的不少服装专家又对"奥黛"进行了修改。今天我们看到的"奥黛"，大概是在20世纪30年代时最终确定的。

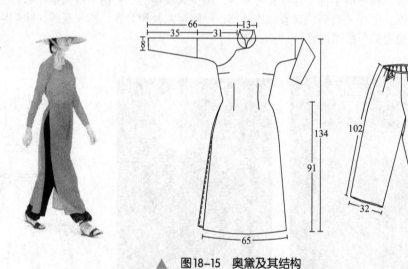

▲ 图18-15 奥黛及其结构

很多人都觉得"奥黛"和中国的旗袍有些相像，但其实"奥黛"是融入了多种文化元素的一种服饰，它既能体现越南男子淳朴的性格，又能展示越南女孩子柔美的身材。

它是越南女人的"国服"，它外层像极了中国的旗袍，开衩却开到了腰际上，小竖圆领，上半段是双层，裙身一律长及脚踝，缀上绣花或滚边，雅致极了。这种中国旗袍式的服装，收腰效果极好，越南姑娘的迷人身段多半来自它的衬托。

在越南，凡戴帽子的男人都戴绿帽子。女人则无一例外地戴着白帽子。越南的白帽子状似尖顶斗笠，是用一种热带植物的叶片编织而成。在越南这样的热带季风气候下，常在野外劳作的女人们就需要一个有效的遮阳护肤的工具。于是白帽子就在越南女人的头顶上闪亮登场。随着时间的推移，白帽子成了女人的专用品，进而成为一种性别标志。绿帽子在越南没有中国式的贬义概念，它是战争的产物，越南在20年前是一个战事不断的国家，那时的越南男人大多有过当兵的经历，为了防御子弹击中头部，选择了与草木相同的绿色材料做帽子来隐蔽自己。

## 二、泰国服装

泰国是东南亚唯一未被欧洲殖民化的国家，因此其服装也没怎么受西方文化的影响，保持了自己的特色。泰国以佛教为国教，同时非常宽容地并存着印度教、回教、基督教和犹太教等其他宗教。随着现代化的进程，现在的泰国也改变了传统的圆筒型帕·弄的穿法，简化了事先做好直褶装饰的筒裙。

泰国人的服装，总的来说比较朴素，在乡村多以民族服装为主。

泰国男子的传统民族服装叫"绊尾幔"纱笼和"帕·农"纱笼。帕农是一种用布缠裹腰和双腿的服装。绊尾幔是用一块长约3米的布包缠双腿，再把布的两端卷在一起，穿过两腿之间，塞到腰背处，穿上以后，很像我国的灯笼裤。由于纱笼下摆较宽，穿着舒适凉爽，因此它是泰国平民中流传最长久的传统服装之一。

女筒裙是泰国女子下装，曼谷王朝拉玛六世时期（1910～1925年）开始流行。筒裙同纱笼一样，布的两端宽边缝合成圆筒状，穿时先把身子套进布筒里，然后用右手把布拉向右侧，左手按住腰右侧的布，右手再把布拉回，折回左边，在左腰处有相叠，随手塞进左腰处。穿时也可以用左手以同样的动作向相反方向完成。

随着社会的发展和受外来的影响，当代泰国人的着装也发生了很大变化。农村青年人中穿西裤和衬衣的已相当普遍。城市里的男子惯于穿制服、西装，大多数场合可穿长裤、衬衣，领带系不系均可。女子则喜欢穿西服裙，大概受女子传统服装筒裙的影响，西服裙一般裁剪得十分合体，紧紧围于臀部。裙子随年龄的差异长短有所不同，而上衣的式样就千变万化了。

## 三、马来西亚服装

马来西亚人讲究穿着以天然织物做成的服装。最具代表性的服装，是被称为"国服"的叫做"巴迪"的长袖上衣，它多以蜡染的花布做成。马来人还习惯穿民族的传统服装。男子的传统服装是：上穿"巴汝"，即一种无领、袖子宽大的外衣；下身则围以一大块布，叫做"萨龙"（见图18-16）；头上要戴顶无沿小帽。女子的传统服装是穿无领、长袖的连衣长裙，头上必须围以头巾。

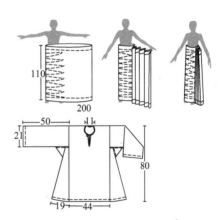

▲ 图18-16　萨龙及其穿法

马来西亚男子用于婚礼的盛装是由上衣"卡巴亚"、裤子、萨龙和帽子"苏科"（songkok）组成。萨龙是由105厘米×196厘米的一块布以暗缝的手法拼接成圆筒的，其面料与女性用的相同，是吉兰丹织物。棉布上织有金线纹样，上下布边有8厘米的花纹，纵向又有8厘米的花纹。

上衣"卡巴亚"在印尼语中称"巴究·马拉亚"（baju malaya），是一种有立领和20厘米宽的袖子的衬衫；裤子是睡裤式的，裤口宽31厘米，肥肥大大的。这两件衣服的面料都是真丝缎，以白色为多，也有在裤子里穿白色衬裤的。

马来西亚男子在举行仪式时，戴一种类似于土耳其帽的帽子——"苏科"，由于马来西亚人保持着伊斯兰教的传统，这种帽子不仅是为了防晒，也受宗教影响。脚上穿的凉鞋在当地叫"查帕尔"（chapal）。在社交场合，马来西亚人穿着西装或套裙。但在正规的场合里，绝对不允许人们露出胳膊和腿部来，所以，在马来西亚，背心、短裤、短裙往往是忌穿的。

马来西亚人有佩戴短剑的习惯，他们认为短剑象征着力量、勇敢与智慧。

东南亚女性喜爱首饰，那些首饰往往带有一些原始的意味，似乎夹杂着丛林中泥土清新的气息，可是在其成熟中又受到中国的影响，从而增加了儒家文明的意蕴，如玉佩、簪钗等，非常典型。同时，它还受到南亚印度以及西欧荷兰、英国等国家工艺风格的直接浸润，因而又添加了一种"洋气"。这里的文化多元，服饰因此而定型，当它与现代时装女郎搭配到一起时，丝毫也感觉不到突兀，倒好像是吻合得天衣无缝。

东南亚正在走向国际，它以其特有的韵味，将引起全世界人的青睐，这是文化的力量。

## 思考题

1. 简述日本和服的种类、佩饰名称。

2. 列举韩国服装的种类及其用途。

3. 简述印度男子的"多蒂"和女子的"纱丽"款式。

4. 简述越南国服的特征。

# 参 考 文 献

[1] 孙世圃编著. 西洋服饰史教程. 北京：中国纺织出版社，2000.

[2] 华梅著. 西方服装史. 北京：中国纺织出版社，2003.

[3] 黄能馥，李当岐，臧迎春等编著. 中外服装史. 武汉：湖北美术出版，2002.

[4] 李当歧著. 西洋服装史. 北京：高等教育出版社，2000.

[5] 王受之著. 世界时装史. 北京：中国青年出版社，2002.

[6] 郑巨欣著. 世界服装史. 杭州：浙江摄影出版社，2000.

[7] 张乃仁，杨蔼琪著. 外国服装艺术史. 北京：人民美术出版社，1992.

[8] 张竞琼，蔡毅主编. 中外服装史对览. 北京：中国纺织大学出版社，2002.

[9] 华梅著. 中国服装史. 天津：天津人民美术出版社，2000.

▲ 彩图 1

▲ 彩图 2

▲ 彩图 3

▶ 彩图 4

▲ 彩图 5

爵弁

玄冠

袂宽三尺三寸
收口一尺八

玄端

玄端

组佩(水苍玉)

袂宽二尺二寸
收口一尺二

大带(素色熟绢)
革带

大带(白缯制)
革带

组佩(瑞玫)

绅(外玄内黄)

绅

裳(大夫素裳)

裳(上士玄中士黄下士杂)

蔽膝

蔽膝

白绢中单

白绢中单

舄(赤色)

舄(黑色或同裳色)

▲ 彩图 6

◀ 彩图 7

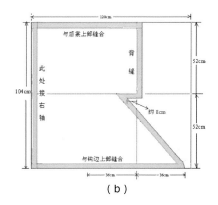

（a）

（b）

以余布裁成长条，宽 9cm，长 170 cm 以上；
与两襟边缘缝合成领

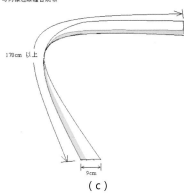

170 以上

9cm

（c）

（d）

前襟、后襟裁剪完全相同，前后襟合计 8 块

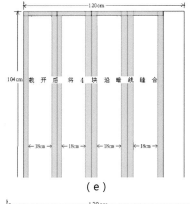

104cm 裁 开 后 将 4 块 沿 暗 线 缝 合

18cm 18cm 18cm 18cm

（e）

甲与丁不缝合，成右衽；乙与丙直边缝合成左衽
左、右衽斜边分别与前、后襟缝合，其中右后衽直边与钩边缝合

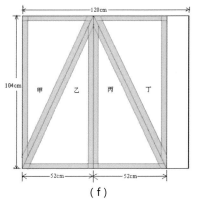

甲 乙 丙 丁

52cm 52cm

（f）

65cm 左右

约 90cm

>15cm

（g）

黑框之外又有黄框表示整块布料

黑线表示裁剪线

粉红线（与绿色在一起呈暗色）表示缝合线或虚线

绿色区域表示多余出来的布料，以便于缝合。绿色
区域所代表的实际宽度皆为4cm

▲ 彩图 8

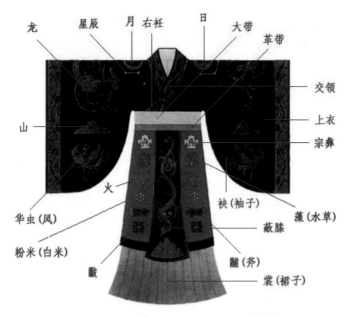

龙　星辰　月　右衽　日　大带　草带
交领
山　上衣
宗彝
火
华虫（凤）　袂（袖子）　藻（水草）
粉米（白米）　蔽膝
黼（斧）
黻　裳（裙子）

红色：冕服分解说明
蓝色：十二纹章说明

（a）冕服（汉代）

（b）玄衣

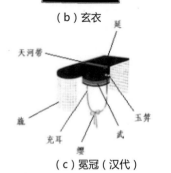

延
天河带
玉笄
旒
武
充耳
纮

（c）冕冠（汉代）

▲ 彩图 9

▲ 彩图 10

▲ 彩图 11

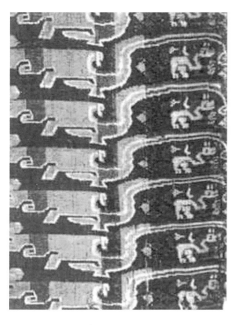

▲ 彩图 12

▲ 彩图 13

▲ 彩图 14

▲ 彩图 15　　　　　　　　　　　　　　▲ 彩图 16

▲ 彩图 17　　　　　　　　　　　　　　▲ 彩图 18

▲ 彩图 19

| 第一步 | 第二步 | 第三步 | 第四步 | 第五步 | 第六步 | 第七步 |
|---|---|---|---|---|---|---|

| 敷粉 | 涂胭脂 | 画黛眉 | 贴花钿 | 贴面靥 | 瞄斜红 | 涂唇红 |

▲ 彩图 20

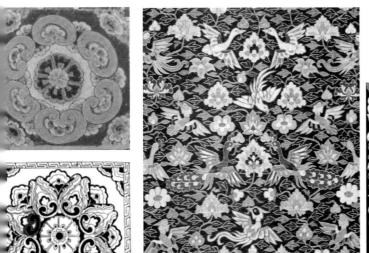

▲ 彩图 21　　　　▲ 彩图 22

▲ 彩图 23

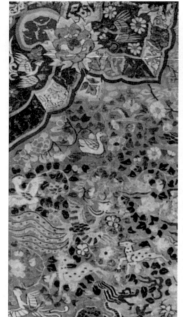

▲ 彩图 24

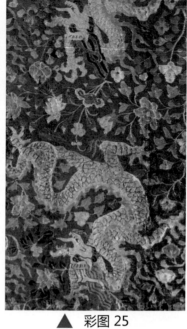

▲ 彩图 25

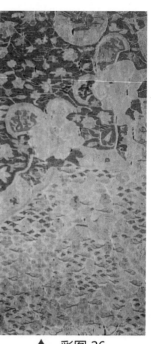

▲ 彩图 26

▲ 彩图 27

▲ 彩图 28

▲ 彩图 30

▲ 彩图 31

▲ 彩图 29

▲ 彩图 32

◀ 彩图 33

▶ 彩图 34

▲ 彩图 35

▲ 彩图 36

▲ 彩图 37

◀ 彩图 39

▲ 彩图 38

▲ 彩图 40

▲ 彩图 41

◀ 彩图 42

▲ 彩图 43

▲ 彩图 44

▲ 彩图 45

▲ 彩图 46

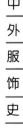

中外服饰史

▲ 彩图 47

▲ 彩图 48

▲ 彩图 49

▲ 彩图 50

◀ 彩图 51

▶ 彩图 52

中外服饰史

▲ 彩图 53

▲ 彩图 54

▲ 彩图 55

▲ 彩图 56

▲ 彩图57

▲ 彩图 58

◀ 彩图 59

▲ 彩图 60

▲ 彩图 61

▲ 彩图 62　　　　　▲ 彩图 63

▲ 彩图 64

▲ 彩图 65

▲ 彩图 66